中国食品行业追溯体系
发展报告
（2017—2018）

组　编　中国副食流通协会食品安全与信息追溯分会
　　　　国家农产品现代物流工程技术研究中心

主　编　何继红

副主编　刘　谊　斯家华　张长峰　高海伟

中国财富出版社

图书在版编目（CIP）数据

中国食品行业追溯体系发展报告.2017—2018／中国副食流通协会食品安全与信息追溯分会，国家农产品现代物流工程技术研究中心组编.—北京：中国财富出版社，2018.10

ISBN 978－7－5047－6779－0

Ⅰ.①中…　Ⅱ.①中…　②国…　Ⅲ.①食品行业—发展—研究报告—中国—2017—2018

Ⅳ.①F426.82

中国版本图书馆 CIP 数据核字（2018）第 240043 号

策划编辑	寇俊玲		**责任编辑**	戴海林　栗　源　沈安琪		
责任印制	尚立业		**责任校对**	孙丽丽	**责任发行**	王新业

出版发行	中国财富出版社			
社　　址	北京市丰台区南四环西路 188 号 5 区 20 楼		**邮政编码**	100070
电　　话	010－52227588 转 2048/2028（发行部）		010－52227588 转 321（总编室）	
	010－68589540（读者服务部）		010－52227588 转 305（质检部）	
网　　址	http://www.cfpress.com.cn			
经　　销	新华书店			
印　　刷	北京九州迅驰传媒文化有限公司			
书　　号	ISBN 978－7－5047－6779－0/F·2950			
开　　本	787mm×1092mm　1/16		**版　　次**	2018 年 11 月第 1 版
印　　张	16.75		**印　　次**	2018 年 11 月第 1 次印刷
字　　数	310 千字		**定　　价**	150.00 元

中国食品行业追溯体系发展报告 (2017—2018) 编委会

主任委员：

丁俊发　中国物流与采购联合会原常务副会长、研究员

副主任委员：

何继红　中国副食流通协会会长

姚广海　中国国际电子商务中心党委书记

方德英　北京工商大学副校长

李锦松　泸州老窖集团有限责任公司总工程师

张长峰　国家农产品现代物流工程技术研究中心品控部部长

编委委员：

白栋贤　深圳市道嘉鲜科技有限公司 CEO（首席执行官）

陈广山　中国国际电子商务中心研究院高级咨询师、管理学博士

陈　梅　内蒙古师范大学教授

程　烨　深圳前海量子云码科技有限公司董事长

崔绪辉　万信方达科技发展（北京）有限责任公司副总经理

董军芳　中国副食流通协会副会长

董国银　上海领鲜物流有限公司副总经理

高　昂　中国标准化技术研究院博士、副研究员

高海伟　中国副食流通协会食品安全与信息追溯分会秘书长

郭炳晖　北京航空航天大学数学信息与行为教育部重点实验室副主任

郭风军　山东省农产品贮运保鲜技术重点实验室主管

郭艳来　北京太一云科技有限公司解决方案中心经理

何淑伟　中国副食流通协会食品安全与信息追溯分会执行秘书长

姜同强　北京工商大学教授

蒋心武　上海中商网络股份有限公司副总经理兼技术总监

刘　谊　华北电力大学经济与管理学院副教授，企业管理与信息化研究所副
　　　　所长

刘　敏　中国副食流通协会食品安全与信息追溯分会标准部主任

孟黎加　中商商业经济研究中心研究员

宁焕生　北京科技大学计算机与通信工程学院副院长

斯家华　中国副食流通协会食品安全与信息追溯分会常务副会长

仝其根　北京农学院食品科学与工程学院院长、教授

王喜富　北京交通大学物流工程系主任、教授

王　辉　北京中物联物流规划研究院副院长、博士后

王爱东　獐子岛集团股份有限公司品控中心总监

晏庆华　中国物流与采购联合会网络事业部主任

杨云勇　贵州茅台酒股份有限公司信息中心处长

于怀智　国家农产品现代物流工程技术研究中心综合部副部长

张　辉　原国家知识产权局高级审查员、派腾奥普科技服务（北京）有限公司
　　　　总经理

张建军　中国国际电子商务中心研究院副院长

左　敏　北京工商大学教务处处长

朱大洲　农业部食物与营养发展研究所副研究员

其他编写人员：

刘非凡

序　一

对于食品安全，习近平总书记有一系列重要指示。2013 年，他在中央农村工作会议上指出，"能不能在食品安全上给老百姓一个满意的交代，是对我们执政能力的重大考验""食品安全问题必须引起高度重视，下最大力气抓好"。2016 年 8 月 19 日，他在全国卫生与健康大会上指出，"贯彻食品安全法，完善食品安全体系，加强食品安全监管，严把从农田到餐桌的每一道防线"。2016 年 12 月 21 日，他在中央财经领导小组第 14 次会议上又指出，"加强食品安全监管，关系全国 13 亿人'舌尖上的安全'，关系广大人民群众身体健康和生命安全，要'严'字当头、严谨标准、严格监管、严厉处罚、严肃问责"。总书记已把食品安全提到战略高度，把人民的切身利益看得高于一切。食品的生产者、流通者、消费者、管理者都应该行动起来，形成合力，打好一场食品安全的人民战争。

今年是改革开放 40 周年，40 年来，食品安全以及食品追溯体系建设取得了巨大成就。2012 年 6 月 23 日，国务院发布了《关于加强食品安全工作的决定》；2015 年 12 月 30 日，国务院办公厅发布了《关于加快推进重要产品追溯体系建设的意见》；2017 年 2 月 14 日，国务院印发了"十三五"国家食品安全规划。这些举措都为食品安全与追溯体系建设指明了方向，现在的问题是要不折不扣地加以贯彻落实，进一步把食品安全与追溯体系建设推向一个新阶段。

2018 年 9 月，党中央国务院又发出了促进消费的指导意见，夯实中国内需拉动型的坚实基础，为 2020 年全面实现小康铺路，不管是实物消费还是服务消费，都要讲安全、讲绿色、讲全程可追溯、讲质量与品牌战略。我希望从每个人做起，从每个企业做起，形成有中国特色的消费文化。

《中国食品行业追溯体系发展报告（2017—2018）》要和大家见面了，这个报告分 4 篇，不仅涉及食品追溯体系的方方面面，突出了环境分析、人工智能、区块链等技术的应用，还包括了 8 个典型案例分享，大家一定会从中受益。谢谢参编人员的辛劳工作，谢谢全行业的奋力拼搏，让我们一起去开创新的未来！

丁俊发

2018.10

序　二

　　食品安全问题、食品行业发展问题、食品企业生存问题是中国副食流通协会作为全国性食品行业组织长期以来思考的问题，也是协会为行业、为社会提供服务的立足点。安全和效率是决定食品企业能否生存和发展的关键因素。

　　无论从哪个角度看，食品安全都是个很大的事情。食品安全问题对于人民群众来说，是健康问题；对于国家来说，是国计民生问题。同样，对于食品企业来说，食品安全是其赖以生存和发展的保证，是其开拓市场的生命线。随着社会经济的发展、老百姓物质生活的丰富、消费者认知水平的提高，人们对食品安全的要求也将不断提高。一直以来，大家对食品安全问题存在一定的误解，认为食品安全都是食品生产企业的问题，然而食品安全问题并不仅仅是靠食品制造企业一己之力能解决的，还与食品原料供应、包装、物流、检测、商贸流通、标准体系等多方面息息相关。

　　在保证食品安全的基础上，基于管理水平、产品设计、营销体系、服务保障、用户体验、价格等主要因素相当的情况下，效率问题成了企业间竞争的核心问题。换言之，哪家企业的效率高，哪家企业就会在市场竞争中脱颖而出。

　　追溯体系是解决食品行业安全与效率问题的重要工具，受到我国各级政府、食品行业的高度重视。《国务院办公厅关于加快推进重要产品追溯体系建设的意见》（国办发〔2015〕95号）指出到2020年，全国追溯数据统一共享交换机制基本形成，追溯体系建设市场环境明显改善。信息追溯是一项结合机械、自动化、光学、无线电、传输、计算机、食品科学、包装材料等多门学科的综合应用技术，需要标准协同、专利保障、传输和大数据存储的支撑，需要供应链上下游的信息协同、共享。中国副食流通协会食品安全与信息追溯分会组织编写的《中国食品行业追溯体系发展报告》旨在推动我国食品行业追溯体系发展，促进我国食品安全水平进一步提升，为食品企业保障安全、提升效率提供参考和依据。

感谢编委会成员及参与编写的其他成员付出的巨大努力。本书在编写的过程中，还得到了北京航空航天大学、北京交通大学、北京工商大学、中国国际电子商务中心等单位的大力支持，在此表示衷心感谢！并对中国财富出版社表示诚挚的谢意！

2018. 10

目 录

环境分析篇

专题研究篇

案例分享篇

资料汇编篇

环境分析篇

1 2017 年食品信息追溯环境分析

1.1 2017 年相关宏观经济分析

2017 年，各地区各部门在以习近平同志为核心的党中央坚强领导下，不断增强政治意识、大局意识、核心意识、看齐意识，深入贯彻落实党的十八大和十八届三中、四中、五中、六中、七中全会精神，认真学习贯彻党的十九大精神，以习近平新时代中国特色社会主义思想为指导，按照中央经济工作会议和《政府工作报告》部署，坚持稳中求进的工作总基调，坚定不移地贯彻新发展理念，坚持以提高发展质量和效益为中心，统筹推进"五位一体"总体布局和协调推进"四个全面"战略布局，以供给侧结构性改革为主线，统筹推进稳增长、促改革、调结构、惠民生、防风险各项工作，经济运行稳中有进、稳中向好、好于预期，经济社会保持平稳健康发展。

2017 年，国内生产总值 827122 亿元，比 2016 年增长 6.9%。2013—2017 年，国内生产总值的增速逐渐放缓，每年增长率分别为 7.8%、7.3%、6.9%、6.7%、6.9%，如图 1-1 所示。

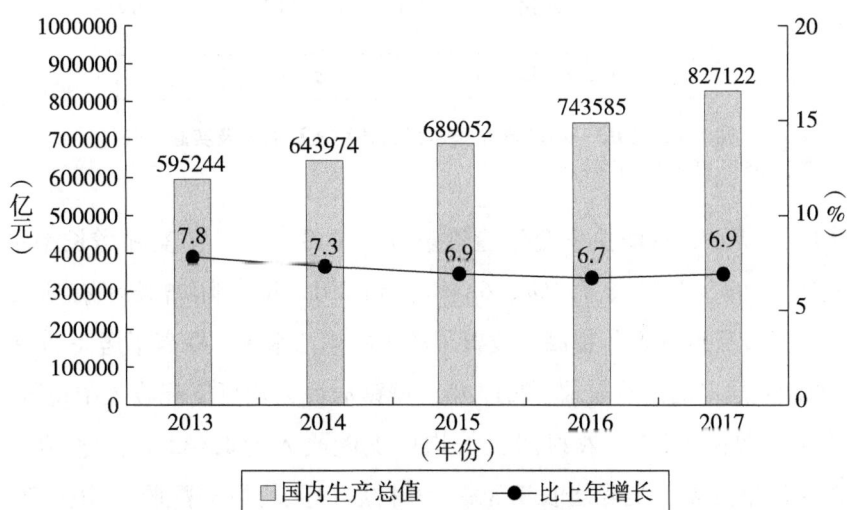

图 1-1 2013—2017 年国内生产总值及增长速度

资料来源：中华人民共和国国家统计局。

其中，第一产业增加值为65468亿元，增长3.9%；第二产业增加值为334623亿元，增长6.1%；第三产业增加值为427032亿元，增长8.0%。第一产业增加值占国内生产总值的比重为7.9%，第二产业增加值占国内生产总值的比重为40.5%，第三产业增加值占国内生产总值的比重为51.6%。全年最终消费支出对国内生产总值增长的贡献率为58.8%，资本形成总额贡献率为32.1%，货物和服务净出口贡献率为9.1%。全年人均国内生产总值为59660元，比2016年增长6.3%。全年国民总收入为825016亿元，比2016年增长7.0%。

随着总体经济环境的发展，我国人均可支配收入也呈现出强劲增长态势，2013年人均可支配收入为18311元，比2012年实际增长8.1%，而到2017年，人均可支配收入达到了25974元，比2016年增长9.0%，扣除价格因素，实际增长7.3%。人均可支配收入逐年增长，年平均实际增长率达到7.4%。如图1-2所示。

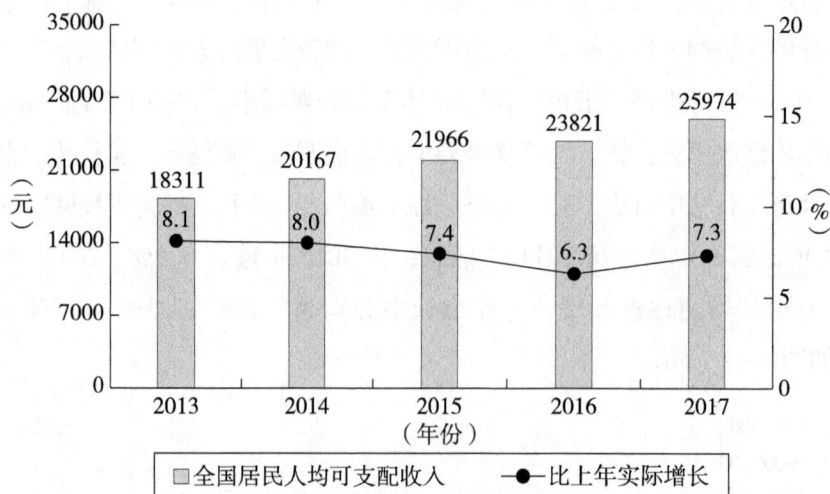

图1-2　2013—2017年全国居民人均可支配收入及实际增长
资料来源：中华人民共和国国家统计局。

如图1-2所示，从增长率变化趋势来看，2013—2016年实际增长率呈下降趋势，分别为8.1%、8.0%、7.4%、6.3%，到2017年实际增长率有所反弹，达7.3%。人均可支配收入逐年提高，改善了居民的生活水平，提高了居民的消费能力，也会进一步激发居民的消费需求。2017年，城镇居民人均可支配收入中位数为33834元，比2016年增长7.2%。农村居民人均可支配收入为13432元，比2016年增长8.6%，扣除价格因素，实际增长7.3%。农村居民人均可支配收入中位数为11969元，比2016年增长7.4%。按全国居民五等份收入分组，低收入组人均可支配收入为5958元，中等偏下收入组人均可支配收入为13843元，中等收入组人均可支配收入为

22495 元，中等偏上收入组人均可支配收入为 34547 元，高收入组人均可支配收入为 64934 元。全国农民工人均月收入为 3485 元，比 2016 年增长 6.4%。

如图 1-3 所示，在人均消费支出中，居住消费支出为 4107 元，占人均消费支出的 22.4%；食品烟酒消费支出为 5374 元，占人均消费支出的 29.3%；教育文化娱乐消费支出为 2086 元，占人均消费支出的 11.4%；医疗保健消费支出为 1451 元，占人均消费支出的 7.9%；衣着消费支出为 1231 元，占人均消费支出的 6.8%；交通通信消费支出为 2499 元，占人均消费支出的 13.6%；生活用品及服务消费支出为 1121 元，占人均消费支出的 6.1%。从以上数据可以看出，居民的消费主要集中在居住和食品烟酒两项，占比超过 50%，居住和食品是居民的主要消费支出。其中，食品烟酒支出占到了总支出的近 1/3，这表明我国居民现阶段食品烟酒支出占比仍然较高，体现出我国居民对食品烟酒消费比较重视。特别是在满足了日常生活必需的食品以外，消费者更加关心食品的质量和安全。越来越多的消费者通过购买和食用绿色食品提高生活的品质，食品支出仍然在居民消费支出中占据重要位置。

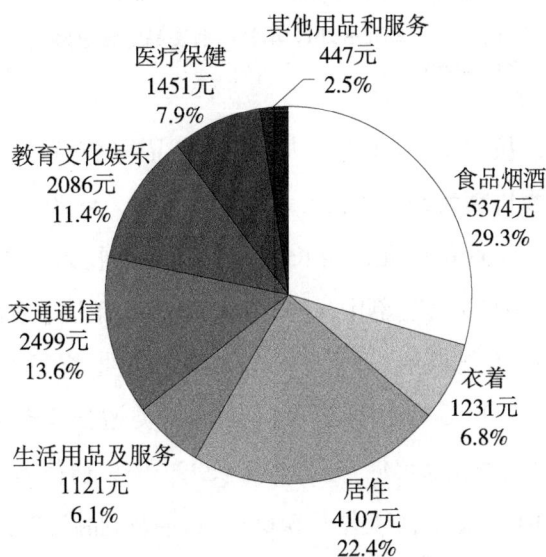

图 1-3 2017 年全国居民人均消费支出及其构成

资料来源：中华人民共和国国家统计局。

2017 年，全国居民人均消费支出为 18316 元，比 2016 年增长 7.1%，扣除价格因素，实际增长 5.4%。按常住地分，城镇居民人均消费支出为 24445 元，比 2016 年增长 5.9%，扣除价格因素，实际增长 4.1%；农村居民人均消费支出为 10955 元，比 2016 年增长 8.1%，扣除价格因素，实际增长 6.8%。2017 年，全国居民恩格尔系数为 29.3%，比 2016 年下降 0.8%，其中城镇为 28.6%，农村为 31.2%。

如图 1-4 所示，2017 年社会消费品零售总额为 366262 亿元，比 2016 年增长 10.2%。从增幅来看，从 2013 年到 2017 年有减缓的趋势，其增幅从 2013 年的 13.2% 下降到 2017 年的 10.2%。

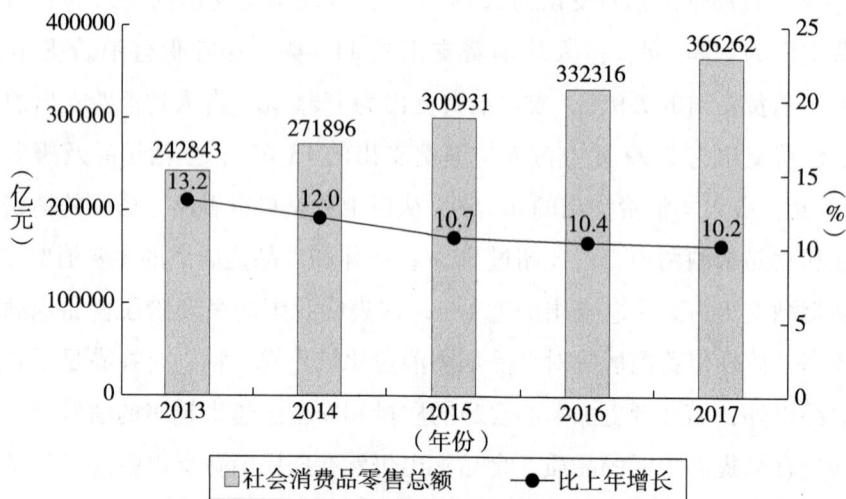

图 1-4 2013—2017 年社会消费品零售总额

资料来源：中华人民共和国国家统计局。

与 2016 年相比，按经营地统计，城镇消费品零售额为 314290 亿元，增长 10.0%；乡村消费品零售额为 51972 亿元，增长 11.8%。与 2016 年相比，按消费类型统计，商品零售额为 326618 亿元，增长 10.2%；餐饮收入额为 39644 亿元，增长 10.7%。在限额以上企业商品零售额中，与 2016 年相比，粮油、食品、饮料、烟酒类增长 9.7%，服装、鞋帽、针纺织品类增长 7.8%，化妆品类增长 13.5%，金银珠宝类增长 5.6%，日用品类增长 8.0%，家用电器和音像器材类增长 9.3%，中西药品类增长 12.4%，文化办公用品类增长 9.8%，家具类增长 12.8%，通信器材类增长 11.7%，建筑及装潢材料类增长 10.3%，汽车类增长 5.6%，石油及制品类增长 9.2%。

如图 1-5 所示，2013 年我国进口总额累计为 137131 亿元，出口额达到 121037 亿元，贸易总额累计完成 258168 亿元。2013—2017 年，2017 年贸易总额最高，累计完成 277923 亿元。其中，进口额达到 153321 亿元，出口额达到 124602 亿元。2013—2017 年，我国的国际贸易得到较快发展，贸易额继续实现增长，伴随"经济软着陆"等一系列政策影响，尽管在 2015 年和 2016 年进出口额有明显下降，但到了 2017 年明显反弹，进口总额比 2016 年增长 10.8%，出口总额比 2016 年增长 18.7%，贸易总额比 2016 年增长 14.2%，外贸情况总体良好。

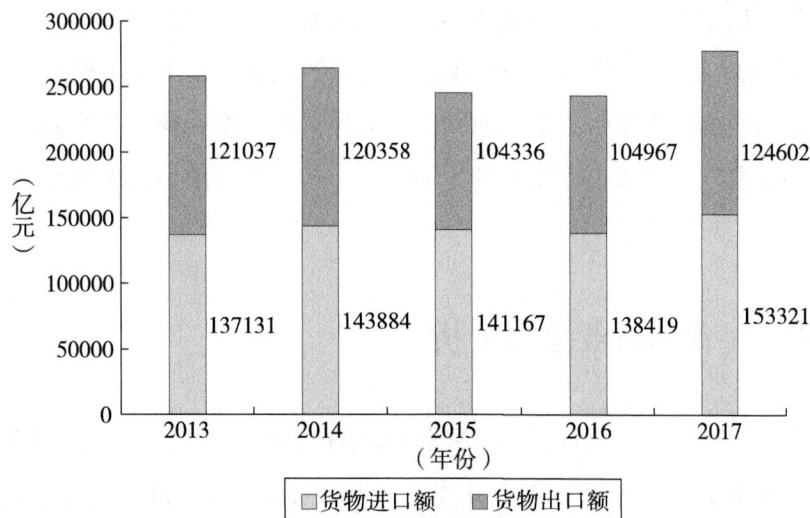

图 1-5　2013—2017 年中国货物进出口总额
资料来源：中华人民共和国国家统计局。

从对主要国家和地区货物进出口额来看，2017 年与我国贸易往来频繁的国家和地区最主要的为欧盟、东盟、美国、韩国及日本。其中我国主要的货物出口方为美国和欧盟，占我国全部出口比重分别达 19.0% 及 16.4%，中国香港虽然较 2016 年出口额降低 0.4%，但依然占总出口额的 12.3%。在进口方面，欧盟、东盟、韩国、日本、美国分别占据我国全部进口比重达 13.3%、12.8%、9.6%、9.0% 和 8.4%，是我国主要进口国家及地区。详情如表 1-1 所示。

表 1-1　　　　2017 年对主要国家和地区货物进出口额及其增长速度

国家和地区	出口额（亿元）	增幅（%）	占全部出口比重（%）	进口额（亿元）	增幅（%）	占全部进口比重（%）
欧　　盟	25199	12.6	16.4	16543	20.2	13.3
美　　国	29103	14.5	19.0	10430	17.3	8.4
东　　盟	18902	11.9	12.3	15942	22.8	12.8
日　　本	9301	8.9	6.1	11204	16.3	9.0
中国香港	18899	-0.4	12.3	495	-54.9	0.4
韩　　国	6965	12.6	4.5	12013	14.4	9.6
中国台湾	2979	12.2	1.9	10512	14.5	8.4
巴　　西	1962	35.2	1.3	3974	31.4	3.2
印　　度	4615	19.8	3.0	1107	42.4	0.9
俄罗斯	2906	17.8	1.9	2790	31.0	2.2
南　　非	1004	18.4	0.7	1649	12.1	1.3

资料来源：中华人民共和国国家统计局。

近几年，国家坚持以经济建设为中心，大力发展生产力。我国经济总量在短短30年间跃居全球第二，成为第二个10万亿俱乐部成员。在不久的将来，我国的中产阶级数量将成为世界第一，随之而来的是人民消费的多元化和优质化，人民对衣食住行提高了要求，渴求更高水平的生活质量，其中较以前最大的变化在于食品和居住。

1.2　2017 年食品行业总体分析

由表1–2可以看出，居民的主要消费集中在粮食、谷物、蔬菜、干鲜瓜果类，随着生活水平的提高，居民对以上几类加工品及半成品的质量要求提出了更高标准，对加工过程的卫生关注度进一步提高，渴望健康绿色的生活方式。从增幅情况来看，近年来，我国居民对牛肉、羊肉、禽类消费支出增长较快，2016年增幅分别为12.5%、25%、8.3%，这对牛羊肉的食品安全提出了更高的要求。同时，居民对干鲜瓜果类、坚果类、薯类和豆类消费增长较快，2016年的增幅分别为8.5%、9.7%、8.3%、6.4%。这表明居民更为偏好健康绿色食品，国家相关部门也应当对此类商品的食品安全问题给予高度关注。

表 1–2　　　　　　　2014—2016 年全国居民人均主要食品消费量　　　　　　单位：千克

指标	2014 年		2015 年		2016 年	
	数量	增幅（%）	数量	增幅（%）	数量	增幅（%）
粮食（原粮）	141.0	−5.2	134.5	−4.6	132.8	−1.3
谷　物	131.4	−5.4	124.3	−5.4	122.0	−1.9
薯　类	2.2	−4.3	2.4	9.1	2.6	8.3
豆　类	7.5	0.0	7.8	4.0	8.3	6.4
食用油	10.4	−1.9	10.6	1.9	10.6	0.0
食用植物油	9.8	−1.0	10.0	2.0	10.0	0.0
蔬菜及食用菌	96.9	−0.6	97.8	0.9	100.1	2.4
鲜　菜	94.1	−0.8	94.9	0.9	96.9	2.1
肉　类	25.6	0.0	26.2	2.3	26.1	−0.4
猪　肉	20.0	1.0	20.1	0.5	19.6	−2.5
牛　肉	1.5	0.0	1.6	6.7	1.8	12.5
羊　肉	1.0	11.1	1.2	20.0	1.5	25.0

指标	2014 年		2015 年		2016 年	
	数量	增幅（％）	数量	增幅（％）	数量	增幅（％）
禽　类	8.0	11.1	8.4	5.0	9.1	8.3
水产品	10.8	3.8	11.2	3.7	11.4	1.8
蛋　类	8.6	4.9	9.5	10.5	9.7	2.1
奶　类	12.6	7.7	12.1	−4.0	12.0	−0.8
干鲜瓜果类	42.2	3.7	44.5	5.5	48.3	8.5
鲜瓜果	38.6	2.1	40.6	5.2	43.9	8.1
坚果类	2.9	−3.3	3.1	6.9	3.4	9.7
食　糖	1.3	8.3	1.3	0.0	1.3	0.0

如图 1-6 所示，2013 年我国粮食产量为 60194 万吨，2015 年产量达到近五年最高值 62144 万吨。2013—2017 年，粮食年产量均超过 6 亿吨，年均产量达 61291 万吨，粮食生产保持稳定。除 2016 年比 2015 年降低 0.8％以外，其余年份均保持了小幅增长的良好局面。2017 年粮食产量为 61791 万吨，比 2016 年增加 166 万吨，增产 0.3％。

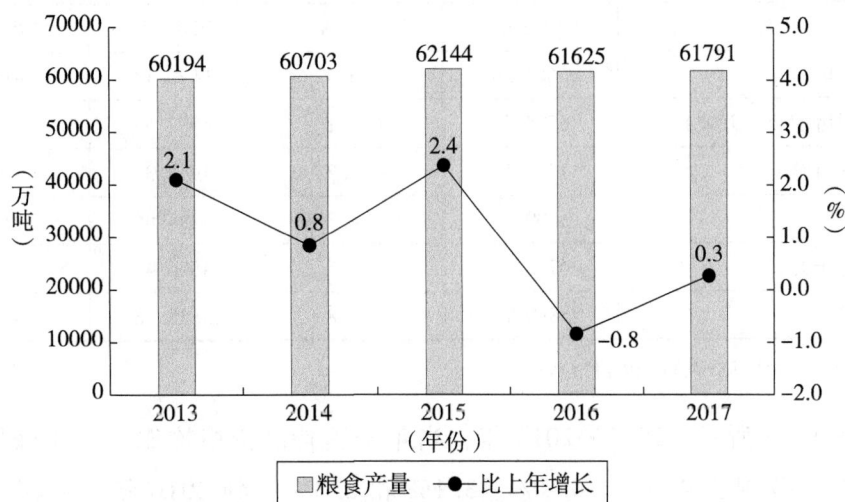

图 1-6　2013—2017 年粮食产量

资料来源：中华人民共和国国家统计局。

2017 年，夏粮产量达 14031 万吨，比 2016 年增产 0.8％；早稻产量达 3174 万吨，比 2016 年减产 3.2％；秋粮产量达 44585 万吨，比 2016 年增产 0.4％。全年谷物产量达 56455 万吨，比 2016 年减产 0.1％。其中，稻谷产量达 20856 万吨，比

2016 年增产 0.7%；小麦产量达 12977 万吨，比 2016 年增产 0.7%；玉米产量达 21589 万吨，比 2016 年减产 1.7%。

2017 年，粮食种植面积为 11222 万公顷，比 2016 年减少 81 万公顷。其中，小麦种植面积为 2399 万公顷，比 2016 年减少 20 万公顷；稻谷种植面积为 3018 万公顷，比 2016 年减少 0.2 万公顷；玉米种植面积 3545 万公顷，比 2016 年减少 132 万公顷。棉花种植面积为 323 万公顷，比 2016 年减少 12 万公顷。油料种植面积为 1420 万公顷，比 2016 年增加 7 万公顷。糖料种植面积为 168 万公顷，比 2016 年减少 1 万公顷。

如表 1-3 所示，随着生活水平的提高，人们的健康意识逐渐增强，2016 年与 2015 年相比，居民对原盐、成品糖、啤酒、卷烟需求量下滑，导致其产量下降，分别减少了 45.44 万吨、30.81 万吨、209.16 万千升和 2064.9 亿支，下降幅度分别为 0.7%、2.1%、4.4% 和 8.0%；同时，居民对精制食用植物油和罐头的需求增加，导致精制食用植物油产量上升，分别增加了 173.24 万吨和 84.93 万吨，上升幅度分别为 2.6% 和 6.5%。居民的饮食习惯也发生改变，对原盐和成品糖的需求正在降低，居民更加追求低盐少糖的健康饮食习惯。

表 1-3　　　　　　　　2015—2016 年食品工业部分产品产量

产品名称	2015 年	增幅（%）	2016 年	增幅（%）
原盐（万吨）	6665.54	-5.4	6620.1	-0.7
精制食用植物油（万吨）	6734.3	3.1	6907.54	2.6
成品糖（万吨）	1474.11	-10.3	1443.3	-2.1
罐头（万吨）	1309.93	4.3	1394.86	6.5
啤酒（万千升）	4715.6	-4.5	4506.44	-4.4
卷烟（亿支）	25890.7	-0.8	23825.76	-8.0

资料来源：中华人民共和国国家统计局。

如图 1-7 所示，2012—2015 年，当年全国食品价格均比上一年涨幅呈现下降趋势，分别为 4.8%、4.7%、3.1% 和 2.3%，到 2016 年，涨幅有所上升，达 4.6%。与食品价格相比，2012—2016 年，全国烟酒价格比上一年涨幅基本都低于食品价格涨幅，分别为 2.9%、0.3%、-0.6%、2.1%、1.5%。其中受需求下降的影响，2014 年烟酒价格比 2013 年有所下降。这表明，居民对食品需求的增长明显强于对烟酒的增长，引起食品价格涨幅明显强于同期烟酒价格的增长。

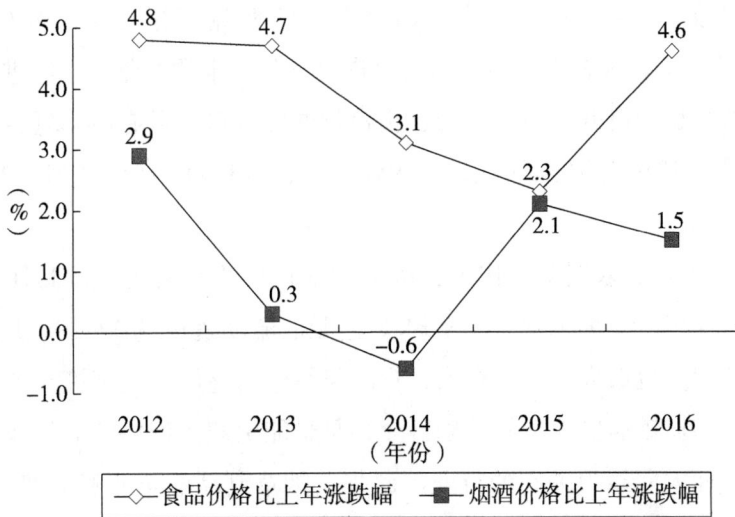

图 1-7 2012—2016 年食品和烟酒价格比上年涨跌幅

资料来源：中华人民共和国国家统计局。

如图 1-8 所示，2013—2017 年，主要进口食品包括谷物及谷物粉，进口数量从 2013 年的 1398 万吨增长到 2017 年的 2559 万吨，增幅达 83%。大豆进口量也持续增长，从 2013 年的 5838 万吨增长到 2017 年的 9553 万吨，增幅达 63.6%。食用植物油进口数量逐年下滑，从 2013 年的 845 万吨下滑到 2017 年的 577 万吨，下降幅度为 31.7%。

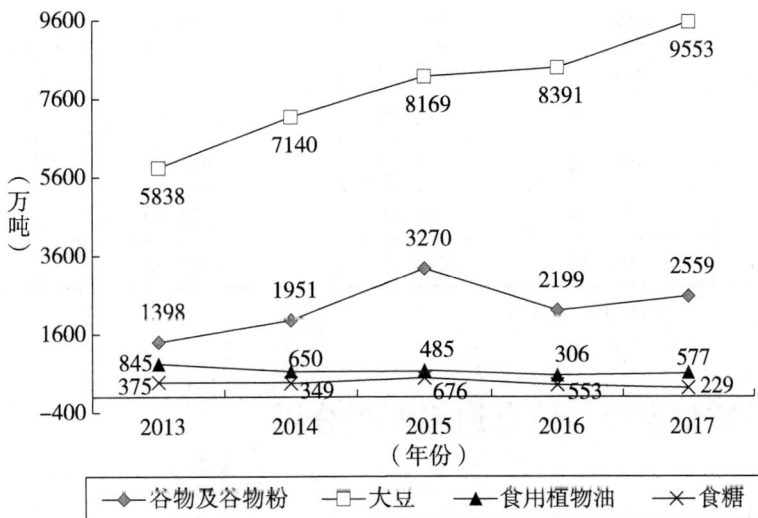

图 1-8 2013—2017 年主要进口食品数量

资料来源：中华人民共和国国家统计局。

食糖进口数量也下降较多，从 2013 年的 375 万吨下滑到 2017 年的 229 万吨，下降幅度为 38.9%。这表明，随着国内对进口食品需求的变化，我国进口大豆和谷物及谷物粉数量稳中有升，而食糖与食用植物油的进口数量有所降低。其中，食用植物油进口量在 2016 年降到最低，为 306 万吨，食糖进口量在 2017 年降到最低，为 229 万吨。

如表 1 - 4 所示，农副食品作为我国城镇居民的生活必需品，其加工业行业规模也为最大，2016 年，总资产达 33924.5 亿元，流动资产达 17230.77 亿元。农副食品加工业的存货也最大。可以看出，食品类行业的整体行业规模在各个行业中居于首位，为我国城镇居民生活的基础行业，是最能引起人们关注的行业，也是在安全及健康性方面人们最为关心的行业。此外，烟草制品业企业财务费用为 - 19.17 亿元，表明这个行业企业债务水平较低。

表 1 - 4 　　　　　　　　2016 年按行业分规模工业企业主要财务指标 　　　　　　　　单位：亿元

行业	农副食品加工业	食品制造业	酒、饮料和精制茶制造业	烟草制品业
资产总计	33924.50	15496.83	16761.53	10210.17
流动资产合计	17230.77	7475.01	8867.68	7156.67
负债合计	16672.25	6830.50	7361.05	2625.08
应收账款	2826.78	1700.35	1052.98	843.86
存货	4968.92	1552.12	2570.73	4578.94
主营业务收入	68825.16	23955.38	18538.03	8686.38
主营业务成本	61117.80	19133.10	13886.78	2480.64
销售费用	1461.46	1684.70	1404.18	152.37
管理费用	1624.29	870.25	822.31	482.41
财务费用	544.34	144.85	133.30	- 19.17
利润总额	3623.58	2083.43	1908.52	1038.05

资料来源：中华人民共和国国家统计局。

1.3　食品质量安全与信息追溯调查分析

1.3.1　概述

2009 年 2 月 28 日，《中华人民共和国食品安全法》已由中华人民共和国第十一届全国人民代表大会常务委员会第七次会议通过，自 2009 年 6 月 1 日起施行，

《食品卫生法》同时废止。从"卫生"到"安全"，食品安全立法不仅是法律名称的变化，更是监管理念的提升，是适应社会新形势、顺应群众新要求的切实之举。《中华人民共和国食品安全法》的制定，为我国进一步加强食品安全监管奠定了坚实的法律制度基础。法律颁布实施近十年来，老百姓对食品安全的认识正在逐步提升，对食品安全的要求越来越高。但是接二连三的食品安全公共事件，也一次次地让公众对我国食品安全产生了强烈的信任危机。

消费者对于食品相关信息的掌握还非常不足，而食品信息追溯体系通过向消费者提供真实有效的信息，可以有效解决消费者与生产者之间信息不对称的问题。因此，在发生食品安全重大危机事件时，依靠追溯食品风险的主要来源，及时召回不安全食品，是预防食品安全问题的主要方法之一。

2016—2017 年，食品行业追溯体系发展报告详细叙述了世界上诸多国家食品可追溯体系的经验，我国政府在 2000 年后开始逐步探索建立食品可追溯体系。然而，食品可追溯体系的建设是非常复杂的系统工程，政府、生产厂商、消费者是食品可追溯体系建设中的重要主体。其中，消费者的认知与购买意愿是影响食品可追溯体系建设的重要因素。因此，调查研究消费者对于食品质量安全与信息追溯的认知情况和接受程度，不仅能够为政府推动食品可追溯行为提供决策支持，还能帮助食品生产企业和追溯产品生产企业了解市场上对食品追溯的需求。

与此同时，作为中国副食流通协会食品安全与信息追溯分会（以下简称"分会"），我们有义务让更多的消费者了解和掌握食品质量安全与信息追溯的相关知识。为此，我们发起了这次问卷调查。希望通过统计分析，为政府、企业、消费者提供食品质量安全与信息追溯的有用信息，推动我国食品行业信息追溯的发展，为提升我国食品安全水平尽到应有的责任。

1.3.2　调研方法

1.3.2.1　调研设计

本调查的主要目的是了解公众对于食品质量安全与信息追溯的认识和态度。本次调查时间从 2018 年 5 月 1 日起至 6 月 30 日。调查问卷分为被访者基本情况和公众对食品质量安全和信息追溯的了解程度两部分。其中，被访者基本情况包括性别、年龄、学历、职业、月收入五项。公众对食品质量安全和信息追溯的题目全部为选择题，包括了 9 道单选题和 5 道多选题。具体分析结果见本章 1.3.4，调查问卷见本章附件。

1.3.2.2　调查方法

本次调查问卷采取在线回答方式。网上问卷调查采用第二人称方法提问。问题的设计采用先易后难的排列方法，问卷中先列出被调查者较熟悉的问题，再列出较生疏的问题。

为了保障本次调查的真实有效，我们采取了以下技术手段：首先，采取 IP 地址检测等方法保证问卷填写的唯一性。其次，问卷中隐含逻辑关联选题，程序自动筛除回答存在矛盾的样本。再次，自动对回收的合格问卷按比例进行问卷复核工作。最后，自动剔除无效样本后，还设置了人工审核环节，保证问卷的真实性。

1.3.2.3　统计方法

因网络调查不受地理位置的限制，因此被调查人群所属地区遍布全国。本次调查采用频数分析方法对数据进行分析。

1.3.3　基本情况

本次网络抽样调查共收到问卷 3421 份，有效问卷 2924 份，有效比例达 85%。被调查者基本情况如下。

1.3.3.1　性别结构

如图 1-9 所示，从被调查者性别结构来看，男女比例为 52.1∶47.9。截至 2016年，中国男女比例为 51.2∶48.8，被调查者男女比例与该比例比较接近，表明被调查者性别结构设置比较合理。

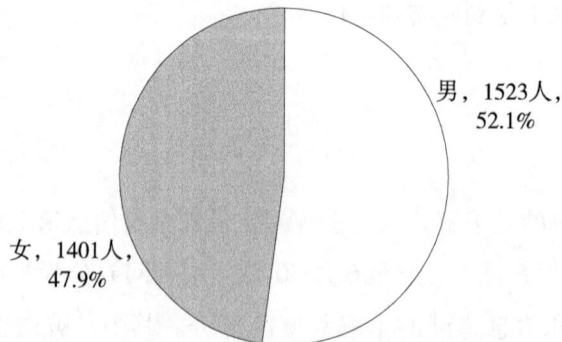

图 1-9　被调查者的性别结构

1.3.3.2　年龄结构

如图1-10所示，从被调查者年龄结构来看：18岁以下182人，占比6.2%；18~40岁1566人，占比53.6%；40~60岁1137人，占比38.9%；60岁以上39人，占比1.3%。这一结构与我国网民结构有一定差异，具体分析如下。

根据CNNIC（中国互联网络信息中心）第41次互联网报告，我国网民结构中，0~18岁占比约为22%，而本调查中18岁以下被调查者占比仅为1.3%，这表明，该年龄段网民对此类调查参与的积极性不高。在被调查者中，年龄在18~40岁的比例为53.6%，占比最高，这一年龄段以大学生、研究生或企事业单位的中青年人为主，他们对食品安全问题比较重视，回答问题积极性高。CNNIC第41次互联网报告显示，该年龄段网民占比为54%，与本调查中的比例非常接近。被调查者中年龄在40~60岁的比重也较高，达到了38.9%。60岁以上被调查者占比仅为1.3%，这与该年龄段网民比例较低相关。

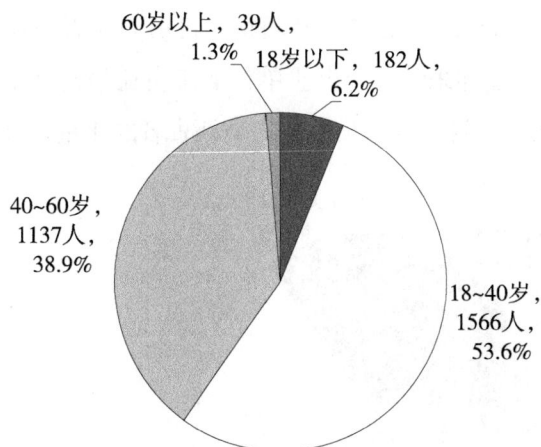

图1-10　被调查者的年龄结构

1.3.3.3　学历结构

如图1-11所示，从被调查者学历结构来看，高中以下学历占比21.1%，大专学历占比39.9%，比重最高，本科学历占比35.2%，研究生学历占比3.8%。从学历结构来看，除了研究生学历占比较低以外，高中以下学历、大专学历和本科学历人数差别不大。其中，大专和本科学历加起来占总人数比重达到了75.1%，这表明被调查人员学历大多达到了大专以上，文化程度较高，高中以下学历仅占比21.1%，这表明本次被调查人员受教育程度较高。

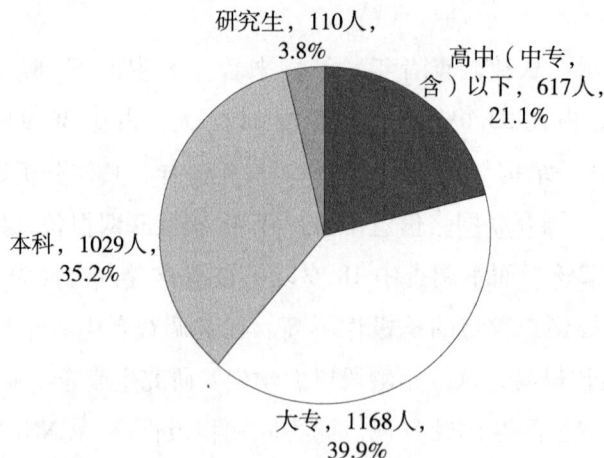

图 1-11　被调查者的学历结构

1.3.3.4　职业结构

如图 1-12 所示。从被调查者职业结构来看，公务员人数占比 9.8%，企事业单位职工占比最高，达到了 46.4%，学生占比 19.3%，自由职业者占比 18.3%，离退休人员占比最低，为 6.2%。总体来看，企事业单位职工占比最高，学生占比排在第二，自由职业者占比排在第三，这三类人员总数占被调查者的比重超过了 80%。

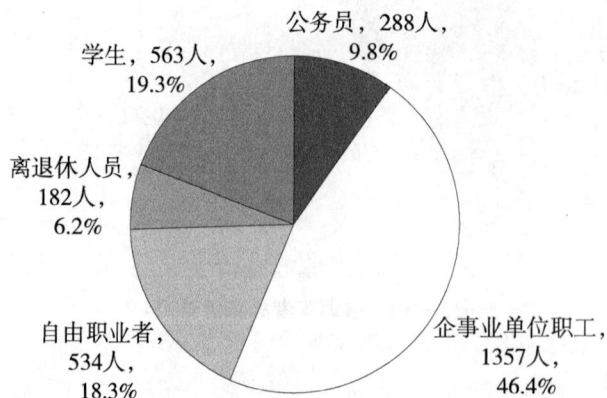

图 1-12　被调查者的职业结构

1.3.3.5　收入结构

如图 1-13 所示。从被调查者的收入结构来看，月收入 2000～5000 元的占比最高，达到了 39.2%，月收入 2000 元以下的占比 30.2%，月收入 5000～8000 元的占比 25.7%，月收入 8000 元以上的人数较少，占比仅为 4.9%。整体看，被调查者月收入水平与网民收入结构比较一致，呈现中低收入人数占比较大的特征，其占总人数比重为 65%。

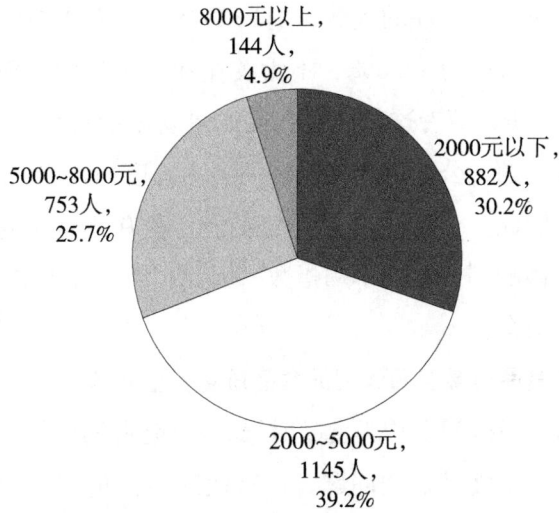

8000元以上，144人，4.9%

5000~8000元，753人，25.7%

2000元以下，882人，30.2%

2000~5000元，1145人，39.2%

图 1 - 13　被调查者的收入结构

1.3.4　调查结果及分析

我们对回收的问卷中的 14 个问题进行了统计分析，具体的分析结果如下。其中，第 1.3.4.1 至第 1.3.4.9 是单项选择题的调查结果及分析，第 1.3.4.10 至第 1.3.4.14 是多项选择题的调查结果及分析。

1.3.4.1　消费者对食品质量安全问题的关注程度

如图 1 - 14 所示，社会公众对食品质量安全的关注度很高。在 2924 份有效问

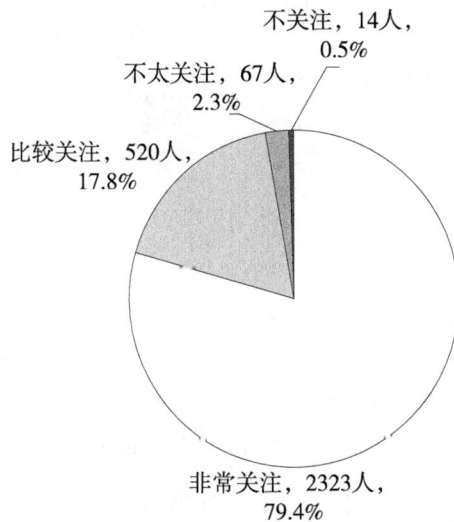

不关注，14人，0.5%

不太关注，67人，2.3%

比较关注，520人，17.8%

非常关注，2323人，79.4%

图 1 - 14　消费者对食品质量安全问题的关注程度

卷中，对食品质量安全非常关注的人数达到 2323 人，占总人数的比重近 4/5，比较关注的人数达 520 人，占比为 17.8%，不太关注和不关注的人数共计 81 人，仅占总人数的 2.8%。这表明，随着这几年对食品质量安全的宣传与推广，加之国内食品质量安全频频出现问题，公众对这一问题的关注程度非常高，它已成为老百姓最为关注的问题之一。因此，公众对食品质量安全问题有效解决的期待程度也较高。食品质量安全将直接影响到公众的幸福指数，因此，政府需要花大力气，采取各种手段，保证食品质量安全。

1.3.4.2　消费者购买食品时最容易遇到的食品质量安全问题

如图 1 - 15 所示，当被问到购买食品时最容易遇到的食品质量安全问题时，被调查者中有 203 人选择了食品过期问题，占有效问卷比重为 6.9%，比重较低，这表明随着食品安全法的推广，生产厂家和零售机构对食品过期问题越来越重视，产品标识中对生产日期有明确标注，防止零售机构售卖过期食品。而选择"以次充好、以假冒真"选项的消费者比重非常高，达到了 2243 人，占总人数的 76.7%，这表明绝大部分消费者在日常食品消费中，都会遇到以次充好、以假冒真的食品，消费者对此问题最为焦虑，对食品的真伪信任度较低。此外，选择"虚假错误标识"这一选项的被调查者有 478 人，占总人数的 16.3%，这表明生产厂家在食品的标注上仍然存在问题，引起了消费者的关注。选择其他选项的很少，仅有 20 人，占比 0.7%，表明大部分消费者认为购买食品时最容易遇到的就是上述三个问题。

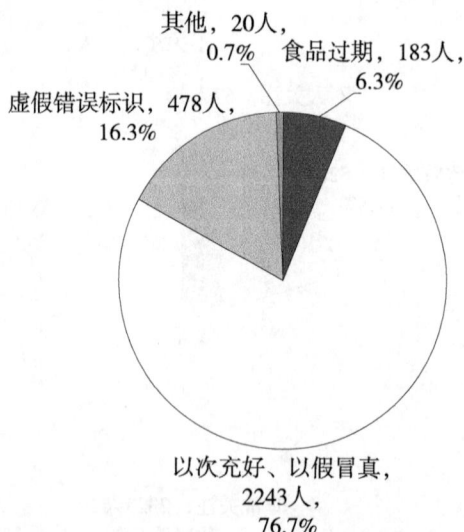

图 1 - 15　消费者购买食品时最容易遇到的食品质量安全问题

1.3.4.3 消费者认为食品安全问题应该由谁负主要责任

如图1-16所示，在问及食品安全问题应该由谁负主要责任时，有1361人选择了生产企业，占总人数的46.5%，有1243人选择了政府部门，占总人数的42.5%，这表明大部分消费者认为食品安全问题首先是生产企业的社会良知问题，其次，政府监管责任也非常重要，认为上述两方面应当负主要责任的人数占总人数比重的89%，而认为应该由流通市场负责的人数不多，只有201人，仅占总人数比重的6.9%，选择以上三个方面以外的人数占总人数比更低，为4.1%。这表明，消费者多将现实的食品安全问题更多地归咎于生产企业的不诚信和政府监管的不到位。近年来，国家对食品安全的宣传力度越来越大，在众多媒体曝光多起食品安全事件以后，消费者发现很多食品安全问题多源于生产企业在利益驱动下的制假造假行为，这是食品安全问题产生的最主要原因。此外，政府中相关的食品安全监督部门的不作为，也被广大消费者所诟病。至于流通市场中的食品安全问题，消费者对此感知程度不高，比较容易被忽视。为此，政府应当加大监管力度，通过科学手段加强对食品生产企业的监管，以增强消费者对我国食品安全的信任。

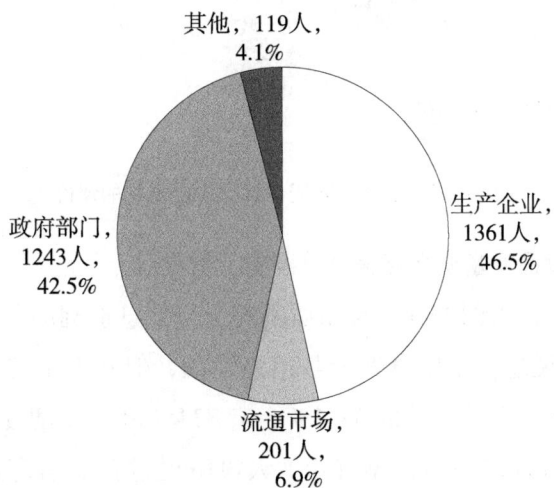

图1-16 消费者认为食品安全应由谁负主要责任

1.3.4.4 消费者对国内食品安全现状的评价

关于消费者对国内食品安全现状的评价，绝大部分人表现出极端的不满意。如图1-17所示，有1362人认为我国食品安全现状不及格，占总人数比重的46.6%，虽然有超过半数的人对我国食品安全评价的分数达到60分，但大部分评分都集中在60~79分，勉强及格，占总人数比重为46.5%，与不及格人数相当。而对食品安全现状较为满意，即评价分数达 80 分及 80 分以上的只有 200 人，占总人数的比重为 6.9%。这个评价结果与我们平时生活中大家的感知比较一致。近年来，尽管我国经济发展速度较快，但公众普遍意识到当前的发展中存在着很多不和谐因素，其中，食品安全问题首当其冲，是令老百姓最不满意的问题之一。这次问卷调查的结果真实反映了公众对食品安全现状的不满意，超过九成的公众对我国食品安全的现状表示担忧。如何扭转公众对食品安全不信任的态度，不仅是政府部门迫切需要解决的问题，也是生产企业应该思考的问题。而食品信息的可追溯，为解决这一问题提供了可能。

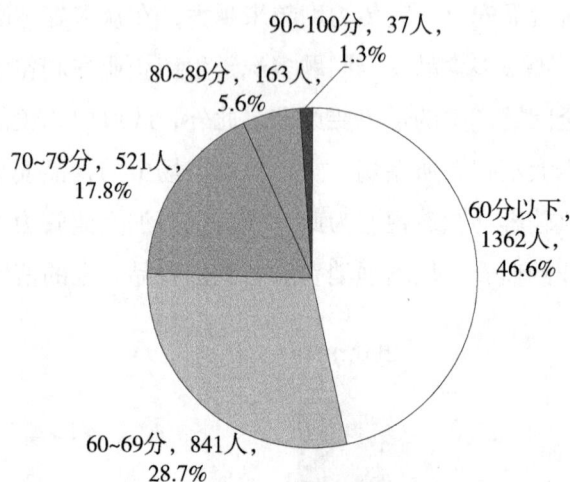

图 1-17　消费者对国内食品安全现状的评价

1.3.4.5　消费者对食品质量安全与信息追溯的了解程度

如图 1-18 所示，被调查者对食品质量安全与信息追溯的了解程度不高。具体而言，有 1584 人听说过食品质量安全与信息追溯，但并不了解信息追溯在保证食品安全中有什么作用，占总人数的 54.1%，有 734 人比较了解食品质量安全与信息追溯，占总人数比例为 25.1%，还有 481 人没听说过食品信息追溯，占总人数的 16.5%，非常了解食品质量安全与信息追溯的人数仅为 125 人，占总人数的 4.3%。这一调查结果表明，当前我国消费者对食品质量安全与信息追溯的关系了解的人不多，对此问题的认识程度不深。政府相关部门，还需要加强宣传力度，让更多消费者了解食品信息追溯，使他们认识到信息追溯对于保障食品安全的重要价值。同时，政府还需要建立各种激励和约束机制，鼓励更多的食品生产企业实现产品信息的可追溯，在保障企业合法权益的同时，也提升消费者心目中的企业品牌知名度和政府公信力。

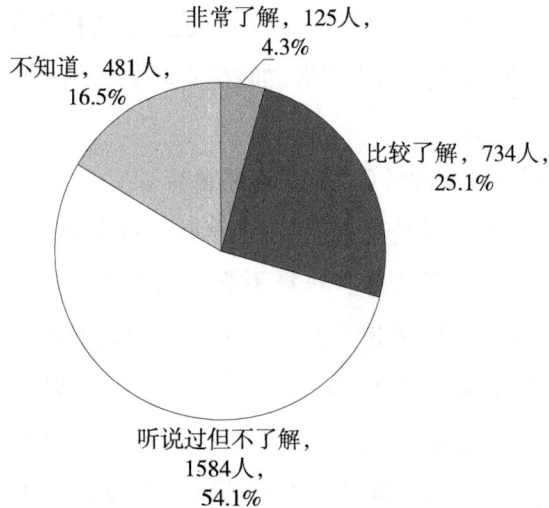

非常了解，125人，4.3%

不知道，481人，16.5%

比较了解，734人，25.1%

听说过但不了解，1584人，54.1%

图 1 – 18　消费者对食品质量安全与信息追溯的了解程度

1.3.4.6 消费者是否认为"可追溯食品"比"不可追溯食品"更安全

如图 1 – 19 所示，当问到可追溯食品是否比不可追溯食品更安全时，被调查者中有 1483 人认为可追溯食品比不可追溯食品更安全，占总人数比例超过了一半。还有 1279 人部分同意这种看法，占总人数比重 43.8%，只有 162 人认为可追溯食品并不比不可追溯食品更安全，他们认为，食品信息是否可追溯与食品安全无关。这个调查表明，消费者虽然对食品信息追溯并不是很了解，但通过媒体宣传，绝大多数人认为食品信息可追溯以后，会对食品安全起到一定保障作用。与信息不可追溯食品相比，消费者能获取更多与食品相关的信息，从而能够更好地购买食品。同时，在食品信息可追溯的情况下，生产厂商一旦出现食品质量问题，其被准确查出

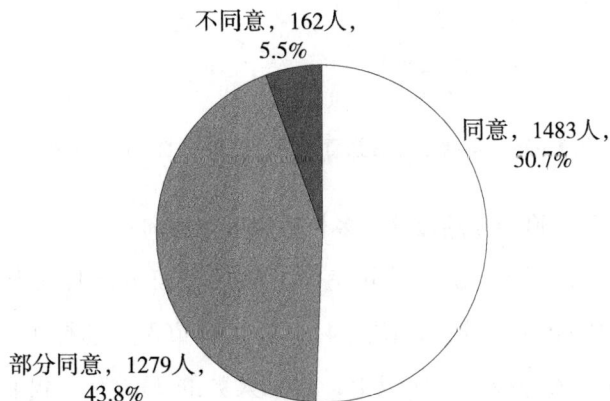

不同意，162人，5.5%

同意，1483人，50.7%

部分同意，1279人，43.8%

图 1 – 19　消费者是否认为可追溯食品比不可追溯食品是否更安全

的可能性很大，因此，客观上对厂商的生产行为起到了监督的作用，有利于提升食品的质量和安全。最终使消费者和生产者之间建立起更为信任的关系，缓解消费者对食品质量安全的焦虑心情。

1.3.4.7　消费者是否愿意购买价格更高的可追溯食品

如图 1 - 20 所示，在问到是否愿意购买价格更高的可追溯食品时，有 1521 人选择了愿意，占总人数的 52.0%，选择不愿意的人数不多，仅有 482 人，占比为 16.5%，还有 921 人不能确定是否愿意购买价格更高的可追溯食品。这一结果表明，在消费者对于食品安全现状比较担忧的情况下，如果确实能通过合理的监督机制，对生产企业、流通领域食品进行严格的监管，实现食品信息可追溯，那么消费者愿意承担为此增加的一部分成本。选择不愿意的人可能认为，可追溯食品对于提高食品安全水平的作用不大，甚至没有任何作用，认为不值得为此花费额外的费用。还有部分消费者的态度处于两者之间，不能很明确地给出判断意见。但总体来看，超过半数的人选择了愿意为可追溯食品花费额外的成本，这对于从事食品追溯领域的企业和正在进行食品可追溯改造的企业而言，是一大鼓舞。

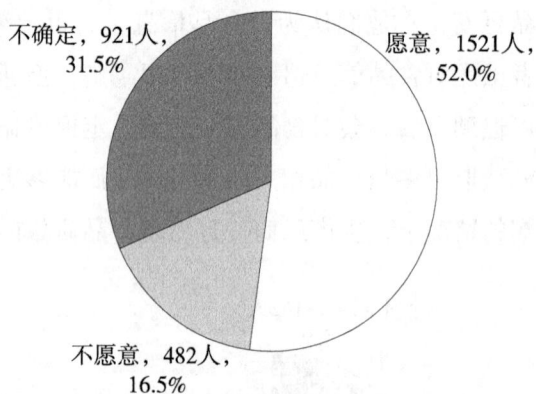

图 1 - 20　消费者是否愿意购买价格更高的可追溯食品

1.3.4.8　消费者希望可追溯食品信息在多长时间可供查询

如图 1 - 21 所示，当被问到希望可追溯食品信息在多长时间内可供查询时，有 1202 人选择了 6 ~ 12 个月，占总人数的 41.1%，有 763 人选择了 1 ~ 3 年，占总人数的 26.1%，有 679 人选择了 3 年以上，占总人数的 23.2%，仅有 280 人选择了 6 个月以下，占总人数的 9.6%。这一调查结果显示，近一半的消费者希望追溯信息保留时间在 6 ~ 12 个月之间，这可能因为商品的保质期大多在 1 年以下。消费者认为在保质期内保持商品信息可追溯，是对消费者的一种保护，客观上也能起到监督生产企业的效果。而将近1/4的人仍然希望食品追溯信息保持在3年以上，这表明有些消费者对食品安全的要求很高，对信息透明度的时效性要求很严。希望保留6个月以下的被访者不到10%。这说明，绝大部分消费者都希望食品可追溯信息尽可能保持更长时间，以便于查询。

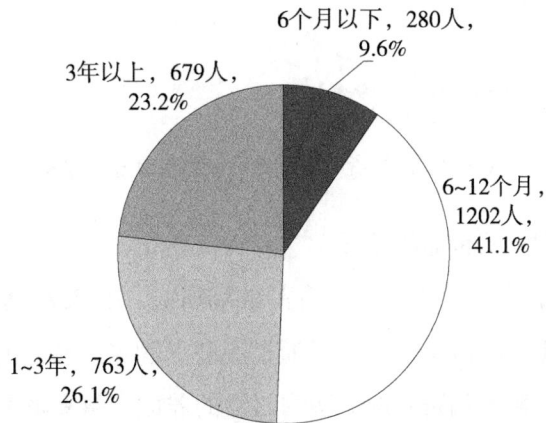

图1-21 消费者希望可追溯食品信息在多长时间可供查询

1.3.4.9 消费者最喜欢的可追溯信息查询方式

如图1-22所示，在问及最喜欢的可追溯信息查询方式时，消费者最喜欢的是手机扫码查询方式，有1999人选择了这个选项，占总人数的68.4%，这一情况与我国智能手机的普及有很大关系。手机扫码的方便快捷为食品可追溯的发展提供了契机。目前，仍然偏好网络查询方式的人数占比不到10%，而喜欢电话查询方式的人数只有8.1%，食品标签查询作为一种传统方式，占比也不高，仅为9.3%，而想通过销售商查询的只有129人，占比4.4%。这一调查结果表明，随着我国互联网和智能手机的普及，信息追溯查询方式将越来越依赖手机，通过扫码查询不仅快捷方便，还能提供给用户更多信息，手机查询实时性好、信息量大等优势将使其在未来信息追溯查询方式中占据主导地位，受到越来越多消费者的认可与喜爱。另外，手机扫码查询为生产厂商网络营销提供了可能，生产厂商依靠这一接口，还可以与消费者展开互动，不仅宣传了企业，还可以借此对商品进行推广，达到事半功倍的效果。

网络查询，285人，
9.8%

电话查询，238人，
8.1%

食品标签查询，273人，
9.3%

销售商查询，129人，
4.4%

手机扫码查询，1999人，
68.4%

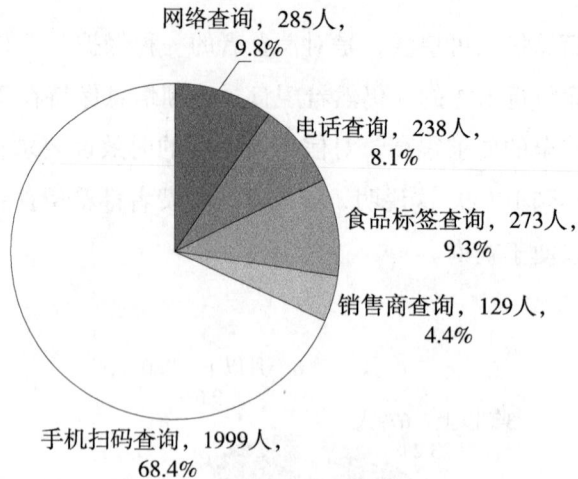

图1-22 消费者最喜欢的可追溯信息查询方式

1.3.4.10 消费者平时购买食品的场所

如图1-23所示，在问及平时购买食品的场所时，有2371人选择了超市，占比超过了4/5，排名第1。有1452人选择了通过互联网购买食品，占比接近一半，排在第2，这也充分说明，随着消费者网上购物习惯的养成，越来越多的人通过网络购买食品。排名第3的是小商铺，有1064人，超过总人数的1/3。不出所料的是，出于健康安全因素考虑，只有468人选择在流动摊点购买食品，占总人数的16.0%。这一调查结果基本反映了公众购买食品的主要渠道，其中，超市因其食品质量安全有保障受到绝大部分人的喜爱，而互联网渠道因其方便快捷也得到越来越多人的认可，小商铺大多靠近居民生活区比较方便，因此得到了不少消费者的认可，而流动摊点因为食品质量安全往往得不到保障，成为消费者平时最少购买食品的场所。

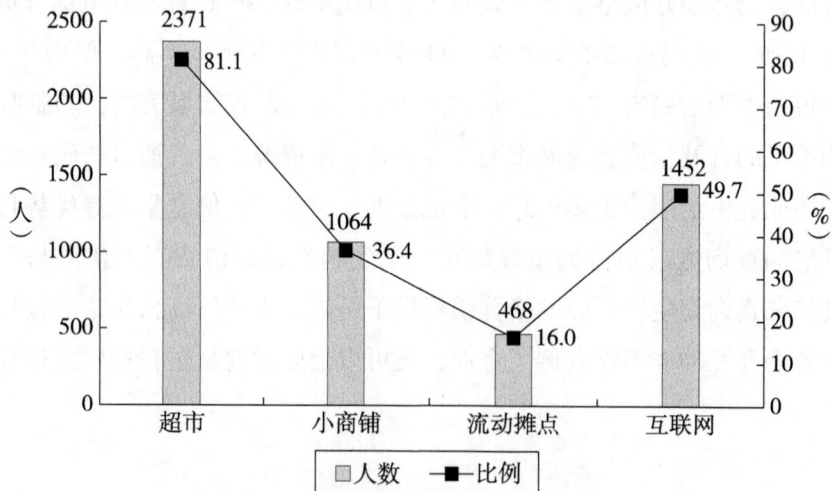

图中数据：

场所	人数	比例
超市	2371	81.1
小商铺	1064	36.4
流动摊点	468	16.0
互联网	1452	49.7

（左轴：人数（人）；右轴：比例（%））

人数 ■比例

图1-23 消费者平时购买食品的场所

1.3.4.11　消费者购买食品时主要关注的信息

如图 1 - 24 所示，购买食品时，消费者关注的信息主要有以下几个方面。关注最多的信息是食品生产日期与保质期，有 2143 人选择了这个选项，占比 73.3%；排在第 2 位的是食品价格，有 1845 人选择了这一选项，占比 63.1%；排在第 3 的是食品品牌，有 1831 人选择了这一选项，占比 62.6%。上述 3 项是消费者最关注的信息，选择上述选项的人数比重均超过了总人数的 2/3；排在第 4 位的消费者比较关注的信息是食品成分，出于健康考虑，越来越多的人开始关注食品成分，有 1306 人选择了该选项，占比 44.7%；排在第 5 位的是食品安全标志，占比 38.9%，表明国人越来越关心食品安全健康问题，与此对应排名第 6 位的是绿色、有机食品等标识，这也反映出国人对健康食品越来越关注。关注食品原产地信息的人不多，不到 1/3，关注食品外观的人更少，占比 16.5%，不到 20%，这表明国人对食品的健康和价格更为关注，对于食品外观和原产地等问题关注较少。这充分说明我国食品问题还处在保证安全阶段，消费者首先关注的是食品的健康卫生问题，而对于食品外观等与健康关联度不大的问题，关注的不多。

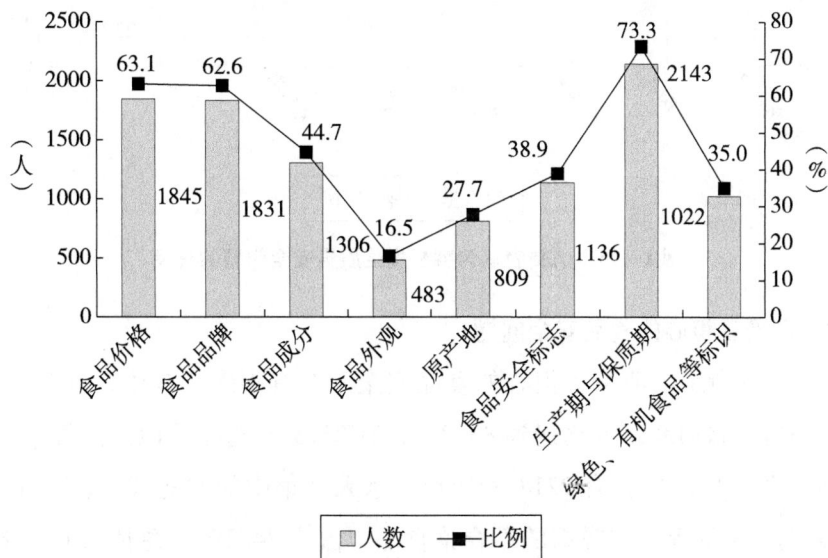

图 1 - 24　消费者购买食品时主要关注的信息

1.3.4.12　消费者认为容易发生质量安全问题的食品

如图 1 - 25 所示，在消费者看来，容易发生质量安全问题的食品很多。其中，有 1959 人认为肉类食品容易发生质量安全问题，占总人数的 67.0%，排名第 1 位；排名第 2 位的是乳制品，有 1859 人选择此项，占比 63.6%；排名第 3 位的是水产品，有1519人认为其容易发生质量安全问题，占比51.9%，超过总人数的一半；排名第4位的是粮油食品，有1093人选择此项，占比37.4%；排名第5位的是饮料类，有1079人选择此项，占比36.9%；排名第6位的是水果和蔬菜，有1050人选择此项，占比35.9%；排名第7位的是酒类，有823人选择此项，占比28.2%；选择其他的人数有227人，仅占7.8%。总体来看，排名前3位的是肉类、乳制品和水产品，选择这3类食品的人数都超过了总人数的一半，分析其主要原因是这3类食品保质期和保鲜期较短，容易产生质量安全问题。排名第4位至第6位的食品分别是粮油食品、水果蔬菜和饮料，选择这3种食品的消费者比例在1/3左右。

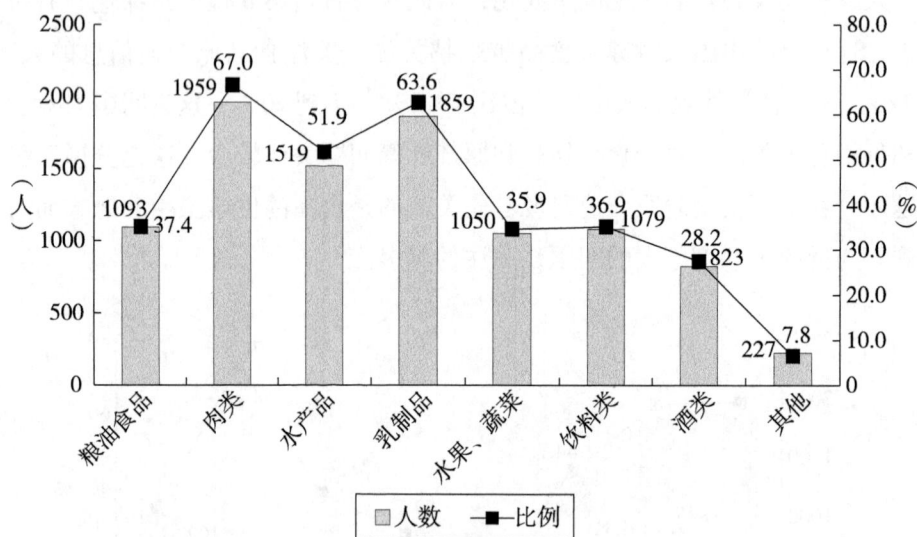

图1-25　消费者认为容易发生质量安全问题的食品

1.3.4.13　消费者担心的食品安全问题

如图1-26所示，消费者担心的食品安全问题有很多。其中，有2453人选择了食品中的违规添加剂，占比达到83.9%；有2375人选择了地沟油等劣质食材加工的食品，占比81.2%；有2218人选择了水果蔬菜中的农药残留，占比75.9%；有2172人选择了低等劣质餐馆的不合格食品，占比74.3%。总体来看，上述4个问题，都是消费者非常担心的食品安全问题，有3/4的消费者对食品安全中的上述问题表示担忧，因此这些问题也急需通过各种手段加以防范。建立严格的监管机制是解决问题的一种有效手段，而通过食品信息追溯等工具，依靠高科技技术手段，对生产者和流通市场中的销售商行为进行监督和管理，是防范食品生产企业和销售流通环节道德风险的有效办法。

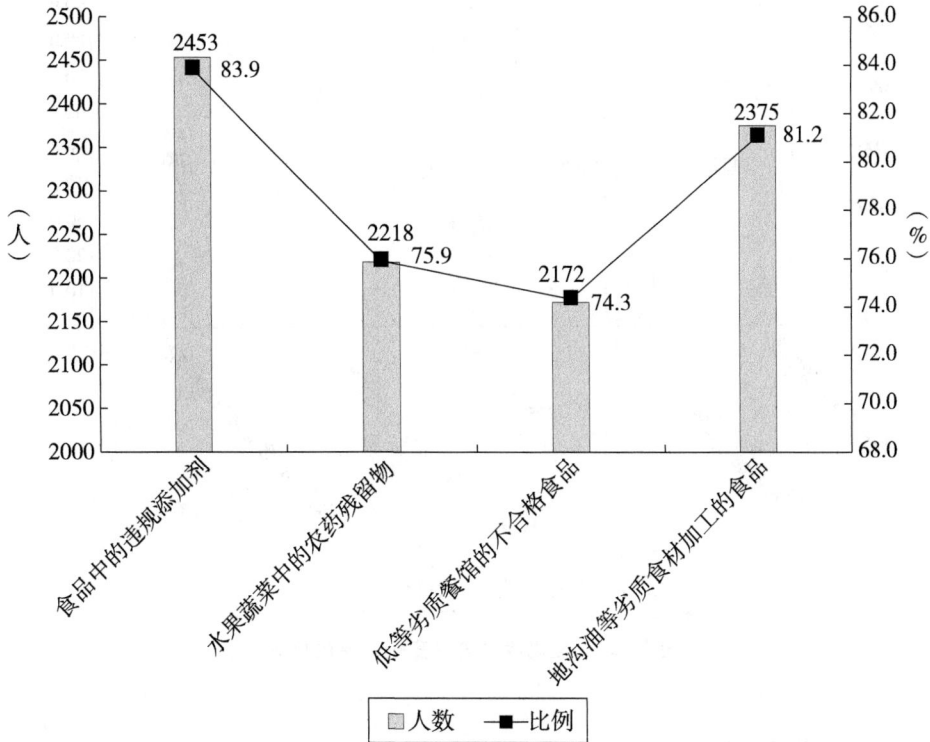

图 1 - 26　消费者担心的食品安全问题

1.3.4.14　提高我国食品安全水平的措施

如图 1 - 27 所示，在问到如何提高我国食品安全水平这一问题时，有 2567 人认为应当由政府加大监管，大力整治，选择这一选项的占总人数的 87.8%；有 2453 人认为应当完善相关法律制度，占总人数的 83.9%；有 2420 人认为应当严惩犯罪商家，占总人数的 82.8%；有 1373 人认为应当大力推广信息追溯，占总人数的 47.0%。从这一调查结果来看，消费者目前更多地认为保障食品安全还是在于加强政府的监管和惩罚力度。而对于信息追溯的全面应用，有接近一半的消费者也认为这是措施之一，但由于公众对信息追溯的认识还不够，所以对信息追溯对食品安全的重要作用的认识也不够深入。这就需要政府在公众中大力宣传食品可追溯的重要性，并鼓励更多的企业加入食品可追溯的行列。通过企业对消费者不断宣传信息追溯的作用，逐步培养消费者对追溯信息的查询和监督习惯，从而实现对食品生产企业的有效约束。

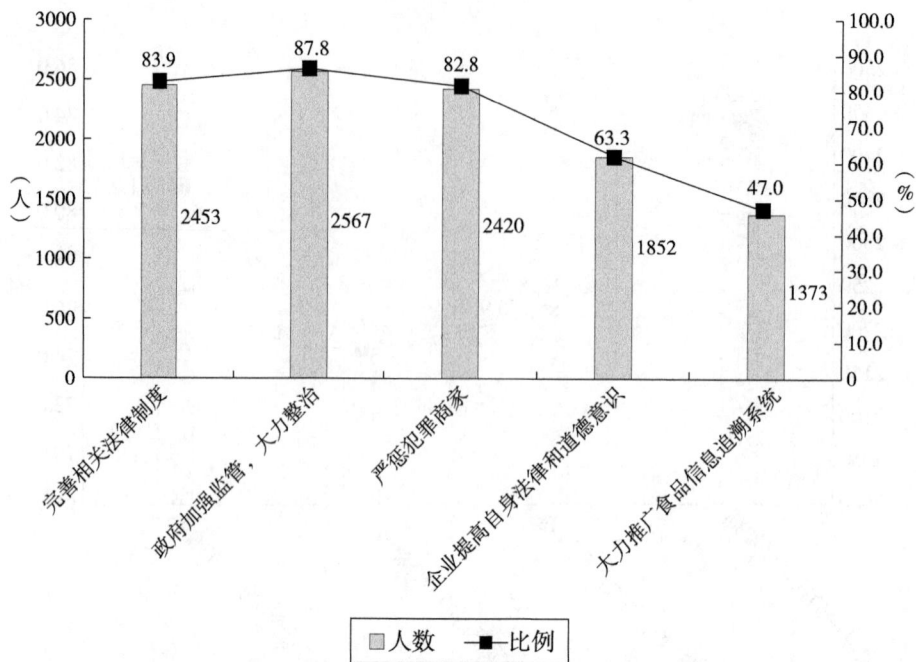

图 1 - 27　提高我国食品安全水平的措施

1.3.5　总结及建议

本次调查经过分会的大力推广，取得了一定的研究成果。在两个多月时间里，能收到 3000 多份回复问卷，我们感到无比欣慰，也非常感谢大众对食品质量安全和信息追溯事业的支持和理解。但是，因为食品信息追溯这一领域对于公众而言，还比较陌生，即使是很多受过高等教育的被访者也对此了解不深，公众对问卷调查的积极性也不是很高，分会虽然采取了各种办法进行网络推广，但回收的问卷数量仍然不多，问卷质量也有待提升。从样本量来看，虽然能满足一般的统计需求，但距离我们最终的目标还有一定距离。

本次问卷调查无论在设计还是组织上都存在一些欠缺。比如，由于采取的调查方式是在线调查，参与人员大多数都具备上网特别是手机上网的能力，被访者的学历偏高、收入偏高，因此，样本的普遍性还有待提升。再比如，问卷中的设问方式不够清晰，导致被访者不知如何作答，因此不少题目被访者没有作答，影响了有效问卷的比例。此外，有些选项之间存在重叠，影响了问卷分析结果的准确性和有效性。这些都是我们在以后的调查中应该注意并努力改进的地方。

通过对问卷调查结果的分析，我们深刻体会到国人对食品安全问题非常重视，但对政府解决食品安全问题的信心不足，对于食品信息追溯的了解不深。食品安全是和谐社会建设中最具基础性的民生工程，建设食品可追溯体系，推广可追溯食品，提高城市消费者对可追溯食品的购买意愿并逐步惠及农村食品市场，是有效提升食品安全水平的重要途径。为此，我们提出以下几点建议。

（1）通过调查，我们发现消费者对食品可追溯体系的了解还很不够。因此，政府相关管理部门应当努力普及食品信息追溯的相关知识，加强对消费者的宣传，引导消费者查看和理解可追溯食品标识（即信息的载体）中的信息，学会投诉与维权，等等，以提高城市消费者对食品可追溯体系功能的认知水平。

（2）生产厂商、流通市场上的食品零售商与政府监管部门应当保持食品追溯信息的一致性，形成有效的食品质量安全信息体系，向消费者提供真实、充分而必要的信息，在满足消费者对食品质量安全信息需求的同时，增强消费者对食品可追溯体系的信任度。

（3）由于食品可追溯体系的建设与运行而导致的成本增加最终会通过价格机制传导给消费者。因此，政府应当在充分考虑普通消费者对可追溯食品的价格承受能力的基础上，通过财政补贴等方式，鼓励食品生产企业开展可追溯体系建设，使食品追溯在全社会真正落地，并将追溯成本在政府、企业和消费者之间合理分摊，从而推动全社会对食品信息追溯体系的认同和接受。

附件

"食品质量安全与信息追溯"调查问卷

尊敬的朋友，我们是中国副食流通协会食品安全与信息追溯分会，正在进行食品质量安全与信息追溯的调查活动。本次调查为匿名调查。为了保证调研结果的科学性和可靠性，请您仔细阅读并独立完成以下问题，感谢您的支持！

一、个人基本资料

您的性别：□ 男　　□ 女

您的年龄：□ 18 岁以下　　□ 18 ~ 40 岁　　□ 41 ~ 60 岁　　□ 60 岁以上

您的学历：□ 高中（含中专）以下　　□ 大专　　□ 本科　　□ 研究生

您的职业：□ 公务员　　□ 企事业单位职工　　□ 自由职业者　　□ 离退休人员　　□ 学生

您的月收入：□ 2000 元以下　　□ 2000 ~ 5000 元　　□ 5001 ~ 8000 元　　□ 8000 元以上

二、对食品质量安全与信息追溯的认识和态度（单选 10 道，多选 5 道）

（一）单选题

1. 您对食品质量安全问题的关注程度为

□ 非常关注　　□ 比较关注　　□ 不太关注　　□ 不关注

2. 您认为在购买食品时最容易遇到的食品质量安全问题是

□ 食品过期　　□ 以次充好，以假冒真　　□ 虚假、错误标识　　□ 其他

3. 您认为食品安全问题应该由谁负主要责任

□ 生产企业　　□ 流通市场　　□ 政府部门　　□ 其他

4. 按百分制计，您对当前国内食物安全现状的评价为

□ 60 分以下　　□ 60 ~ 69 分　　□ 70 ~ 79 分　　□ 80 ~ 89 分　　□ 90 ~ 100 分

5. 您对食品质量安全与信息追溯的了解程度

□ 非常了解　　□ 比较了解　　□ 听说过但不了解　　□ 不知道

6. "可追溯食品"比"不可追溯食品"更安全，您同意这句话吗

□ 同意　　□ 部分同意　　□ 不同意

7. 如果可追溯食品比不可追溯食品价格更高，您还愿意购买吗

□ 愿意　　□ 不愿意　　□ 不确定

8. 您希望可追溯食品的追溯信息在多长时间范围内可供查询

□ 6 个月以下　　□ 6～12 个月　　□ 1～3 年　　□ 3 年以上

9. 以下食品追溯信息的查询方式中，您最喜欢的是

□ 网络查询　　□ 电话查询　　□ 食品标签查询　　□ 销售商查询

（二）多选题

10. 您一般会到哪些地方购买食品

□ 超市　　□ 小商铺　　□ 流动摊点　　□ 互联网

11. 您购买食品时主要关注的信息有

□ 食品价格　　□ 食品品牌　　□ 食品成分　　□ 食品外观　　□ 原产地

□ 食品安全标志　　□ 生产日期与保质期　　□ 绿色、有机食品等标识

12. 您认为以下哪些食品最容易发生质量安全问题

□ 粮油食品　　□ 肉类　　□ 水产品　　□ 乳制品　　□ 水果、蔬菜　　□ 饮料类

□ 酒类　　　　□ 其他

13. 您最担心的食品安全问题有

□ 食品中的违规添加剂　　　　　　□ 水果蔬菜中的农药残留物

□ 低等劣质餐馆的不合格食品　　　□ 地沟油等劣质食材加工的食品

14. 您认为应该怎样提高食品安全水平

□ 完善相关法律制度　　□ 政府加强监管，大力整治　　□ 严惩犯罪商家

□ 企业提高自身法律和道德意识　　□ 大力推广食品信息追溯系统

1.4 2017 年食品信息追溯相关互联网技术分析

如图 1-28 所示，截至 2017 年，固定互联网宽带接入用户 34854 万户，比 2016 年增加 5133 万户，其中，固定互联网光纤宽带接入用户 29392 万户，比 2016 年增加 6627 万户；移动宽带用户 113152 万户，比 2016 年增加 19077 万户。移动互联网接入流量 246 亿 G，比 2016 年增长 162.7%。

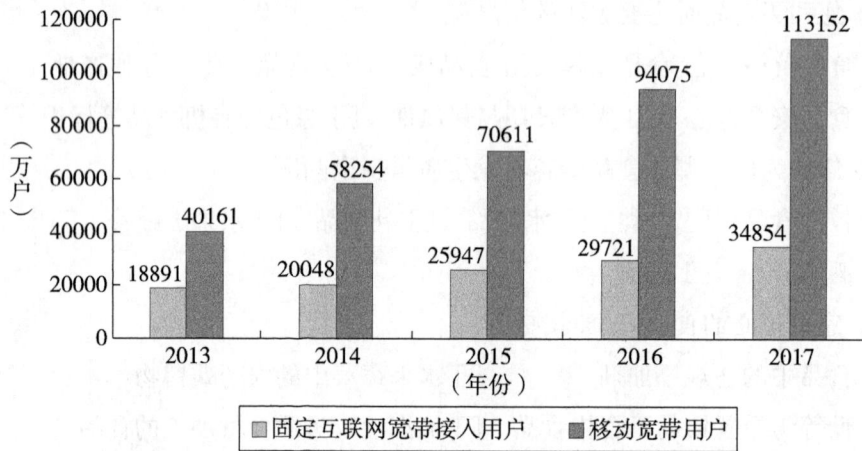

图 1-28 2013—2017 年固定互联网宽带接入用户和移动宽带用户数
资料来源：中华人民共和国国家统计局。

如图 1-29 所示，截至 2017 年第三季度，互联网宽带接入端口数量达到 7.6 亿

图 1-29 2010.12—2017.09 中国互联网宽带接入端口数量及光纤接入端口占比
资料来源：2018 年第 41 次《中国互联网络发展状况统计报告》。

个，比 2016 年年底净增 7166 万个。互联网宽带接入端口"光进铜退"趋势持续，xDSL（数字用户线路）端口比 2016 年减少 1265 万个，总数下降至 2622 万个，占比由 2016 年年底的 5.4% 降至 3.4%；FTTH（光纤接入）端口达到 6.3 亿个，比 2016 年年底净增 9230 万个，占比由 2016 年年底的 75.6% 提高到 82.7%。

如图 1-30 所示，截至 2017 年 12 月，我国网民使用手机上网的比例达 97.5%，较 2016 年年底提升了 2.4 个百分点，使用率再创新高；使用台式电脑、笔记本电脑上网的网民比例分别为 53.0% 和 35.8%，较 2016 年年底均有所下降，其中使用台式电脑的网民比例变化尤为明显，下降 7.1 个百分点；网民使用电视上网的比例达 28.2%，较 2016 年年底提升了 3.2 个百分点。

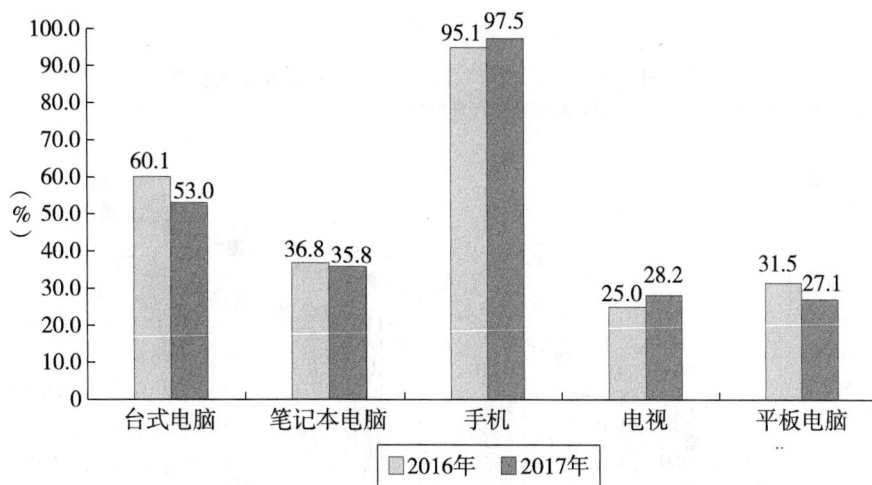

图 1-30 2016—2017 年中国互联网络接入设备使用情况
资料来源：2018 年第 41 次《中国互联网络发展状况统计报告》。

如图 1-31 所示，4G 移动电话用户持续高速增长，移动互联网应用不断丰富，推动移动互联网流量持续高速增长。2017 年 1 月至 11 月，移动互联网接入流量消费累计达 212.1 亿 G，比 2016 年同期累计增长 158.2%。

如图 1-32 所示，截至 2017 年 12 月，我国网民规模达 7.72 亿，互联网普及率为 55.8%，较 2016 年年底提升 2.6 个百分点，超过全球平均水平（51.7%）4.1 个百分点，超过亚洲平均水平（46.7%）9.1 个百分点。全年共计新增网民 4073 万人，增长率为 5.6%，我国网民规模继续保持平稳增长。互联网商业模式不断创新、线上线下服务融合加速以及公共服务线上化步伐加快，成为网民规模增长的推动力。

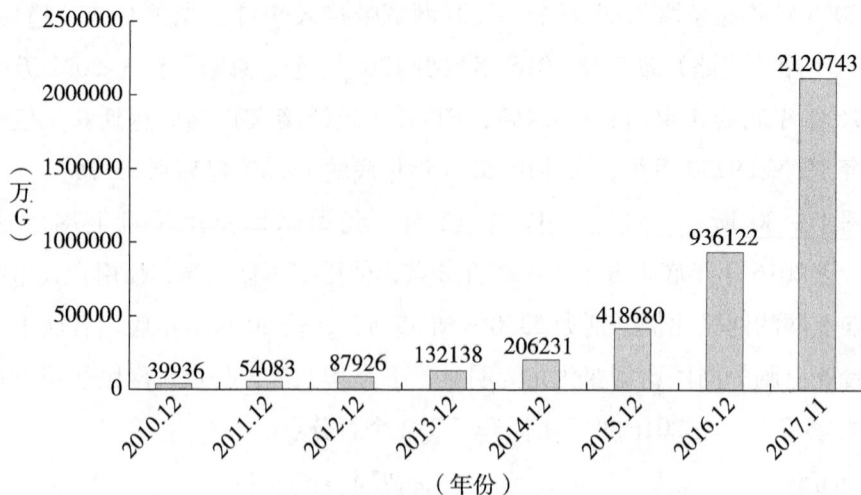

图 1 – 31　2010. 12—2017. 11 中国移动互联网接入流量
资料来源：2018 年第 41 次《中国互联网络发展状况统计报告》。

图 1 – 32　2007—2017 年中国网民规模和互联网普及率
资料来源：2018 年第 41 次《中国互联网络发展状况统计报告》。

2016 年，中国互联网产业发展加速融合，"中国制造 2025"战略全面实施、工业互联网全力推进，"互联网＋"持续助推传统产业升级；互联网、大数据、人工智能和实体经济从初步融合迈向深度融合的新阶段，转型升级的澎湃动力加速汇集；数字经济成为经济发展新引擎，互联网和数字化推动传统经济向互联网经济升级和转型；信息化服务普及、网络扶贫工作大力开展、公共服务水平提升，让广大人民群众在共享互联网发展成果上拥有了更多获得感。

如图 1 - 33 所示，截至 2017 年 12 月，我国手机网民数量达 7.53 亿，较 2016 年年底增加了 5734 万人。网民中使用手机上网的人群占比由 2016 年的 95.1% 提升至 97.5%，手机网民比例继续攀升。2017 年，移动互联网主要呈现出三个特点：服务场景不断丰富、移动终端规模加速提升、移动数据量持续扩大。首先，各类综合移动应用平台不断融合社交、信息服务、金融、交通出行及民生服务等功能，打造一体化服务平台，扩大服务范围和影响力；其次，以手机为中心的智能设备，成为"万物互联"的基础，车联网、智能家电促进"住行"体验升级，构筑个性化、智能化应用场景；最后，在人口红利逐渐消失、网民规模趋于稳定的同时，海量移动数据成为新的价值挖掘点，庞大的数据量与"大数据"处理技术深度结合，为移动互联网产业创造更多价值挖掘空间。

图 1 - 33 2007—2017 年中国手机网民规模及其占比

资料来源：2018 年第 41 次《中国互联网络发展状况统计报告》。

与此同时，2017 年，使用电视上网的网民比例也比 2016 年提高了 3.2 个百分点，达 28.2%；台式电脑、笔记本电脑、平板电脑的使用率均出现下降趋势，手机不断挤占其他个人上网设备的使用。以手机为中心的智能设备，成为"万物互联"的基础，车联网、智能家电促进住行体验升级，构筑个性化、智能化的应用场景。移动互联网服务场景不断丰富、移动终端规模加速提升、移动数据量持续扩大，为移动互联网产业创造更多价值挖掘空间。

如图 1 - 34 所示，截至 2017 年 12 月，我国即时通信用户规模达到 7.20 亿，较

2016年年底增长5395万，占网民总体的93.3%。2017年手机即时通信用户6.94亿，较2016年年底增长5562万，占手机网民的92.2%。

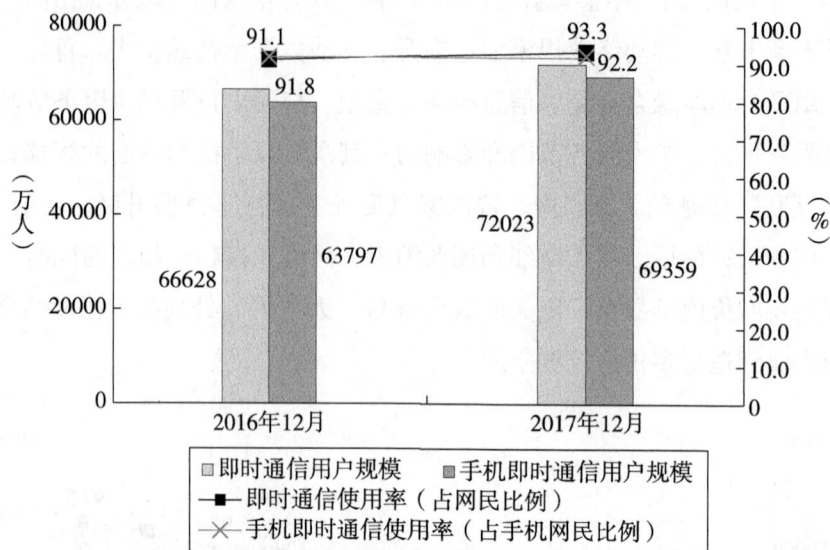

图1-34　2016年12月和2017年12月即时通信/手机即时通信用户规模及使用率
资料来源：2018年第41次《中国互联网络发展状况统计报告》。

2017年，即时通信用户规模稳定增长，行业规范程度进一步提升。从行业发展来看，各即时通信产品自身定位的差异化在2017年得到进一步体现，即时通信产品对于各类生活服务的连接能力仍在持续拓展，即时通信在办公场景下的应用能力不断增强。

如图1-35所示，截至2017年12月，我国搜索引擎用户规模达6.40亿，使用率为82.8%，较2016年年底增加3718万，增长率为6.2%；手机搜索引擎用户规模达6.24亿，占手机网民总数的82.9%，较2016年年底增加4887万，增长率为8.5%。作为互联网的基础应用，搜索引擎用户规模增速与网民总体规模增速基本保持同步。

2017年，搜索引擎继续保持稳步移动化的趋势。尽管手机搜索引擎用户增长速度趋缓，但增量仍超过整体用户增量，继续承担搜索应用用户规模增长主要推动力的角色。人工智能继续为搜索引擎市场注入增长动力，在流量红利结束后的移动互联网时代，帮助搜索引擎应用继续保持互联网应用的根基地位，并为搜索引擎企业的平台化多元创新发展继续贮存宝贵的用户数据。一方面，人工智能技术持续改进推荐算法，帮助搜索引擎更好地理解用户的搜索内容和兴趣，提供具有更高价值的连接服务，从而促进付费点击量的提升、提高广告产品的营收转化率；另一方面，

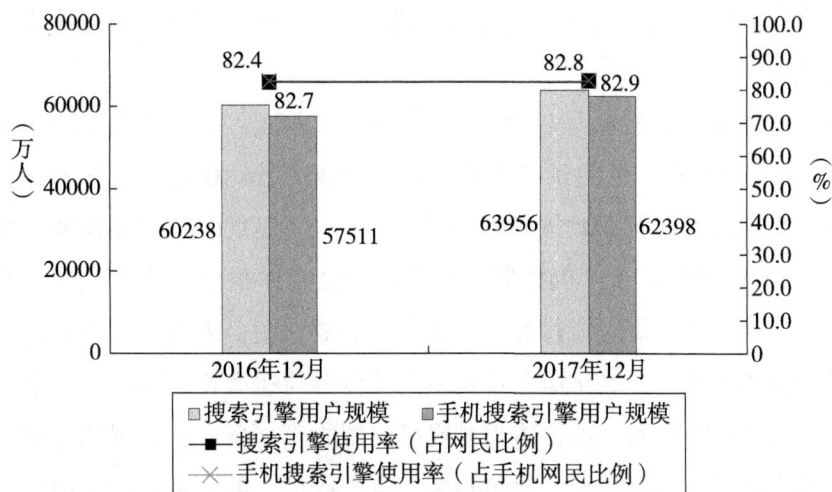

图1-35　2016年12月和2017年12月搜索引擎/手机搜索引擎用户规模及使用率
资料来源：2018年第41次《中国互联网络发展状况统计报告》。

人工智能技术的产品化为多硬件、多平台、多输入方式的搜索提供了更完善的解决方案，语音输入、图像识别等方式为用户提供更加方便的搜索体验，基于自然语言处理的问答技术为用户提供更舒适的搜索体验。

如图1-36所示，截至2017年12月，我国网络购物用户规模达到5.33亿人，较2016年增长14.3%，占网民总体的69.1%。手机网络购物用户规模达到5.06亿人，同比增长14.7%，占手机网民比例由63.4%增至67.2%。与此同时，网络零售继续保持高速增长，全年交易额达到71751亿元，同比增长32.2%，增速较2016年提高6个百分点。

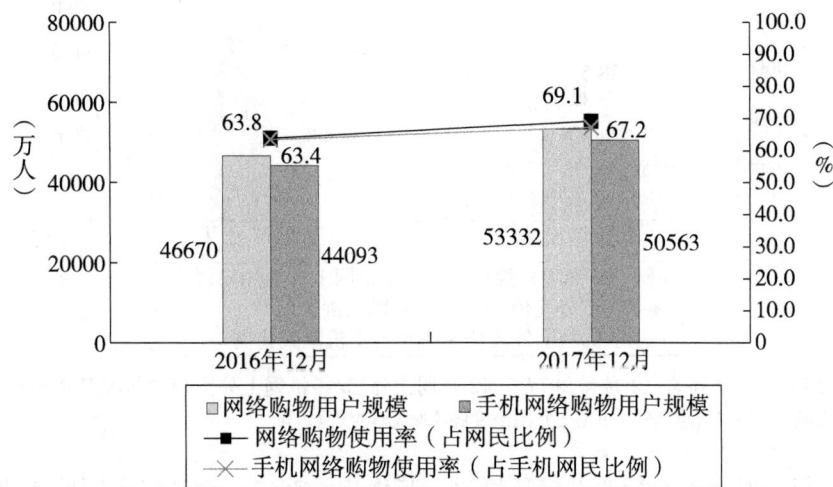

图1-36　2016年12月和2017年12月网络购物/手机网络购物用户规模及使用率
资料来源：2018年第41次《中国互联网络发展状况统计报告》。

2017 年，网络购物行业在法律法规、模式转型、线上线下融合等方面呈现出以下发展特点。

首先，电子商务领域法律法规逐步完善。一方面，电子商务法制进程加快，《电子商务法》草案在广泛吸纳各方意见后，于 2017 年 10 月提交全国人大常委会二次审议；另一方面，行业政策和标准陆续出台，《促进电子商务发展三年行动实施方案（2016—2018 年）》《网络零售标准化建设工作指引》先后发布。其次，行业持续向高质量、高效能阶段过渡并取得积极成效，主要表现在三方面：一是网络消费商品质量不断提升；二是服务型网络消费保持高速增长，2017 年非实物网络零售交易额达到 16945 亿元，占整体交易规模比例的 23.6%；三是绿色电商、二手电商进入快速发展期。新能源车、绿色包装、电子运单、电子发票的使用得到进一步推广，二手汽车、二手商品等网络消费平台通过整合社会闲置资源有效地提升了商品利用效率。最后，线上线下融合纵深发展，线上向线下渗透更为明显。资源融合带动了流通领域供应链的数字化升级，形成从供应商、销售渠道、仓储到门店各环节的协同效用，混业经营、无人值守零售等新模式的兴起反映出流通领域数字化、智能化的发展趋势正在形成。

如图 1-37 所示，截至 2017 年 12 月，我国网上外卖用户规模达到 3.43 亿人，较 2016 年年底增加 1.35 亿，同比增长 64.6%，继续保持高速增长。其中，手机网上外卖用户规模达到 3.22 亿人，增长率为 66.2%，使用比例达到 42.8%，提升14.9 个百分点。

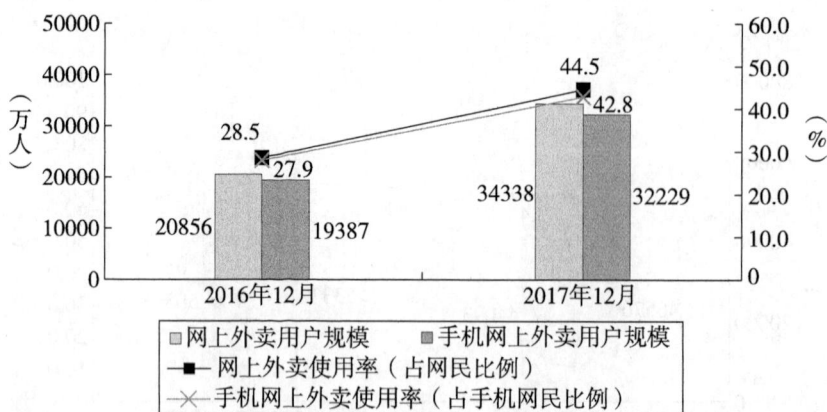

图 1-37 2016 年 12 月和 2017 年 12 月网上外卖/手机网上外卖用户规模及使用率
资料来源：2018 年第 41 次《中国互联网络发展状况统计报告》。

2017 年，网上外卖行业发展环境进一步优化。首先，食品安全领域法律法规持续完善。国务院办公厅《2017 年食品安全重点工作安排》提出食品掺假造假行为直接入刑；国务院食品安全办等14部门联合发布《关于提升餐饮业质量安全水平的意见》，明确要求网络订餐提供者须有实体店和餐饮经营许可证；国家食品药品监督管理总局发布《网络餐饮服务食品安全监督管理办法》。其次，市场格局进一步集中。"饿了么"收购"百度外卖"，市场从"三分天下"的局面过渡到"美团外卖"和"饿了么""双雄争霸"的新阶段，平台资源进一步整合有助于企业精细化运营。再次，用户规模保持高速增长，高频市场需求已经形成。2017年用户规模同比增速达到64.6%，同时，在经历几年市场补贴培育后，网上外卖已成为网民又一常态化就餐方式。工作加班、周末聚餐、下午茶、宵夜等订餐场景出现，外卖消费呈现多元化趋势。网上外卖客单价不断提升，用户在满足"吃饱"的需求基础上，更加关注外卖品牌、食品安全、送餐时效等升级需求。最后，外卖平台与餐饮商家开始重视打造外卖品牌，外卖产品和服务质量提升。外卖平台通过与优质餐饮品牌强强联合、统一外卖食材和包装、设计打造外卖IP、设立食品安全专项基金等方式提升外卖品牌识别度。同时，智能语音助手、智能调度、智能外卖贩售机等应用不断投入使用，进一步提升了配送效率。网络外卖的兴起与标准化工作，对于食品信息追溯的标准化工作，具有很好的借鉴价值。同时，网络外卖的发展也为食品信息追溯领域的发展提供了广阔的商机。

如图1-38所示，截至2017年12月，我国使用网上支付的用户规模达到5.31亿人，较2016年年底增加5660万人，年增长率为11.9%，使用率达70.0%。其中，手机支付用户规模增长迅速，达到5.27亿，较2016年年底增加5783万人，年增长率为12.3%，占手机网民比例达68.8%。

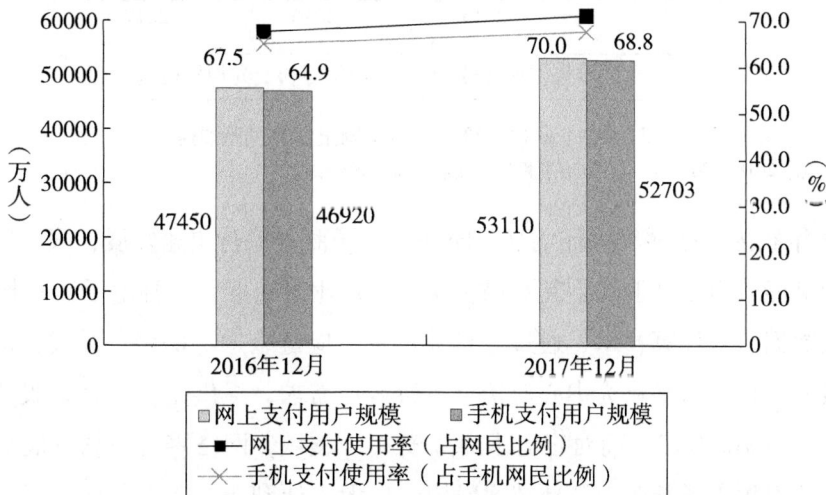

图1-38 2016年12月和2017年12月网上支付/手机网上支付用户规模及使用率

资料来源：2018年第41次《中国互联网络发展状况统计报告》。

2017 年，网络支付应用发展呈现出三个特点：第一，移动支付深入绑定个人生活。继打车、外卖、购物等个人消费服务场景之后，移动支付进一步向公共服务领域延伸，已由早期的水费、电费等生活类缴费逐步扩展到公共交通、高速收费、医疗等领域。第二，线上支付加速向农村地区网民和老龄网民渗透。调查显示，农村地区网民使用线上支付的比例已由 2016 年年底的 31.7% 提升至 47.1%；50 岁以上网民中线上支付使用率从 14.8% 提升至 32.1%。第三，移动支付的安全性和便捷性进一步提升。生物识别技术日趋成熟，指纹识别已被大规模使用，面部识别也得到初步应用。

如图 1 - 39 所示，2017 年中国网上零售额再创历史新高，达到 7.18 万亿元，比上年增长 39.2%，增速比上年加快 6.2 个百分点。其中，实物商品网上零售额达到 54806 亿元，增长 28.0%，占社会消费品零售总额的比重为 15.0%，比上年提高 2.4 个百分点。

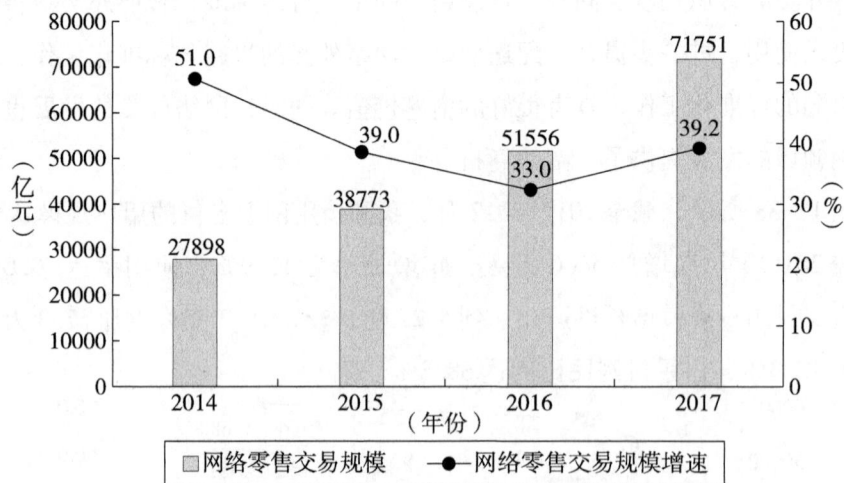

图 1 - 39　2014—2017 年中国网上零售额及增速

资料来源：2018 年第 41 次《中国互联网络发展状况统计报告》。

2017 年我国互联网经济环境继续向好，电子商务保持快速发展，服务模式、技术形态和赋能效力不断取得创新突破。B2B（企业对企业，一种电子商务模式）领域借助大数据、云计算技术，通过"产业链＋供应链金融"的服务模式，构建供应链综合服务平台，以平台为中心对接上下游客户需求，提供完善的金融服务，从而提升贸易达成率。B2C（商对客电子商务模式）领域，网络零售市场发展势头依然强劲，创新引领市场新业态和新技术发展。以无人便利店、无人餐厅、无人办公室货架为代表的零售形式层出不穷，刷脸支付服务则再次升级了网络零售的便利性。

同时，电子商务对传统业态的渗透和赋能加快。电商平台向供应链上游拓展服务，同时建立实体零售体验店，以技术和数据赋能线下业态，AR（增强现实）技术、虚拟试衣间等产品将有效推动线下商业科技升级。

2017年，我国在人工智能领域取得重要进展。作为引领未来的战略性技术，随着人工智能发展的全球竞争日益白热化，世界主要发达国家都把发展人工智能作为提升国家竞争力、维护国家安全的重大战略，加紧出台规划和政策，力图在这新一轮的国际科技竞争中掌握主导权。习近平总书记在十九大报告中明确提出，"推动互联网、大数据、人工智能和实体经济深度融合"。我国以人工智能为核心的新一轮科技和产业革命蓄势待发，人工智能、虚拟现实等技术日新月异，虚拟经济与实体经济相结合，给人们的生产方式和生活方式带来了革命性的变化。"中国制造2025""'互联网＋'行动的指导意见""'十三五'国家科技创新规划"等国家战略表明了我国对人工智能的重视和发展的决心。国务院于2017年7月8日印发的《新一代人工智能发展规划》正式提出了我国人工智能发展顶层战略设想。

截至2017年6月，全球人工智能企业总数达到2542家，其中美国拥有1078家，占据42.4%；中国其次，拥有592家，占据23.3%。中美两国相差486家。其余872家企业分布在瑞典、新加坡、日本、英国、澳大利亚、以色列、印度等国家。中国的人工智能企业主要分布在北京、上海、深圳、杭州、广州、香港、成都、南京、厦门和苏州。

2017年，我国人工智能领域在技术研发和产业应用层面均取得突出成果。在技术研发方面，南京大学、清华大学和上海交通大学在人工智能核心理论研究方面已取得一系列学术成果，互联网企业在计算机视觉、自然语言处理等人机交互技术方面取得一系列研发应用成果。中国人工智能相关专利申请数近20年持续增长，2016年，中国人工智能相关专利年申请数为30115项。在识别技术研发方面，"百度深度学习网络"取得人脸识别准确率99.84%、语音识别准确率95%等世界领先成绩；腾讯以83.29%的成绩在国际权威人脸数据库Mega Face的100万级别人脸识别测试中获得冠军；"阿里云ET（网络语言）"人脸识别技术在户外脸部检测数据库上识别率超过99.5%。华为成立"诺亚方舟实验室"，专门从事人工智能机器学习和数据挖掘，每年投资超过500亿元。科大讯飞以语音为切入口，稳步推进从感知智能到认知智能的人工智能生态布局。在人工智能芯片研发方面，2017年11月，中科院孵化的寒武纪科技有限公司发布全球新一代AI（人工智能）芯片，包括

"寒武纪1H8、1H16、1M"等系列，可用于多种人工智能应用场景。中国在人工智能专利方面有了很大进步，如图1-40所示。

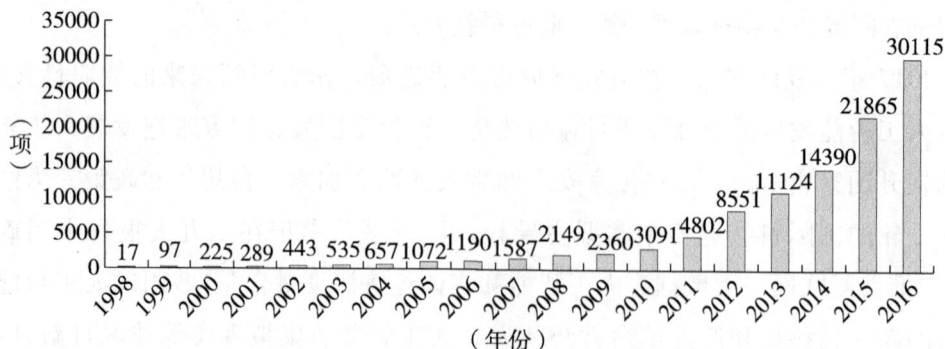

图1-40　1998—2016年中国人工智能相关专利申请数

在产业应用方面，人工智能技术的快速发展，推动了我国人工智能与电子终端和垂直行业加速融合，涌现出了智能家居、智能汽车、可穿戴设备、智能机器人等一批人工智能产品，并正在全面重塑家电、机器人、医疗、教育、金融、农业等行业。智能家居产业竞相打造开放互联平台，通过云端数据交互，实现各智能终端之间的互联互动，搭建智能家居生态，如华为的"HiLink协议"、小米的"Smart Things"、海尔的"U+"等；无人驾驶作为智能汽车的代表产品，其市场备受关注，大量的汽车厂商、科技巨头和创业企业积极布局；医疗也是人工智能重要的应用领域之一，随着人工智能、传感技术、大数据等高科技的融入，各项医疗服务逐渐走向智能化，并推动智慧医疗行业驶入快车道。目前，人工智能相关技术已经在辅助诊断、基因检测和个性化治疗、病患及老年智能看护、智能化药物研发等领域逐渐展开探索或应用。

除了上述技术及产业领域以外，一些新技术正在兴起。第一，全世界正在开展5G（第五代移动通信技术）标准研究，构建5G商用网络，推动5G支撑移动互联网、物联网应用融合创新发展，为5G启动商用服务奠定基础。第二，中国正加速构建人工智能产业生态。中国庞大的用户市场规模，以及大量从事数字活动的互联网领军企业，将提供大量原始数据，助推人工智能的兴起。以物联网、大数据和云计算为依托，人工智能必将成为支撑未来信息产业的重要支柱。第三，区块链技术探索和研发正在起步，政策环境逐步完善，但整体处于区块链应用的探索期，其发展受到两方面因素影响：一是应用场景的开发，除数字货币以外，在追溯、信息记录等领域的少量应用并未完全体现出区块链的优势；二是对于运算效率及存储仍有很高需求，技术问题仍然是区块链落地的重要制约因素。本书将在后面的专题研究中，就这些最新技术在信息追溯领域的应用与推广上进行深入探讨。

本篇撰稿人： 刘　谊　华北电力大学经济与管理学院副教授，企业管理与信息化研
　　　　　　　　　究所副所长
　　　　　　　何继红　中国副食流通协会会长
　　　　　　　高海伟　中国副食流通协会食品安全与信息追溯分会秘书长

专题研究篇

2　信息追溯与智慧产业发展研究

2.1　信息追溯应用与发展

2.1.1　信息追溯发展现状分析

信息追溯主要体现为"追溯"，意即追根追溯，与产品追溯体系中的追溯信息、追溯技术联系较为密切，包含两层含义：一层是跟踪，指从生产、流通到消费，跟随一个或一批商品流向的能力，为正向跟踪；另一层是追溯，指从消费、流通到生产，识别一个或一批特定商品来源的能力，为逆向追溯。

针对产品追溯系统的定义，在学术界存在两种观点：一种是由丹麦学者 Moe T. 提出的，他认为可追溯体系应该包括对产品及其物流活动的追溯，即产品追溯体系应包含两部分，产品实时物流和能够对产品实施有效追溯的范围，而按照有效追溯的范围进行划分，则可以分为企业内部可追溯体系和企业外部可追溯体系，以及存在业务往来的企业间可追溯体系；另一种是由美国学者 Elise Golant 提出的，他指出产品追溯体系是在整个产品生产过程或产品供应链体系中对产品本身或产品特性进行跟踪的记录体系，针对可追溯体系的特性差异，可以用"深度、宽度、精度"三个标准来衡量，深度指向前追溯或向后追溯信息的距离，宽度指追溯体系所包含的追溯信息范围，而精度指的是追溯信息能够定位到的问题源头或产品某一特性的能力。

目前，国内围绕产品追溯体系的技术研发、系统集成、设备制造等方面的产业蓬勃发展，咨询、监理、认证、保险等配套服务逐步成熟，设备租赁等创新模式不断涌现，追溯服务业开始呈现产业化、聚集化、规模化的发展态势。

国内追溯系统主要应用于食品、医药行业，但由于信息技术的不完善与体制、政策的不到位，多数消费者对农产品质量安全追溯系统的使用热情不高，有些消费者在使用系统的技能上还有所欠缺。同时，由于多年的习惯，部分消费者根本没有认识到追溯系统的重要性。逐步构建完善的追溯体系，是在食品、医药行业大力推广追溯系统的前提保障；任何行业的发展都离不开信用机制，同样，追溯产业正在努力建设专用域名（zsi. cn）机制，建立"统一编码＋专用域名＋认证"三位一体的方式，构建追溯信用体系，提升追溯体系效果；市场上，中国追溯服务产业联盟正发挥带头作用，大力搭建追溯服务业公共服务平台，建设产业链生态机制，并将追溯服务与中国品牌建设、精准扶贫、"一带一路"倡议结合起来，服务于国家战略；响应市场机制，追溯服务产业创新商业模式，设立发展基金，发展融资租赁业务，加强标准宣贯、示范试点、技术培训，解决追溯服务企业在资金、标准化、技术、人才等方面的困难，形成完善的配套服务产业链。

2.1.2 信息追溯技术应用

目前，国内信息追溯主要应用于食品安全、医药、物流供应链等领域，已经建立起一套可追溯体系，主要包括物联网技术与追溯系统关键性技术。按照对追溯信息处理方式的不同，可将追溯技术分为两类：追溯信息的标识技术和追溯信息的识别技术；而根据追溯信息编码方式的不同，则可将追溯技术分为字母数字码、一维条码、二维条码和 RFID（无线射频识别）技术等。

1. 物联网技术

（1）条码自动识别技术

条码自动识别技术已被证明是一种实用、可靠、准确、廉价的自动识别技术。目前，大多数企业仍将其作为信息自动识别和数据输入的重要方式。条码是利用图像输入设备或光电扫描设备自动识读来实现数据输入计算机的一种图形代码。条码自动识别技术包括一维条码和二维条码，它的优点是能够实现数据的快速采集，输入速度快，准确率高，灵活，成本低廉。

（2）RFID 技术

RFID 技术，是一种通过阅读器发射无线射频信号，自动识别标识对象，并获取其携带信息的技术。它属于非接触式的自动识别技术，能够快速地对物品进行识别和信息的读写。一个 RFID 一般由一个阅读器和一张能够附着于标识对象上的标签（电子标签）组成，其原理是利用电磁耦合，通过无线射频信号把存储在标签中的信息发送到阅读器中。与识别条码须主动收集条码信息不同，RFID 技术能够实现标识对象的信息被动收集。其优点包括：非接触式的读写、机械磨损小、识读距离可调（从几厘米到十几米）、使用寿命长、对高速运动物体的快速识别、环境适应性强、操控容易以及可以多个标签同时识别。如表 2－1 所示，RFID 电子标签与条码相比具有明显优势。该技术在企业的信息化改造和自动化控制中具有广泛的用途，目前已成为大多数企业在自动识别技术应用中的首选技术。

表 2-1　　　　　　　　　一维条码、二维条码与 RFID 电子标签特征对比

对象	耐用性及环境适用性	安全性	读取距离(m)	存储容量	是否可修改	使用寿命	成本
一维条码	易损，环境适应性差	低(不可加密)	0～0.2	小（一般仅能表示几十个数字字符）	否	短	低
二维条码	易损，对环境要求高	较高(可加密)	0～0.5	大（一般能表示几百个字节）	否	短	低
RFID 电子标签	耐用，防水防磁防高温	高(可加密)	无源：0～2 有源：>10	大（512 字节～4 兆）	是	长	高

2. RFID 关键技术

RFID 技术作为物联网研究中的热门技术，已成为各大研究机构和企业争夺研究的对象。目前，RFID 关键技术主要包括以下方面：工作频率的选择、天线技术、防碰撞技术以及信息安全技术。

（1）工作频率的选择

RFID 工作频率的选择是 RFID 技术的关键问题，既要考虑工作环境的需求和标签识别距离的需求，还要考虑各国对民用无线电频段使用的相关规定。当前，RFID 工作频率跨越多个频段，不同频段具有各自的优缺点，它既影响标签性能和尺寸大小，也影响阅读器对标签的有效识别距离。表 2-2 为 RFID 工作频段分类。

表 2-2　　　　　　　　　　　　RFID 工作频段分类

频段	类别	有效距离	穿透能力
9～135kHz	低频（LF）	45cm	能穿透大部分物体
13.53～13.567MHz	高频（HF）	1～1.5m	勉强能穿透金属和液体
300MHz～1.2GHz	超高频（UHF）	3～9m	穿透能力较弱
2.45GHz～5.8 GHz	微波（Microwave）	3m	穿透能力最弱

（2）天线技术

天线是标签和读写器向外传递或接收能量的桥梁，它是将无线电收发机的射频信号以电磁波形式向外发射出去，或者接收外来无线电波，并产生感应电流的装置。RFID 在不同的应用环境中使用不同的频段，不同频段的 RFID 天线设计方法不

同。RFID 电子标签天线的设计需考虑某些条件，如 RFID 天线须足够小并与标签有机结合附着到物体上，电子标签天线方向性、极化有特定要求并且根据特定场合会发生变化等，这些条件会限制 RFID 天线设计时可选的天线结构与所用材料。读写器天线的设计要求低剖面、小型化和多频段覆盖，并且针对不同频段选择集成式或者分离式结构。

（3）防碰撞技术

当 RFID 系统工作时，在一个读写器的有效识读范围内存在多个电子标签，且各个标签工作频率相同，这样就可能出现信息漏读或者信息读取错误的情况，这种情况称为电子标签的碰撞。RFID 系统中的碰撞分为阅读器之间的碰撞、阅读器与标签之间的碰撞和标签与标签之间的碰撞。

有学者提出使用 Color wave（色波）算法来解决读写器碰撞的问题。对于在高频（HF）频段的标签碰撞，标签的防碰撞算法一般采用"ALOHA 协议（最早最基本的无线通信协议）"。使用 ALOHA 协议的标签，通过选择一个随机时间向阅读器传送信息的方法，来避免碰撞。在超高频（UHF）频段，主要采用"树分权算法"来避免碰撞。以上两种防碰撞方法均属于时分多址访问（TDMA）方式，目前多数 RFID 系统都采用这两种防碰撞方法。

（4）信息安全技术

RFID 标签与 IC 卡（集成电路卡）等智能卡相比较具有很多优势，然而也存在着信息安全性不够高等问题。目前，在 RFID 信息安全性机制方面，主要采用物理方法、密码机制以及二者的结合。物理方法通常使用在低成本标签中，通过静电屏蔽或主动干扰实现对标签信息的保护。与基于物理方法的硬件安全机制相比，基于密码技术的软件安全机制的应用更加普遍，其主要利用各种成熟的密码方案和机制来设计符合 RFID 安全需求的密码协议。

2.1.3　信息追溯核心功能与作用

产品从生产制造、流通到最终消费的流动过程，决定了产品信息追溯系统的核心功能，包括产品全程信息追溯、防伪防窜管理、追溯召回以及大数据分析等。产品全程追溯功能又可分为生产信息追溯、物流信息追溯以及销售信息追溯等。

1. 产品全程信息追溯功能

（1）生产信息追溯功能

产品的信息追溯源头是产品的生产环节，在这一环节，生产商需完成原材料采购、产品生产、产品包装等一系列任务。在产品信息追溯系统中，根据产品包装上的条码、标签等编码信息，来追溯产品的原材料、生产方式、生产日期、生产地址、有效日期、生产批次以及产品检测等信息，实现对产品生产全程的信息追溯。生产信息追溯机制的建立，保障了产品生产过程的可视化，促使生产商透明化管理，及时有效地补货、备货，实现消费者对生产商的监督，产品生产全过程信息可记录、可追溯、可管控、可召回并可查询。

（2）物流信息追溯功能

产品要最终到达销售场所，必须经过仓储、运输、配送、装卸搬运、包装、流通加工等多种物流环节，物流过程作为占用绝大部分农产品流通时间的环节，它对产品的质量也有着重要的影响。通过建立产品物流信息追溯系统，将产品物流信息记录在托盘或产品包装标签上，能够清楚地获知托盘上批量产品甚至一个产品的运输、储存、装卸搬运、盘点、配送等物流信息。产品物流信息追溯系统可以提供准确、及时并且详细的物流信息，不仅方便客户对物流过程进行跟踪和监控，还能及时将储运信息反馈到生产商指导生产。

（3）销售信息追溯功能

产品流动过程中，通过销售使产品到达消费者手中是最重要的一个环节，而消费者对于产品质量的信任程度也主要取决于产品的零售商。产品在销售环节中的停留时间、对其进行的管理等环节，也会影响到产品的质量。建立产品销售信息追溯系统有助于消费者追溯产品采购时间、销售地址、销售店铺以及销售时间等信息。

2. 防伪防窜管理功能

基于条码、RFID 等物联网技术搭建信息追溯系统，利用 RFID 技术的非可视、不接触识读特性实现终端防伪查询及隐蔽式窜货稽查。产品电子标签的唯一性和不可复制性决定了其优良的防伪特性，通过有效打击假冒产品能有效提高产品的市场占有率，保障消费者权益。此外，市场稽查利用信息追溯系统查询产品产地、销售区域以及销售商等信息，能有效打击市场窜货行为，维护市场秩序。

3. 追溯召回功能

建立信息追溯机制，做到一物一码，在每一批甚至每一个产品包装上内置具有唯一标识的电子标签，电子标签储存信息包含生产批次、生产日期、生产商、销售区域、经销商、物流等，实现来源可溯、过程可追，质检部门和生产商家可快速对产品进行追溯，掌握产品市场分布和流向，能够对有问题的产品批次快速召回，最大限度减小消费者的损失。

4. 大数据分析功能

产品信息的追溯是在物联网技术收集大量生产数据、物流数据、销售数据的基础上实现的，通过监测和分析信息追溯系统收集的数据，除了可以为消费者提供产品的安全信息外，也可以将消费者的群体特征、消费习惯等数据反馈到生产商，生产商可通过分析数据信息更好地为消费者提供优质服务。同时，生产商可分析不同时间、不同地区的销售数据，指导产品生产。

2.1.4 信息追溯发展趋势

1. 追溯机制的建立和保障将更加完善

随着《关于开展重要产品追溯标准化工作的指导意见》和《国务院办公厅关于加快重要产品追溯体系建设的意见》（国办发〔2015〕95号）有关产品追溯文件相继出台，产品追溯将更加有法可依，有章可循，更加具有规范性和操作性。重要产品追溯系列标准的出台，将会为我国产品追溯体系建设提供更加有效的指导，产品追溯制度将形成一套完整体系，为全面开展产品追溯工作提供强有力的保障。

2. 追溯范围将从国内向全球延伸

基于经济全球化的背景，中国的原材料和产品流通呈现出全球化态势。跨国信息追溯已成为越来越强烈的国际诉求。一方面，跨国信息追溯要求追溯信息在全球层面能够互联互通，追溯体系建设能够秉承开放发展的理念，紧跟国际形势，采用与国际一致的追溯方法和追溯标准，从而确保产品能够在全球范围内实现追溯。另一方面，中国的追溯标准也应该"走出去"，将中国在追溯领域先进的标准介绍给世界各国，通过对接国际标准组织、国际互认等方法，实现中国追溯标准的国际化。

3. 追溯颗粒度将多元化并举

随着信息追溯的发展，追溯的颗粒度会呈现出品种、批次、单品多元化并举的状态，随着技术的发展、成本的降低和企业管理的精细化，追溯的颗粒度会越来越细。物联网、区块链等技术的应用与实施将从一定程度上促进追溯体系的发展，使得追溯信息的采集、记录和分享更加便捷、准确和高效，减少人为因素对追溯的干扰，提升追溯的准确性和效率。

4. 统一编码将是追溯的重要支撑技术

目前，信息追溯系统难以实现互联互通的原因是追溯编码混乱，导致系统互不兼容、追溯信息不能及时共享，使得生产销售中各节点的追溯信息无法真正形成完整的追溯链条。追溯编码、追溯数据、数据交换标准的统一，是确保追溯信息互联互通，实现全链条追溯的关键。追溯编码要采用与国际一致的、被行业广泛应用且成熟的编码方案，从而实现全链条追溯和全球追溯。

5. 追溯数据的共享是关键点

追溯数据的完整性、准确性、一致性、有效性是确保有效追溯的前提，目前，企业采集和记录的追溯数据难以与供应链各方共享，因此建立追溯数据共享机制，对实现全链条追溯尤为关键。追溯数据共享机制要明确企业面对政府、其他企业和消费者，如何共享追溯信息，共享哪些追溯信息，追溯信息泄密的法律责任等，从而既能保证追溯链条的完整，又能保证敏感信息的安全。

2.2 智慧产业研究发展

2.2.1 智慧产业现状分析

目前，全球都在积极推进智慧化建设，智慧产业作为未来产业发展的方向，是需要我国大力支持的，对智慧产业进行深入研究，可以说是顺应历史发展的潮流。但是，目前我国对智慧产业方面的研究还不是特别多，因此，加强对智慧产业的研究显得至关重要。同时，我国正处于智慧产业建设的初级阶段，研究智慧产业的发展现状，可以让我们清晰地了解我国智慧产业发展存在的问题及不足。对于制订促进智慧产业发展的政策，构建较为完整的智慧产业链，促进产业的健康发展，提高智慧产业的竞争力有极大的意义。

1. 智慧产业的概念

"智慧产业"这一概念虽然提出的时间较晚，但它其实在人类最初的生产和实践中便已产生。智慧产业是产业发展到一定阶段的产物，是产业发展的高级阶段。目前，关于智慧产业尚未形成统一的定义，国内的学者对智慧产业的定义主要包括三种观点。第一种观点以庄一召、蔡富有等为代表，他们认为智慧产业是运用人的智慧，进行研究、创造和生产管理的活动，形成有形或无形的智慧产品，满足社会各种需要的产业。智慧产业属于第三产业中的高端部分，与创意产业、知识产业等有一定程度的重合。第二种观点以金江军等为代表，他们认为智慧产业是指数字化、网络化、信息化、自动化、智能化程度较高的产业，是工业化与信息化高度融合的产物，其典型特征是物联网、云计算（Cloud Computing）、移动互联网等新一代信息技术在产业内广泛应用，不仅包括高端服务业，也包括高端制造业。第三种观点认为，我们生活中的各个领域，只要运用到知识、技术都可以称之为智慧产业，如智慧农业、智慧旅游业等都是智慧产业的一部分。为了解我国智慧产业发展状况，本书从现实的统计角度出发，按照《国民经济行业分类》，认为智慧产业应包含以下门类：服务业内的电信业、计算机服务业、软件业、科学研究和专业技术服务业、科技交流和推广服务业，以及互联网信息服务、咨询和调查服务、知识产权服务、会议及展览服务业；制造业内的通信设备、计算机及其他电子设备制造业等。智慧产业的产业链如图 2 - 1 所示。

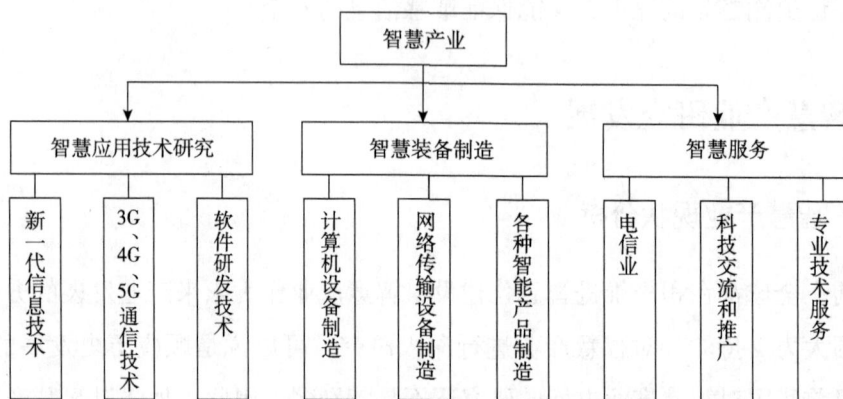

图 2 - 1　智慧产业的产业链

2. 智慧产业发展现状

（1）国外智慧产业的发展现状

①美国

美国是较早进行智慧产业建设的国家之一。早在 20 世纪 90 年代，美国便已开始发展智慧产业。最初美国发展智慧产业的目的是满足制造业对先进技术的支持，提高制造业的竞争力水平。事实证明，在智慧产业的带动下，美国制造业的竞争力水平得到了显著的提升。此后，美国通过国家信息基础设施（NII）和全球信息基础设施（GII）计划，将智慧产业发展提升到国家战略的新高度。美国重视云计算等新一代信息技术的研究，不仅在财力上加大对其的投资力度，还从每年 800 亿美元的 IT（互联网技术）项目中，划拨 25% 的份额用于云计算的研发与应用，并且制定相关的文件，推广其在政府各部门的应用。同时，美国注重智慧产业人才队伍的建设，重视对智慧产业人员素质的培养。

②欧盟

2009 年，欧盟为了构建下一代智能化新型互联网络，将各种物品如书籍、汽车、家用电器甚至食品等连接到网络中，这大大提升了互联网的使用程度。接着，又提出了物联网战略研究的关键技术和路径，并发布了一系列促进智慧产业发展的计划，提出要加强智慧产业方面的研究。欧盟各国近年来也在积极发展智慧产业，将智慧产业的发展作为未来经济发展的重中之重。

为了推动信息通信技术创新应用和德国经济的发展，德国于 2007 年启动了"ITK2020"计划。2010 年 12 月，德国联邦政府经济和技术部制定了新的信息化战略——"数字德国 2015"，提出通过数字化获得新的经济增长和就业机会，具体内容包括：发展电子能源和智能电网；研发电动汽车，建设智能交通系统；在工业领域推广云计算技术等。

法国通过发展固定和移动宽带、推广数字化应用和服务（特别是电子政务）、扶持电子信息企业的发展，为法国信息化发展创建良好的政策环境。同时，法国注重云计算技术在中小企业的推广，并且关注云计算带来的安全问题。

③日本

日本积极发展智慧产业始于 2001 年的"e-Japan（电子日本）战略"。该战略计划在 5 年内将日本建设成为世界上最先进的 IT 国家。2004 年，日本又提出重点发展网络和相关产业，促进 ICT（信息通信技术）产业迅速发展的"u-Japan（物联网、泛在网）战略"。2009 年，为了完善信息化基础设施，为新兴产业发展创造条件，日本提出了"i-Japan（智慧日本）战略 2015"，这一战略包括重视新兴产业人才培养、重视科技研究等在内的一系列内容，为支持这一战略的实施，日本政府每年都会投入一定数额的经费。

④韩国

2009 年，韩国确立了"u-Korea 战略"，发布了《物联网基础设施构建基本规划》，将发展物联网产业上升为国家战略，促进韩国经济的迅速发展。在云计算领域方面，韩国政府在 2014 年之前，每年投入约 6 亿美元用于发展云计算产业。

⑤新加坡

新加坡政府于 2006 年提出"新加坡 2015 计划"，该计划推出了一个为期十年的信息产业发展蓝图。它通过对基础设施建设、产业发展与人才培养及通信信息实现关键经济领域和社会的转型等方面的战略规划，意图将新加坡建成一个以资讯通信业为发展动力的智慧国家和世界城市。

（2）我国智慧产业的发展现状

①产值状况。产业的产值是衡量产业在一定时间内发展规模和发展水平的较为直观的指标。如图2－2所示，从行业增加值来看，2006—2014年，我国第三产业的信息传输、计算机服务和软件业，科学研究和技术服务业的行业绝对增加值都在上升。如图2－1、图2－2、图2－3、图2－4所示。信息传输、计算机服务和软件业增加值占第三产业产值的比重在2008—2011年出现连续下降，之后开始缓慢回升。科学研究和技术服务业的增加值占第三产业产值的比重一直呈上升趋势。如图2－3、图2－4所示，2014年，这两个行业的增加值分别达到了15939.6亿元和12250.7亿元，但是两者在第三产业中所占的份额都非常少。2014年，信息传输、

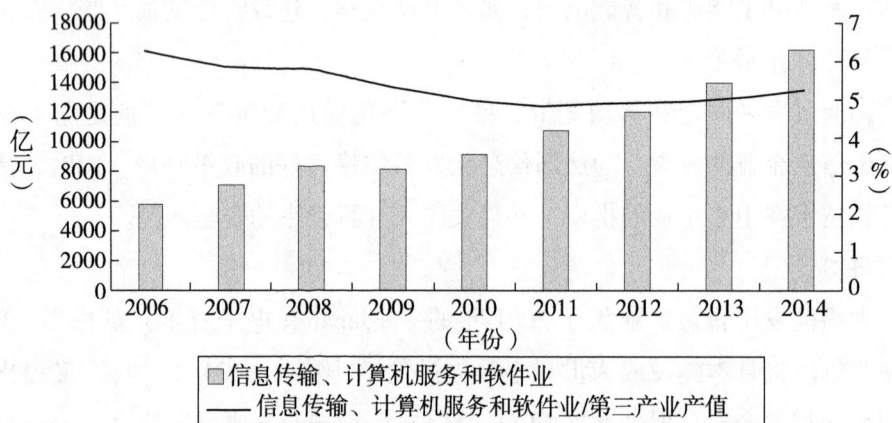

图2－2　2006—2014年中国信息传输、计算机服务和软件业增加值

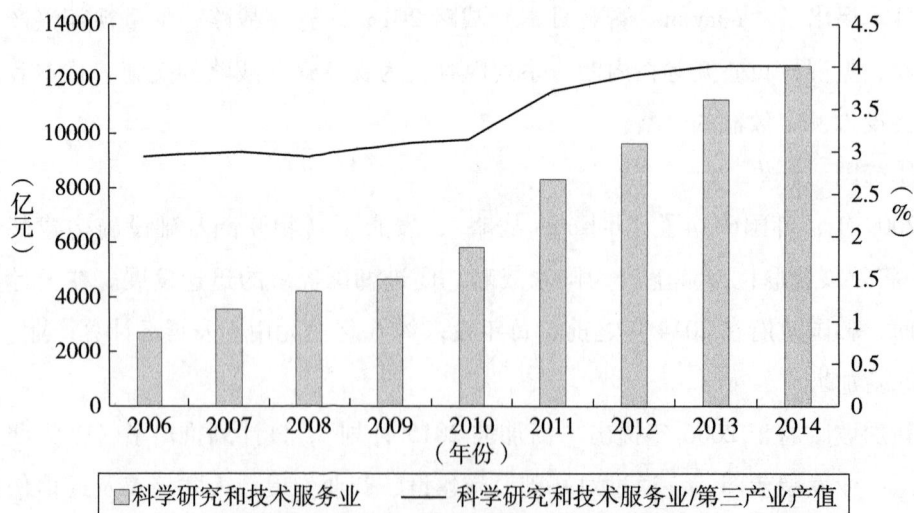

图2－3　2006—2014年中国科学研究和技术服务业增加值

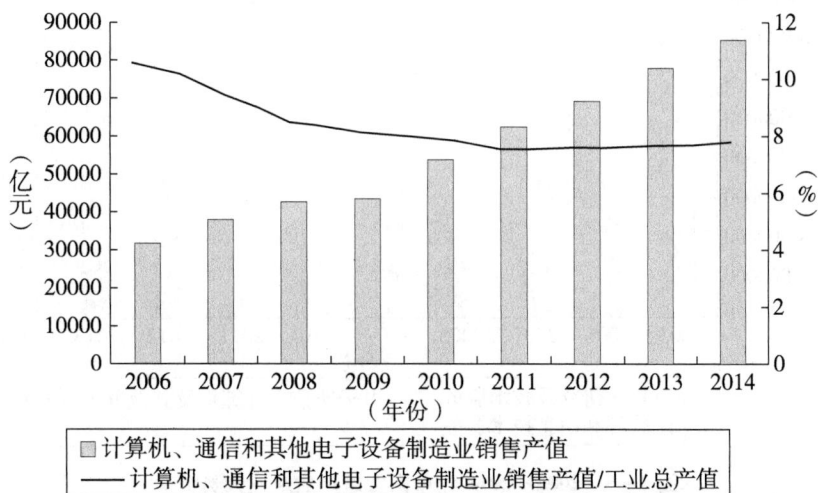

图 2 - 4　2006—2014 年中国计算机、通信和其他电子设备制造业销售产值

计算机服务和软件业占第三产业的比重只有 5.21%，科学研究和技术服务业则更低，只有 4%。第二产业中的计算机、通信和其他电子设备制造业的销售产值绝对值总体上也呈现出上升趋势，2014 年其销售产值达到了 85274.75 亿元，是 2005 年的 3.2 倍左右。但是，计算机、通信和其他电子设备制造业的销售产值在工业总产值中所占的比例却呈现出先下降后缓慢上升的趋势，并且占比一直低于 12%。从上述智慧产业的产值情况可以看出，中国智慧产业的发展水平并不高，三大行业之间的发展也不均衡。

②从业人员状况。一个产业的从业人员状况也可以从侧面反映出该产业的发展情况，从智慧产业的从业人员来看，如图 2 - 5 所示，2005—2014 年，从业人员数量整体呈现出上升趋势，但各行业之间有较大的区别。一直以来，电子通信设备、计算机及其他电子设备行业的从业人员最多，占智慧产业就业人员的比重接近一半。这是因为电子通信设备、计算机及其他电子设备行业属于第二产业，属劳动密集型产业，而中国大量的劳动力刚好满足该产业发展的需要。不仅如此，多年以来我国以发展第二产业为主，在制造业领域积累的大量经验使得这一产业的发展更有竞争力。但是，随着我国越来越重视科技发展和人才培养，科学研究及技术服务、信息传输、软件和信息技术服务业从业人员也在逐步增加，到 2014 年，两个行业从业人员超过了 744 万人。越来越多的从业人员进入智慧产业，说明中国智慧产业的规模在逐步扩大。但从相对数量来说，智慧产业从业人员占社会从业人员的比重仍然非常小，不足 5%，其未来的发展潜力是巨大的。

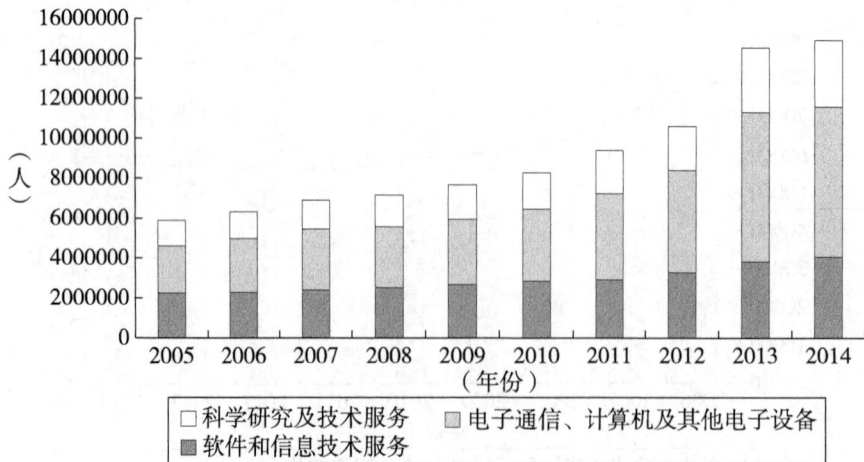

图 2 - 5 　2005—2014 年中国智慧产业从业人员情况

3. 智慧产业发展问题

（1）缺乏智慧化人才储备

虽然智慧城市和智慧城市产业出现的时间相对较晚，但是在新一代智慧技术的推动下，其发展势头却是异常迅猛，这就需要有大量的智慧人才作为保障。大城市是本地区的政治、经济和文化中心，大城市智慧城市产业领域的涉及面较广，并且汇聚了众多的优秀人才，人员总体素质较高。但是，因为对智慧人才的培养并没有及时提上日程，而智慧人才的储备不可能一蹴而就，所以为数不多的智慧人才分散在各个行业之中，有项目需求时就临时招兵买马，项目结束时却又一哄而散，没有形成长期的智慧城市产业发展人才储备观。

（2）信息安全保障系统还有待升级

智慧城市产业发展以云计算、大数据、物联网和移动互联网等新一代智慧技术为支撑，信息数据量大，涉及工业、商业、政务和社会生活等各个方面，一旦出现系统漏洞，或者受到恶意入侵造成信息泄密，其造成的损失将是不可估量的。智慧城市产业的信息安全维护是一项相当复杂的工作，不能假手他人，必须要有自己的核心技术，只有做到科技自主才能真正实现防患于未然。虽然我国在智慧城市的信息安全方面已经形成了自己的一套完整体系，但是安全的防护性还有待加强。

（3）忽略技术创新与市民参与的融合

智慧城市产业建设强调新技术的开发应用，虽然我国智慧城市产业的发展取得了巨大的成绩，但是，与国外发达国家相比，我国智慧城市产业发展中的自主创新能力还是比较弱。同时，在社交工具的利用上还存在一定的技术壁垒，没有真正实现市民、企业和政府的融合。例如，在发展智慧交通、智慧能源、智慧政务为代表的城市应用中，并没有充分发挥网络社交工具的民主作用，依旧停留在"提一些建议，解决一些问题"的状态，忽略市民的民主诉求，并不能从根本上解决城市产业发展中的问题。

（4）"产城融合"没有实现协同发展

智慧城市建设和智慧城市产业的发展都是庞大而复杂的工程，两者之间关系紧密，智慧城市建设不仅为智慧城市产业的发展带来了巨大的产品市场需求，还为智慧城市产业的发展提供了良好的环境和技术保障；而智慧城市产业的发展却是智慧城市建设的基础支撑，两者相互影响，相互促进。因此，在实施智慧城市建设与智慧城市产业发展过程中，需要将二者联合起来，加强领导，但是，在实际智慧城市建设中，受产业本身的特点、基础设施的欠缺以及规划割裂等因素的影响，智慧城市和智慧城市产业之间没有完全实现真正的融合。

2.2.2 智慧产业技术应用

智慧产业的核心关键技术包括物联网、云计算、移动互联网、大数据、区块链等新一代信息技术。

1. 物联网

物联网是通过射频识别（RFID）、红外感应器、全球定位系统、激光扫描器等信息传感设备，按约定的协议，把任何物品与互联网连接起来，进行信息交换和通信，以实现智能化识别、定位、跟踪、监控和管理的一种网络。物联网为人类社会增加了新的沟通维度，即从任何时间、任何地点的人与人之间的沟通连接扩展到人与物、物与物之间的沟通。

美国将物联网技术列为对经济繁荣和国防安全两个方面都至关重要的技术，以物联网、云计算技术应用为核心的"智慧地球"计划得到了奥巴马政府的大力支持，成为继"数字地球"之后美国新的信息化发展战略计划。

在我国，物联网技术已经在产品信息化、生产制造、经营管理、节能减排、安全生产等领域得到应用。例如，在生产线过程检测、实时参数采集、生产设备与产品监控管理、材料消耗监测等环节采用物联网技术，可以大幅度提高生产智能化水平。徐工集团、三一重工等工程机械制造企业通过采用物联网技术，实现了向服务型制造企业的转变。

2. 云计算

根据美国国家标准和技术研究所的定义，云计算是一种可以随时随地方便地、按需地通过网络访问可配置计算资源（如网络、服务器、存储、应用程序和服务）的共享池模式，这个"池"可以通过最低成本的管理或与服务提供交互来快速配置和释放资源。按照云计算服务的部署方式和服务对象的范围可以将云计算分为三类，即公共云、私有云和混合云。按服务类型分类，可以将云计算分为基础设施即服务（IaaS）、平台即服务（PaaS）、软件即服务（SaaS）三类。

云计算技术已在工业设计、工业仿真、在线软件、企业数据中心等领域有了广阔的应用前景。在工业设计领域，由于涉及大量的图形图像数据处理，特别是 3D（三维）图形渲染，需要超强的计算能力，而云计算具有超大规模的计算能力，可以为工业设计提供计算力支持。在工业仿真领域，云计算平台可应用于汽车碰撞仿真、虚拟装配等。利用云服务平台，中小企业无须购买各类昂贵的应用软件，只需要向云服务平台运营商支付一定的服务费，就可以在线应用 CAD（计算机辅助设计）、CRM（客户关系管理）等软件。国内一些大型企业的数据中心逐渐向私有云方向转型，如将 ERP（企业资源计划）系统、商业智能（BI）系统等部署在云计算平台。

3. 移动互联网

移动互联网就是移动通信与互联网的结合。近年来，移动通信和互联网成为世界上发展最快、市场潜力最大、前景最诱人的两大业务，创造了许多经济奇迹和财富神话。随着中国移动、中国电信、中国联通三大电信运营商第三代移动通信（3G）业务的开展，全国各地无线城市建设的兴起，苹果公司 iPhone 等移动智能终端的普及，中国移动互联网将进入飞速发展阶段。

近年来，基于移动互联网的移动电子商务快速发展，有力地促进了中小企业健康发展。随着移动互联网的发展，越来越多的办公自动化（OA）系统、企业管理软件提供无线接口，企业管理人员可以随时随地进行远程办公，处理企业事务。

4. 大数据

近年来，随着信息化建设的深入，数据量呈爆炸性增长态势。2011 年，全球被创建和被复制的数据总量为 1.8ZB（1ZB 为十万亿亿字节）。到 2020 年，全球将拥有 35ZB 的数据量。大数据是指无法在一定时间内用常规软件工具对其内容进行抓取、管理和处理的数据集合。2012 年 3 月，美国政府拨款 2 亿美元启动了"大数据研究和发展倡议"计划。只要具有适当的政策推动，大数据的使用将成为未来企业提高竞争力、生产力、创新能力以及创造消费者盈余的关键要素。

用于整合、处理、管理和分析大数据的关键技术主要包括 Big Table（分布式海量数据系统）、商业智能、云计算、Cassandra（混合型非关系数据库）、数据仓库、数据集市、分布式系统、Dynamo（亚马逊的存储平台）、GFS（可扩展的分布式文件系统）、Hadoop（分布式计算）、HBase（分布式的、面向列的开源数据库）、Map Re-duce（一种编程模型）、Mashup（一种新的网络现象）、元数据、非关系型数据库、关系型数据库、R 语言、结构化数据、非结构化数据、半结构化数据、SQL（结构化查询语言）、流处理、可视化技术等。

5. 区块链

"区块链"是指一种分布式、点对点的数据库账本，简单意义上理解就是融合了 P2P（网络借贷平台）、加密算法等技术的多个连在一起的数据库，数据库之间两两直接相通，信息传输需加密。区块链技术应用，则是将这种融合 P2P、加密算法的数据库技术应用到实际生产中。

区块链较传统互联网技术的突出优势在于其可保证安全、降低成本及提高效率。而这三个典型优势，无论是智慧家庭、智慧工厂，还是自动驾驶等均可"倚重"。2018 年，是物联网和 AI 结合在区块链市场风生水起的元年。物联网将"物—物"连接起来，AI 使机器有了判断和交易识别能力，物联网和 AI 是一对孪生兄弟，它们不可能存在于一个中心化的网络状态中，一定是分散化和局域化。如果把区块链技术与 AI 技术结合作为其底层技术之一，机器与机器之间的合约就可以做到自动执行。

2.2.3 智慧产业的核心功能与作用

1. 核心功能

（1）智能工厂

智能工厂，就是利用各种现代化的技术，实现工厂的办公、管理及生产自动化，达到加强及规范企业管理、减少工作失误、堵塞各种漏洞、提高工作效率、进行安全生产、提供决策参考、加强外界联系、拓宽国际市场的目的。

智能工厂的价值链包括制造资源、系统集成、互联互通、信息融合、新兴业态。制造资源是指现实世界的物理实体，例如，文件、图纸、设备、车间、工厂等，而人员也可视为制造资源的一个组成部分。系统集成是指通过二维码、射频识别、软件、网络等信息技术，集成原材料、零部件、能源、设备等各种制造资源，由小到大实现从智能装备/产品到智能生产单元、智能生产线、数字化车间、智能工厂，乃至智能制造系统的集成。互联互通是指采用局域网、互联网、移动网、专线等通信技术，实现制造资源间的连接及制造资源与企业管理系统间的连接。信息融合是指在系统集成和互联互通的基础上，利用云计算、大数据等新一代信息技术，在保障信息安全的前提下，实现企业内部、企业间乃至更大范围的信息协同共享。新兴业态是指包括个性化定制、网络协同开发、工业云服务、电子商务等在内的服务型制造模式。

（2）智能生产

智能生产主要涉及整个企业的生产物流管理、人机互动以及3D（三维数字化）技术在工业生产过程中的应用等。该计划将特别注重吸引中小企业参与，力图使中小企业成为新一代智能化生产技术的使用者和受益者，同时也成为先进工业生产技术的创造者和供应者。

如图2-6所示为智能生产系统的整体组成。智能生产系统应实现对生产过程中各子系统的就地控制，并能够将信息上传至调度中心监控平台，实现对整个生产系统的远程监测。承载这些活动的主要资源和设施包括：支持工艺规划活动的制造数据准备系统；支持加工装配活动的零件加工系统、产品装配系统和其运行控制系统、物流系统；支持检验交付的质量控制系统、检验检测系统、物流系统等。

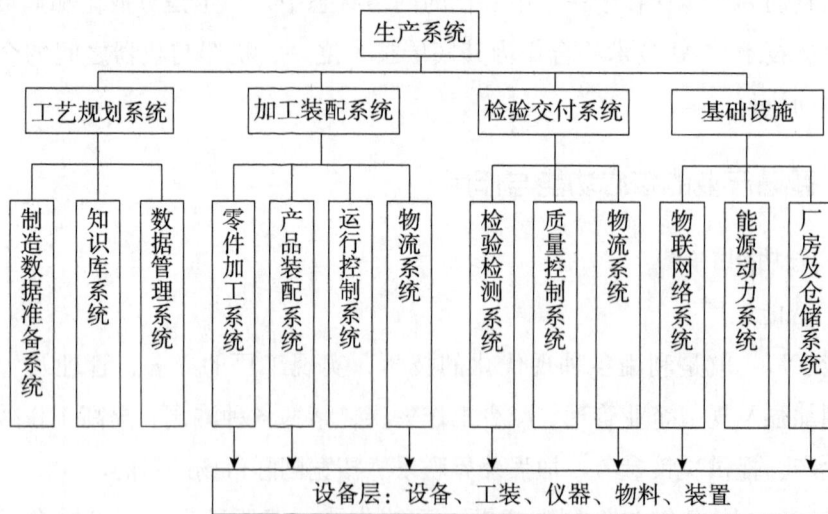

图2-6 智能生产系统整体组成

（3）智能物流

智能物流是指利用集成智能化技术，使物流系统能模仿人的智能，具有思维、感知、学习、推理判断和自行解决物流中某些问题的能力。智能物流的未来发展将会体现出 5 个特点：智能化、一体化、层次化、柔性化、社会化。具体来说，体现在以下几个方面：物流作业过程中的大量运筹与决策将实现智能化；以物流管理为核心，实现物流过程中运输、存储、包装、装卸等环节的一体化和智能物流系统的层次化；智能物流的发展会更加突出"以顾客为中心"的理念，根据消费者需求变化来灵活调节生产工艺，更加柔性化；智能物流的发展将会促进区域经济的发展和世界资源优化配置，实现社会化。智能物流系统具有 4 个智能机理，即信息的智能获取技术、智能传递技术、智能处理技术、智能运用技术。

（4）智能产业标准化

智能产业标准化是行业互联互通的关键，要在一个行业内实现智能制造的大范围覆盖，标准化必须先行。标准化是智能制造创新的驱动力，是智能制造系统互联互通的必要条件，也是抢占产业竞争制高点的重要手段。只有实现标准化，产品的设计、生产、物流销售、服务全生命周期才能有效协同互动。同时，很多新技术的推进需要通过制定标准来完成。在新一轮产业革命正在加速推进的大背景下，全球的工业大国都高度关注智能制造标准的建立，智能制造标准已成为全球产业竞争的一个制高点。

2. 作用

（1）促进国家及区域经济增长

智慧产业属于高技术产业，高技术研发具有高风险、高投入、高收益的特点。智慧产业的大规模发展必然会拉动国内生产总值的大幅提升。首先，智慧产业能够将新一代技术更深入地融入农业、制造业、服务业，为这些传统行业提供更先进的生产设备和技术，从而改造他们的生产方式、生产流程，促进传统产业生产效率的大幅提高。智慧产业本身是以信息和知识为生产要素的产业，它们能够以非常低成本的方式快速传播和扩散，对生产力发展产生极强的带动作用，全面促进生产效率的提高。智慧产业还能够改善传统产业的经营方式和管理模式，通过提升企业信息化程度，增强企业决策的正确性和科学性。其次，智慧产业的发展能够扩大消费者的需求，改变消费者的消费需求、消费结构、消费方式，为居民消费提供更完善便捷的条件。智慧产业下互联网的发展催生了电子商务，消费者通过互联网可以接触到企业商家的各类产品，对产品资讯的可得性大大增强。而且，互联网构建起厂商与消费者之间直接交流平台，减少了交易环节从而大幅降低产品价格。企业在生产过程中对大数据的应用，使得企业能够跟踪客户消费信息，为消费者推送其感兴趣的产品，诱导消费者消费，大幅提升了消费者需求。

（2）促进制造业技术创新

技术创新一直以来都被认为是推动经济社会发展的可持续动力。智慧产业包括电信服务业、信息传输业、软件和信息技术服务业、科学研究和技术服务业，还包括计算机、通信和其他电子设备制造业。这些产业的发展能为技术创新提供支持。计算机、通信和其他电子设备制造业的发展不仅提升了电子产品的精细化、移动化程度，还大幅降低了其价格，使得更多的人能够拥有。信息服务的发展使得信息、知识的传播无时间和地域限制，使信息的使用频率提高。人们借助电脑、移动手机这些终端，享受畅通的信息传输服务，随时随地获取知识和信息，还可以分享知识、教育资源，从而使人口素质提升。再者，智慧产业属于第二、第三产业中的高端产业，这些产业对高端人才吸纳能力极强，高素质的人才集聚在高技术的环境下工作和学习，能够极大地激发他们的思维、创新活力。因此，智慧产业的发展能够引发技术创新活动的产生。

（3）实现产品全过程追溯

智慧产业建立的全产业链平台，可以通过构建追溯系统，实现产品全供应链的可视化管理，进行产品的正向追踪和反向追溯，实时掌握和分析 MES（制造执行系统）、产线赋码、WMS（仓库管理系统）、TMS（终端远程维护管理系统）、经销商等数据，指导计划生产，提升管控能力，促进管理者由"被动反馈"向"主动预测"转变，更快洞察和应对风险。

通过全产业链可追溯系统，能真实、及时、准确、有效地记录生产经营过程中的信息，达到产品信息全过程可记录、可追溯、可管控、可召回、可查询，实现全产业链产品安全管理。

2.2.4　智慧产业发展趋势

1. 更多互联网企业将参与到智慧产业建设中

随着智慧产业建设模式的快速转变，更多的互联网企业将更加积极地参与到智慧产业的建设中。互联网企业将会以行业应用和云计算为切入点，通过开放的合作模式推动智慧产业的建设。同时，国家将通过财政改革、购买服务和政府引导等多种模式推动智慧产业的健康、有序发展。

2. 大数据发掘将提升智慧产业产品体验

移动互联网的高速体验，为智慧产业产品应用推广奠定了良好的基础；随着云技术的逐步成熟，各地的智慧城市数据中心建设均加入了云计算的概念，通过数据中心的云化建设，极大地提升了数据中心对海量数据的支撑能力。除此之外，一些智慧产业链的成员，如 IBM（国际商业公司）、银江股份等均开始在大数据方面加大投资，同时也将智慧城市平台作为大数据获取的来源。未来，5G（第五代移动电话通信标准）的快速发展在整合智慧城市平台建设中，通过大数据发掘等方式实现智慧产业产品体验提升和商业变现的成功案例将明显增多。

3. 智慧城市物流转虚为实

商品与服务数字化是实现电商发展的前提。城市空港、内陆港、保税区等实体商品集散地，将利用云平台实现数字化仓储、物流、分销等一系列环节，在物流配送之外添加信息和支付，补足电商体系的铁三角，使得智慧物流得以实现，转虚为实。

4. 高速网络的推广将加速智慧旅游建设

2018 年，高速网络 5G 的推广，将突破数据传输的瓶颈，高速网络在中国大范围推广，将会为各地的智慧旅游建设带来很大的推动作用。在高速网络的支持下，手机和平板等智能终端可以为游客提供位置定位、路线导航、天气走向、寻找美食、预订酒店、景点推荐、购物导航、互动分享、网上购票等多种服务，实现食、住、行、游、购、娱等多方位一体的旅游服务。

5. 智慧医疗将加快产业链整合

物联网、大数据、云计算及移动互联等技术的发展与应用，推动了智慧医疗行业快速的发展。随着信息技术在医疗行业的不断应用，智慧医疗作为新兴的服务载体，为用户提供了医疗健康服务保障，这将会成为政府的重要抓手，以"政府引导市场主导"的方式，优化产业链，以缓解当前突出的医疗问题。

2018 年，智慧医疗的建设将会呈现百花齐放的局面，产业链将加速整合。政府方面将逐步扩大区域卫生平台的范围，将更多的医院、妇幼保健院、疾控中心和药房纳入区域卫生服务体系中米；市场方面将随着新技术和新产品的推广，进行模式创新，以满足用户健康方面的需求。

2.3　信息追溯与智慧产业的互动关系

2.3.1　智慧产业为信息追溯的发展提供了有力的技术支撑

智慧产业是指数字化、网络化、信息化、自动化、智能化程度较高的产业，是工业化与信息化高度融合的产物，其典型特征是物联网、云计算、移动互联网等新一代信息技术在产业中的广泛应用。近年来，我国食品领域信息追溯行业的快速发展，离不开大量技术的推广和运用。除了互联网、移动终端等技术的快速发展以外，大数据、物联网、区块链、人工智能等最前沿的技术，也正在为信息追溯的发展发挥着重要的支撑作用。

可以这样说，没有智能手机及3G（第三代移动通信技术）、4G（第四代移动通信技术）、5G 的发展，信息技术的推广和应用也许还处在传统的手工阶段，而正是互联网等相关技术的高速发展，为信息追溯平台的推广和应用提供了有力的技术支撑。本报告的案例分享篇，将通过信息追溯在食品领域的技术和应用案例，介绍这些高新技术如何在信息追溯领域发挥作用。例如，深圳"量子云"信息追溯方案中汇集了云计算、信息安全、软硬件、密码学以及网络通信等多种技术开发的量子云码技术，大大提升了信息追溯的安全性、防损率和隐蔽性；道嘉鲜提出的"产品智配"安全追溯管理解决方案，运用大数据、智能算法等先进技术，采用智能设备完成数据的采集和平台控制，保障产品智配安全追溯管理。详细内容参见案例分享篇中的第1、2部分内容。

2.3.2　信息追溯为智慧产业的发展提供了良好的应用场景

当前，食品行业可追溯体系的建设已经走到关键时期。信息追溯开始在全社会应用和推广，无论是政府搭建的信息追溯平台，还是企业实施的信息追溯系统，所应用的技术及其推广实施本身就属于智慧产业领域。因此，信息追溯无论是在技术应用的突破，还是在商业模式的创新上，都为智慧产业的发展提供了良好的应用场景。

通过产品信息追溯体系，可以将产品品牌制造商、渠道商、电子商务平台的资源有效集中起来，给消费者提供更完美的体验，形成新的商业模式，带来多方共赢的效果。依靠信息追溯平台，消费者可以放心购买产品，对产品的全部信息可以有更全面的了解。这对于品牌制造商意义重大，可以极大地提高品牌美誉度。率先形成这种商务模式的平台企业也更容易脱颖而出。尤其是交易平台、产品追溯体系与支付结算、供应链、物流等要素的结合，不仅可以保证质量，还能为消费者创造更好的商业模式和完美的用户体验。

在本报告的案例分享篇中，上海中商网络提出的全自动化生产线的"防伪、追溯、营销全链"解决方案，将追溯与企业营销结合起来，既是技术应用的创新，也是商业模式的创新。光明乳业全产业链可追溯体系应用信息化、自动化、智能化技术等手段，通过梳理仓库管理和物流配送的业务流程，将产品追溯和仓库物流作业相结合，实现工作效率提升和运行管理水平提高及乳品在流通环节的可追溯。这些案例的成功，为智慧产业项目的落地，提供了良好的应用场景。详细内容参见案例分享篇的第 7、12 部分。

3 基于区块链技术的食品安全可信追溯应用研究

3.1 引言

近年来，食品安全事件频发，禽流感、瘦肉精、三聚氰胺、大米镉超标等一系列的质量安全问题引发了消费者的信任危机，也成为国家建设发展诚信社会工作的重大挑战。食品安全是群众对美好生活的基本需要，习近平总书记在十九大报告中指出"让人民吃得放心"，李克强总理在政府工作报告当中讲道"让消费者买得放心、吃得安全"。食品质量问题关系到每一个消费者的生命财产安全和切身利益，无论是生产企业还是消费者，都希望知道自己的最终食品或消费品的原材料和来源的相关信息，而食品追溯系统能够标识食品来源，提供其从生产到餐桌全过程的详细信息。一旦发生了食品安全意外事件，通过食品追溯系统可以快速准确地定位到发生问题的环节，明确责任主体，及时召回问题食品，遏制问题蔓延势头，这是解决目前食品安全窘迫现状的有效方法之一。

"食安新时代，监管新征程"，食品安全事件频频发生的根本原因来自政府、生产者、消费者之间的信息不对称，导致交易双方信任发生问题。食品追溯体系通常被认为是解决信息不对称的关键手段，但当前的食品安全追溯体系在本质上属于一种权威的中心化机构风险管控模式，该模式无法在复杂、多元的食品安全相关利益主体间实现信息全过程可信追溯，这种矛盾要求我们更新治理技术，变革治理模式。区块链技术正是一种能在互不信任或弱信任参与者之间维系去中心化的、不可篡改的、多方安全参与的可追溯记录技术，也是目前被认为能改变社会信用规则与机构运作方式的重大突破性技术。区块链技术的去中心化特点可以让政府、企业组织、社会组织、消费者自治组织等社会多方监督机构有机结合在一起，以便捷、流动、互认为特征和标尺，通过广泛共识和价值分享社会组织方式、治理体系和运行规则，从而实现食品供给主体间的多元共识共治、协同安全监管。同时，区块链技术的安全性与不可篡改性，不仅可以破解食品供给主体间的数据资源流通与安全保护难题，实现食品生产、流通和安全监管各环节的数据无缝衔接，而且可以重构食品安全领域利益主体在线上和线下的价值信用体系，提高政府科学决策和风险预判能力，真正实现食品供给主体安全监管的精细化、全程化、常态化，因此，在食品安全追溯体系中引入区块链技术具有重要的现实应用价值。

3.2　食品安全追溯系统应用现状及问题分析

食品安全追溯体系是指在食品产、供、销的各个环节（包括种植、养殖、生产、流通以及销售与餐饮服务等）中，食品质量安全及其相关信息能够被顺向追踪（生产源头→消费终端）或者逆向回溯（消费终端→生产源头），从而使食品的整个生产经营活动始终处于有效监控之中。食品安全追溯体系源于欧盟，随后加拿大、美国、日本、中国等国家也纷纷引入。食品安全追溯系统是食品安全追溯体系思想的具体实现，是由各类传感器、射频识别标签、条码标签、信息管理平台等元素组成。它通过唯一对应的食品追溯编码，将食品的原材料信息、生产加工过程信息、物流过程信息、销售信息与食品本身进行绑定。利用部署在生产加工、物流运输等过程中的监控设备对数据进行采集，并将数据传输到计算机上的信息管理平台，通过射频识别标签或条码技术对食品进行标记，用户利用射频阅读器或条码扫描器获取食品标记信息，连接信息管理系统，获取对应的数据。在食品的生产过程中，系统对食品从原材料的采购到初次分销这一系列过程的重要信息进行记录，提供食品在各环节中的成分、生产、物流等数据，为企业提供指导生产的信息，为消费者和监管部门提供食品成分、加工流程、周转流程的关键信息。

食品安全追溯系统发展到今日，从数据的采集到数据的管理和组织利用都有一套成熟的基础技术在支撑，其技术构成基础相对较为完善，然而在落实过程中，仍存在以下几个问题。

1. 公众的信息追溯期望与实际运行系统间的反差

食品安全追溯系统的服务对象首先是终端消费者，其次是需要信息支撑作为监管手段的监管部门，最后是生产企业本身。目前，对终端消费者而言，食品安全追溯系统还处于低层次阶段，只能查询生产日期、产品质量合格等级、添加物含量等信息，而真正具有可追溯性的产品还应当记有产地情况、工艺过程涉及的参与者等高层次信息，因此，公众对食品安全追溯系统仍抱有较高的诉求期望。而对食品生产企业而言，在当前国家政策导向下，实施追溯系统的成功与否取决于实施过程投入的成本和取得的收益是否能够形成良性循环，即投入到追溯系统建设和实施过程中的成本能否在食品销售的过程中回笼或产生更大的收益，这对信息自动采集技术、数据存储技术等方面提出挑战。因此，公众的食品安全追溯期望提升了食品追溯系统的企业运营成本，上升的成本最终会体现在食品的价格上，公众食品安全追溯期望与实际运行系统间存在着较大的反差。

2. 食品安全追溯数据公信力与数据易篡改性之间的矛盾

传统的食品安全追溯机制的实现依赖于统一的中央数据库，数据在存储、传输、展示等一些环节存在被篡改的可能。目前，食品追溯系统在多个环节还处于人工作业状态，操作人员可能为了达到某种不正当目的、获取不正当利益而修改已经记录在数据库中的数据。同时，生产、运输、分销、销售这些系统参与者在追溯系统中也存在篡改数据的共同意愿，这导致信息管理平台上的数据不真实，消费者查询出的结果是虚假的，损害了食品安全追溯数据公信力。因此，为了保证数据的真实性，在数据的源头即在数据采集阶段，以当前的技术条件一般通过自动采集技术，如 RFID 识别等减少手动输入操作，提升输入虚假数据的难度。另外，最为有效的手段是依靠法律制裁提升企业或个人输入虚假信息的作恶成本，从而让企业或个人不敢录入虚假的信息。

3. 中心化的食品安全追溯系统与分散的多元利益主体间的协调矛盾

当前的食品追溯系统应用水平依赖于政府监管措施的强弱，因为国家立法和执法机构并未对食品追溯有强制性要求，所以食品追溯行为均由生产企业自发进行，只能由食品生产或销售过程中的主导企业来组织和实施。追溯系统中的数据采集、数据维护工作也由主导企业负责，这样的追溯系统实施和应用模式具有中心化的特征，核心企业作为系统的中心，存在数据被篡改的风险并缺乏相应的公信力。而建立以社会共治为理念、社会各方共同参与的食品安全多元监管体系，是我国在十八届三中全会精神指引下的社会治理模式创新，十九大报告提出"打造共建共治共享的社会治理格局"理念，当前，中心化的食品追溯系统与食品安全"社会共治"理念存在着现实的矛盾，这要求我们必须更新治理技术、变革治理模式，推动治理方式由直觉经验决策模式向数据驱动决策模式转变，真正实现治理精细化、全程化。

3.3 区块链技术与食品安全追溯系统融合可行性分析

区块链本质上是一个去中心化的分布式账本数据库，是比特币的底层技术，它为比特币系统提供了一种去中心化的、无须信任积累的信用建立范式。它通过多方共识算法建立起互联网上的信任，并通过智能合约实现了服务流程自动化。区块链技术是多种技术融合的结果，其中包括 P2P 网络、密码算法、数据库、一致性算法、分布式计算等。该技术方案主要让区块（Block）通过密码学方法相关联起来，每个数据块包含了一定时间内的系统全部数据信息，并且生成数字签名以验证信息的有效性并链接到下一个数据块，从而形成一条主链。

区块链技术的核心是使当前链上的所有参与节点共同维护链上存储的交易信息，使得交易信息基于密码学原理而不是基于信任，无须第三方参与。区块链技术具有去中心化、不可篡改、开放透明、机器自治和匿名性等重要特征，因此可以解决交易过程中的信任和安全问题。

1. 去中心化

区块链基于 P2P 模式，采用分布式计算和存储方式，没有中央部署的软硬件系统，不依赖于中心化的人为管理机构，所有计算和存储节点的权利与义务都是一样的，系统的运行依靠分散的客户端节点共同参与和维护。

2. 不可篡改性

区块链采用单向哈希算法，同时每个新产生的区块要严格按照时间顺序推进，时间的不可逆性导致任何试图篡改区块链内数据信息的行为都很容易被追溯，引起其他节点的排斥，从而达到限制相关不法行为的目的。

3. 开放透明

区块链的开放透明主要体现在以下两个层面：一是整个系统的源代码公开，每个人都可以提取阅读；二是整个系统的数据和接口对所有人公开，任何人都可以通过公开接口查看区块链数据（交易双方的个人信息是加密的），并在此基础上进行二次开发，整个系统是完全开放透明的。

4. 机器自治和匿名性

区块链节点之间的数据交换遵循一套公开透明的算法，所有客户端节点之间可以在信任的环境下开展数据的交换，程序会自动判定不合法的交易活动，并作为无效数据自动丢弃，数据交换完全靠整个客户端节点自治完成，整个交易过程不需要人的信用等级，完全依靠对机器的信任，人为的干预活动不起任何作用，交易双方也无须亮明身份，完全可以在匿名的环境下进行，这样既保证了交易的可靠性和安全性，也可以保护交易双方的个人隐私。

正是由于区块链技术具备以上特征，当前很多存在应用难点的领域都希望能够引入区块链技术来解决一些问题。食品安全追溯体系如果引入区块链技术，就能够让没有信任基础的人建立信任，低成本高效率地解决食品安全领域存在的信任难题。区块链技术与食品安全追溯体系的有效结合，能发挥以下优势。

（1）区块链的去中心化和不可篡改的特征，可保证现有食品追溯系统数据的可靠性，避免数据在存储、传输和展示环节被内部管理人员和外部黑客篡改。

（2）结合物联网和传感设备，食品产、供、销各个环节的数据完全依赖于机器采集和机器信任，而不是人为提供。

（3）因为开放透明和机器自治，所以消费者、生产者和政府监管部门对食品追溯系统中的数据完全信任，普及率越来越高，整个社会的系统应用水平大幅提高。

（4）因为匿名操作不再影响信任水平，所以生产者和消费者的个人隐私信息可被保护，当食品安全事故发生时，能有效避免群体性事件发生和网络暴力的过度蔓延。

3.4 基于区块链技术的食品安全追溯系统应用现状

区块链技术最初作为比特币的底层技术出现，后来随着研究的不断深入，区块链技术脱离了单纯作为支付手段的局限性，其应用范围从金融领域延伸到食品追溯防伪、物流、供应链管理等诸多领域。根据《2018 中国区块链行业白皮书》显示，全球食品供应链中的利益相关者都将保护食品安全视为合作，而并非竞争，他们愿意携手改善食品安全体系。通过区块链技术在食品追溯系统中的应用，所有信息一旦记录到区块链上就无法更改，现在区块链又为追溯防伪提供了新的工具，利用可信的技术手段将所有信息公开记录在"公共账本"上，这被认为可以解决传统追溯防伪业务中的"信任问题"。食品行业希望建立一个更加透明的、可追溯的食品体系，以确保链条上每一个环节，包括食品的生产者、加工者、零售商、消费者，都能够从中受益。

澳大利亚是农业区块链创新的领军者，该国利用区块链技术监控粮食的处理过程，爱尔兰也在关注这一领域；10 家世界上最大的食品和销售公司 Walmart（沃尔玛）、Nestle（雀巢）等和 IBM（国际商业机器公司）签订协议，共同利用区块链技术进行食品数据保全和追溯的系统性建设。近日，沃尔玛、京东、IBM、清华大学电子商务交易技术国家工程实验室共同宣布，成立中国首个安全食品区块链追溯联盟，旨在通过区块链技术实现食品供应体系的全链条追溯，使数字产品信息（如原产地信息、工厂加工记录、检验报告、有效期、运输过程等）都与相应的食品建立数字化关联。信息的准确性和可信度大大提高，实现了所有食品供应链参与方共享交易记录，极大地促进了食品供应链的参与方彼此互联、互信与协作。以猪肉供应链追溯为例，通过区块链技术的使用：第一，提高了供应链的透明度。食品安全相关文件电子化后可被分享，猪肉产品可以追溯到试点农场，生产日期、批次等信息一目了然。第二，验证了食品安全数字化存储平台的可靠性。授权用户能更新数据，更新后的数据会在 5 分钟内向区块链的所有用户显示。第三，实现了高效快速的食品召回。定位一批次的产品只需花费不到 10 秒钟，在半分钟内可以调出单个商品的相关文件。第四，实现了全链条可追溯。使用商品信息数据进行搜索时，只需要几秒钟就能显示出产品从农场到目前全部流通环节的信息。

此外，由食品生产、食品加工、物流配送、公益事业和区块链研发等企事业单位及有关机构自愿组成的中国食品链联盟，以"区块链为核心技术、食品服务为发展导向"，实现中国食品链从产品种植、生产、加工、包装、运输和销售等全流程可追溯，并对企业和用户进行实名认证，一旦发现诈骗行为或者假冒商品，执法部门可以直接定位、取证、追责。例如，中国食品链开发的"链橙"系统利用区块链的公开透明、不可篡改的特点为赣橙提供追溯服务，提供了从田间到餐桌的可追溯查询系统，确保消费者购买的脐橙为正宗江西赣橙。

京东公司则致力于区块链打假、提供知识产权保护、区块链加速器项目，成立"京东品质追溯防伪联盟"，与工信部、农业部、国家质检总局等部门联合，运用区块链技术搭建"京东区块链防伪追溯平台"。平台将逐步通过联盟链的方式，实现线上线下零售的商品追溯与防伪，保护品牌和消费者的权益。

北京溯安链科技有限公司基于根源链，为高端白酒制作了基于区块链技术的防伪智能锁酒瓶盖，消费者需要通过扫描瓶盖上的二维码，从后台交互获取密码后才能打开酒瓶，同时后台对这瓶酒的打开进行记录，解决了回收酒瓶造假的痛点。与传统扫描二维码的方式相比，基于区块链上的密码获取难度很高，且更难以造假。

在跨国追溯方面，中国区块链技术也已经逐步落地。例如，阿里巴巴集团的菜鸟物流与天猫国际布局区块链追溯领域，利用区块链技术跟踪、上传、查证跨境进口商品的物流全链路信息，涵盖工厂生产、海外仓库、国际运输、通关、报检、第三方检验等商品进口全流程，用户通过阿里系客户端能查阅到全流程的物流和监管等商品信息。多方上链机制允许消费者交叉印证各项信息。阿里巴巴规划将区块链追溯技术覆盖到全球 63 个国家和地区，3700 个品类，14500 个海外品牌。

3.5 基于区块链的食品安全追溯体系设计

3.5.1 基于区块链的食品安全追溯体系流程要求

基于区块链的追溯系统由食品生产加工企业、物流公司、销售公司、终端消费者群体以及食品药品监督单位共同维护，追溯系统架构如图 3 – 1 所示。

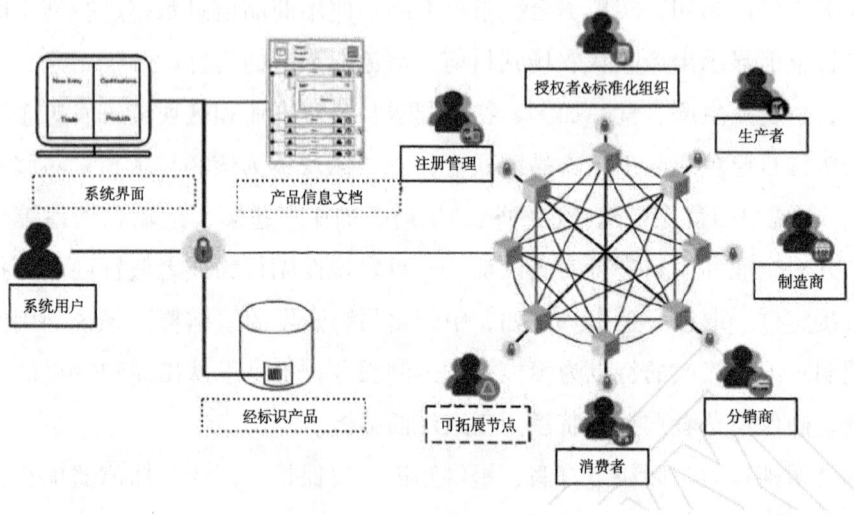

图 3 – 1　基于区块链的食品追溯系统架构

（1）食品生产加工企业将采集到的商品生产经营的关键信息打包，并同时录入数据库与企业所维护的区块链节点，经过平等的共识过程把信息摘要写入区块，写入成功的信息会返回给区块链一条交易的哈希值，它是检索区块链数据的索引，并将该哈希值存储到数据库中。同样地，物流公司、销售公司将在物流过程、销售分装过程中采集到的信息录入数据库，并记入区块链。在这个过程中，食品药品监督管理单位对生产加工、物流公司、销售单位的行为进行监督。系统不承认区块链发生的分叉行为，一旦数据写入区块链就不可通过分叉的形式进行更改。

（2）终端消费者通过食品包装的序列号从数据库中查询出对应的详细流程信息，若要对信息的完整性进行检验，需要再通过区块链中保存的消息摘要与数据库查询出的信息进行对比，若两者相同，则说明数据在录入系统后就未再更改，数据完整。消费者若发现所购食品的追溯数据发生了修改，可以向监管部门提出投诉申请，监管部门确认投诉无误后将投诉信息存入数据库，其消息摘要存入区块链将成为问责凭据。

（3）对于数据录入阶段出现的意外错误，生产加工企业、物流公司、销售企业可以发送数据更正请求给食品药品监督局，食品药品监督局对数据更正请求进行审核，若数据更正请求合情合理则批准，并以一条备注信息的形式存入数据库，再将信息采集成摘要，通过食品药品监督局维护的区块链节点将摘要发送到区块链。

上述的数据存储机制，实现了数据的不可篡改性。同时，由于引入质检总局和食品药品监督局两个监管部门，利用区块链平等共识、数据多点备份、分布式的特性，消除了原来的追溯系统中核心企业的中心化问题。在这样的机制下，系统实现了去中心化。

从参与者角度来看，首先，所有参与者在注册时会创建出一个对应的信息档案，档案内包含其企业、职能、地址、资格认证等必要信息。参与者在成功注册后，会获得一个公钥和私钥，公钥向区块链中全体成员公开，而私钥是交易过程中验证身份与信息的关键。每个参与者都可以利用已注册的 ID 登录用户界面，进入指定区块链网络。该软件的开发与维护工作须由可信任的单位来负责，并要有权威的组织机构来承担注册机构的职责。

从信息流来看，所有信息都存储在区块链中并且支持被授权的节点对其进行访问。信息存取的权限又取决于参与者在供应链中的角色与职能。此外，区块链的运行规则由代码定义并存储在区块链中，无法被区块链中的某一参与者所修改，从而保证数据的真实性与有效性。若要改变区块链的运行规则，则同改变数据存储一样，需要向全部节点进行广播并且由重点部门核实确认。

显然，食品追溯链条中会涉及权限角色地位不等的各机关和企业，由此需要重申选用联盟链的意义。联盟链与公有链的区别不仅在于系统中心化与参与者的身份，还有共识机制与激励机制上的差异。选用联盟链，可以通过降低去中心化程度的方法，减少参与共识机制的节点以克服过程中的资源浪费问题。同时，区块链系统的运行无须激励机制，简化记录账簿，降低系统运行所需带宽。

3.5.2 基于区块链的食品安全追溯系统层次结构

基于区块链的食品安全追溯系统层次结构如图 3-2 所示，体系由下到上依次为作业层、数据采集层、数据层、共识及网络层、业务及应用层、表示层、用户层，共 7 个层级，分别对应不同的技术和实体组成。

消费者	监管部门	养殖者	加工者	用户层

B/S架构		JSP		表示层

智能合约	食品安全生产规则	食品安全运输规则	业务及应用层

POW	POS	PKI访问控制机制	P2P	数据验证机制	传播机制	共识及网络层

哈希算法	Merkle树	链式结构	非对称加密	时间戳	数据层

RFID	ZigBee	条码	无线宽带网络	数据采集层

养殖	运输	屠宰	包装	冷藏	销售	作业层

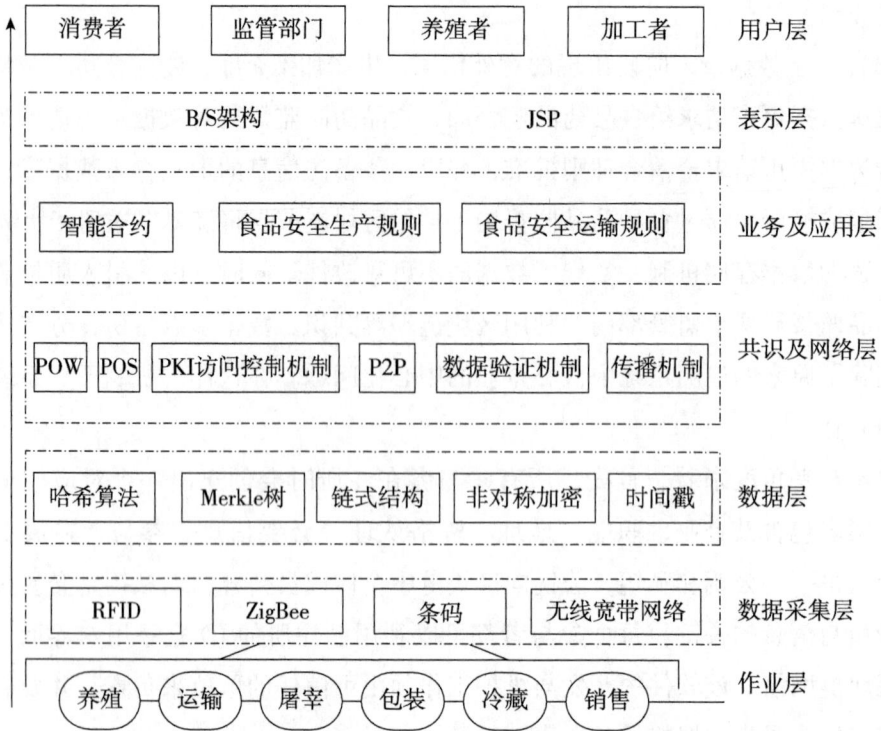

图 3-2 基于区块链的食品追溯系统层次结构

（1）作业层指的是农产品养殖、运输、屠宰、包装、冷藏、销售环节中，操作人员的实际运作过程，它是追溯数据的源头。

（2）数据采集层包括 RFID（射频识别）、ZigBee（紫蜂协议）等无线识别技术，以及在物流中转运输、细粒度的追溯个体下常常用到的条码技术，还有支持数据信息传输的无线宽带网络。该层次是物联网组网基础，其作用在于采集作业层的关键数据并将其传至数据层。

（3）数据层是区块链技术底层技术的集合。数据层主要包括哈希算法、Merkle 树（可信树）数据结构、链式数据结构、非对称加密算法、时间戳等。数据被打包记录入区块当中，实现数据的不可篡改化。

（4）共识及网络层。包括 POW（数学函数）、POS（销售终端）共识机制、PKI（公钥基础设施）访问控制技术、P2P 对等网通信技术，以及数据验证机制和传播机制。区块链通过共识机制进行区块的生成和确认，借助 P2P 对等网技术实现节点之间的通信，并运用外部添加的 PKI（Public Key Infrastructure，公钥基础设施）技术实现访问权限管理。

（5）业务及应用层。该层涉及智能合约及食品安全生产规则、食品安全运输规则等，其直接与实际业务挂钩，是业务逻辑与区块链系统运行的结合。

（6）表示层与用户层。其中，表示层即将数据按照用户的需求进行展示，满足用户的使用需求，包括 B/S 架构、JSP（Java 服务器页面）等动态网页技术。用户层则是现实生活中的实体个人和组织，包括消费者、监管部门、养殖者、食品生产加工者等。

3.5.3 基于区块链的食品安全追溯体系运行机制分析

1. 产品标识

食品追溯系统运行的基础是产品标识与编码，当且仅当对产品进行正确标识时，才能实现有效的追踪和追溯。EANUCC 系统（全球统一标识系统）是当前比较成熟的系统，包含编码体系、数据载体（如条码、RFID）和数据交换（EDI 和 XML）。选用该系统对产品进行标识，不但提高了产品编码的标准化程度，而且也使得基于区块链的食品安全追溯系统与传统系统之间的兼容性有了保障，有利于增强新系统在投入市场应用过程中的适应性。

条码技术与 RFID 技术均支持通过扫描器识别出产品的系统 ID 并链接到产品的电子信息文档，将数据自动输入系统。

2. 数据录入过程

在食品追溯系统中，每一样商品都需要在区块链网络中被数字化，包括其身份标识及参数信息，信息维护者方可全面具体的维护产品信息，避免追溯信息割裂的问题。利用产品和参与者的标识，认证授权中心可以通过智能合约的方式自动对产品当前担责节点开放权限，保证数据维护的有序性与可靠性，防止非相关节点违规操作，实现系统有序、严谨、全面地跟踪产品并维护产品信息。

被授权参与者在维护产品信息文档时，被要求必须在以私钥连接到网络后，在软件应用界面进行数据信息输入。系统要收集一系列信息，包括产品当前状态、产品类型、所依据的行业标准等。一旦参与者发起产品转移，系统将通过内嵌的智能合约，对数据格式是否合法及是否符合行业标准等方面进行审核，验证成功后，将该参与者之前提供的信息打包录入。由此可见，数据打包成区块的时间节点是可控的，从而保证内部追溯数据不会与外部追溯数据被封装进同一区块，造成区块信息访问权限发生矛盾（为保护企业隐私，内部追溯信息的访问权限必然高于外部追溯信息）。被授权的节点在与另一节点进行"交易"时，比如产品从加工厂流动到物流企业时，产品所属关系被转移，两节点之间需要达成统一协议并完成数字签名。数字签名利用了非对称加密技术，保证信息不被篡改且两节点的身份信息无须公开。当"交易"在区块链网络中被核心层节点公证并进行全网广播后，包含详细交易信息的区块按照时间戳顺序成为区块链上的最新环节。一旦交接工作完成，智能合约执行协议内容，系统授权对象将自动从加工厂转移到物流企业，物流企业方可继续维护并补充产品信息。在"交易"过程中，双方对交易信息的加密解密过程通过不对称密钥完成，保证了信息无法被恶意篡改，解决了交易过程中的诚信问题。

企业内部信息维护与企业间交易过程都可以通过区块链来记载操作日志，时间戳技术与不对称加密技术保证了基于区块链技术的食品追溯系统的可靠性和防篡改性。

在追溯过程中依赖的产品信息文档中应包含以下几个方面。

（1）产品担责方资料。被授权参与者的资料列表，应按照时间顺序记载到当前最新担责方为止。每次产品转移，即被授权参与者发生改变时，系统将会记录关于新的产品担责方的详细信息，并添加到产品信息文档中。利用参与者在注册时生成的数字化标签，系统可以便利地进行指定和授权正确的产品担责方。当然，产品担责方信息设有访问限制，避免造成企业隐私泄露的问题。

（2）时间戳。当产品信息文档中产生新的输入记录时，系统会自动记录下信息输入的时间点。通过时间戳技术，供应链网络的输入条目满足时间排序，也对防篡改提供了保障。

（3）位置信息。为了解产品的物流路线，当有参与者对产品信息进行录入时，系统会根据参与者的位置信息记录产品相应的地理位置。通常，可以利用唯一的ID（身份标识）来表示位置信息，有条件的系统也可以通过动态GPS（全球定位系统）数据来提供准确的位置信息。

（4）产品指定信息。这部分是食品追溯线索关键所在，同时也是消费者角色最为关注的信息。它被要求能够展示出产品形成过程的投入，甚至为生产、加工、质检部门提供反馈信息。

3. 数据访问过程

在追溯系统中，对任何参与者而言，产品信息的体现方式都是产品信息电子文档。每条信息输入条目都有时间戳并且由所负责的参与方签名，与产品相关的认证机构信息也包含在内。此外，为了控制用户对信息文档（包括指定的产品信息、参与者的详细信息等）的访问权限，会在产品文档中嵌入一定的规则代码。在参与者访问信息文档时，需要输入其密钥，系统根据其拥有的权限来展示可见内容。

以农产品为例，通过以上食品追溯系统的信息采集，指定蔬菜产品有一个电子信息文档，文档中包含了指定信息，如产品的收获日期、物流路线与转运的时间节点和其种植地等。购买产品的用户有权利读取以上关键信息，但实际上，信息文档中还包括更加具体的信息，包括产品生产的农场或基地、产品的生长环境如温度湿度等。这些与顾客无直接关系且涉及企业隐私的信息只能由区块链中被授权的参与者访问，一般会在发生食品安全问题时访问此类信息。

3.5.4　区块链数据存储的底层实现方式选择

Ethereum（以太坊）是一个具备智能合约功能的公共区块链平台。Ethereum 官方主推的智能合约编写语言为 Solidity，它是一种图灵完备的编程语言，能够完美运行于 EVM（以太坊虚拟机）中，这就意味着通过智能合约，用户可以实现任何业务逻辑。Ethereum 通过不断改进一系列设计精妙的、互相制约配合的机制，逐渐成为一个健壮可靠的智能合约平台。Fabric（网络架构）是目前风头正热的 Hyperledger（超级账本）开源项目下最重要的子项目，Fabric 的设计理念是构建企业级应用的区块链技术平台，主要针对交易和业务密集的金融类行业。目前利用 Fabric 实现的应用相对 Ethereum 来说还很少，主要原因在于平台还不成熟，开发难度大，使用者少。Ethereum 平台目前在主流的区块链技术平台的综合属性更加优秀，尤其是它提供的 SDK（软件开发工具包）十分丰富，能够满足开发者的各类需求。

本系统采用 Ethereum 作为区块链开发平台，食品生产加工企业现场采集到的数据经过 Hash（哈希算法）摘要计算后，将被存储进区块链存储系统。在 Ethereum 平台中有两种方式能够将数据存到区块链上，一种是以区块 Block 为单元，将数据附加到每一个区块上；另一种是以一笔交易 Transaction（事务）的形式，将数据发到区块链上。其中以 Block 为单元的方式吞吐量更低。区块链系统中包括两类节点：一类是全节点，即负责发送数据以及存储、维护全系统的数据的节点；另一类是轻节点，即为方便普通消费者用户查询数据内容的节点，其不存储完整的区块链数据，维护难度低，上线即可用。数据通过作业现场所属单位或个体维护的节点，调用矿工将数据发到数据块 Block 上，同时将用以查询的区块具体信息存进数据库。

3.6　总结

本书根据区块链的工作原理及技术特征，从追溯体系顶层架构出发，分析了基于区块链的食品安全追溯体系设计，描述了区块链在追溯体系中的技术落脚点，并从实际应用场景出发验证设计方案的可行性与有效性。基于区块链的食品安全追溯体系方案不仅能进行问题产品追溯，也能支持危机预警，从而改善食品安全现状，有助于建设更安全可靠的食品供应链，保障国民饮食健康。在本报告的案例篇中，将通过"赣南脐橙区块链追溯项目整体解决方案"这一典型案例，详细介绍区块链在食品信息追溯领域的应用，具体内容请见案例分享篇的第 8 部分。

4 人工智能在信息追溯中的应用

4.1 人工智能与信息追溯

4.1.1 研究背景

信息追溯在人们的生活中扮演着非常重要的角色，而对信息追溯的研究也方兴未艾。机器学习是近年来国内外的研究热点，它能较好地解决各种问题，在各个领域都有不俗的表现。因此，利用机器学习方法来解决信息追溯问题具有极强的现实意义以及发展前景。本章综合总结了近年来以机器学习为代表的人工智能技术在信息追溯领域的研究成果，列举了 BP（多层前馈网络）和 SOM 神经网络（自组织映射神经网络）在工业供应链中的生产预警，SVM 在软件设计中的误差预测以及 SVM（支持向量机）和 k－means（聚类算法）在网络中的流量分析追溯。除此之外，还探讨了计算机视觉、RBF（径向基）神经网络、决策树等机器学习算法在信息追溯中可能发挥的作用。

4.1.1.1 信息追溯

信息追溯是在 20 世纪初期提出的概念，旨在实现信息的可追溯性，从而将生产周期、设计环节或是信息的传播过程都限制在可控的稳定状态下。一旦出现偏差，能迅速定位到误差源头并及时给予处理，从而将损害减至最少。现今社会的方方面面，都有信息追溯的应用背景，人们对实现信息可追溯性的需求也日益提升。从最初的食品安全信息，到软件设计中对用户需求的逐一实现，再到信息传播纷乱而迅速的社交网络，信息追溯都在其中扮演着至关重要的角色。可以说，信息追溯的研究与人们对美好生活的热切需要是息息相关的。

关于可追溯性的提出，最早是由 20 世纪末欧洲出现的"疯牛病"而引起的，这一粮食灾难直接推动了社会各界对食品安全的关注，也引发了人们对食品以及生产原料信息透明化的需求。因此，在食品生产供应链这一领域，信息追溯应运而生。为了应对"疯牛病"事件，欧盟从 1997 年就开始建立食品质量安全信息追溯体系。不仅从立法角度推进食品信息质量保障，还设立了相关食品安全管理机构，并针对食品安全危机建立了应急制度。而接下来的几年中，对食品信息可追溯性的研究也从欧洲扩展到了世界的其他地区。在2004年，Elise Golan 就曾探讨过美国的食品安全信息追溯，而日本也在同年制定了《食品安全基本法》并开始实施，而且也在逐步扩大食品质量安全追溯的范围，甚至非洲也加快了对食品信息追溯研究的步伐。斯威士兰和纳米比亚在2016年实现了肉类的可追溯性，不仅让国内的人可以吃到有质量保障的肉，也将这些肉类出口到了欧洲以及世界的其他国家和地区。而近年来，我国的食品安全问题也频繁出现，食品安全的观念开始深入人心，渐渐地带动了我国食品行业信息追溯研究的发展。

工业生产中除了食品行业，还有纺织业、制造业等许多其他工业类型，由于这些产业的供应链与食品工业生产供应链之间具有极强的相似性，因此对信息追溯的研究也扩展到其他各种工业供应链。除了工业生产，信息追溯在其他领域也有很广阔的背景。例如，在软件设计中，需求分析或是误差检测常常需要通过客户所提出的需求或是捕捉到的误差信号反向追溯到对应的源代码，这种从文档出发检索到代码的过程也是一种信息追溯。另外，在国内，由于过大的人口基数以及微博等社交软件日渐流行，我国的社交网络异常复杂，而信息传递的成本极其微小，这也导致网络中衍生出了不少虚假甚至有害信息。社交网络中的信息追溯也渐渐成为新的研究领域。在这些领域，同样也有很多学者做了相应的研究。

因为应用领域繁多，所以到目前为止，信息追溯还没有一个确切的定义，不少机构、团体或者科研工作者都曾尝试给出一个合适的描述。1994年，国际标准化组织（International Organization for Standardization，ISO）就曾将其定义为"通过可记录的识别装置来追踪实体的历史、应用过程和位置的能力"。六年后，国际标准化组织又在发布的 ISO 9000：2000 中对此定义进行了修改，变为"追踪某件物品的历史、应用过程和位置的能力"。另外，在所有 ISO 提出的这些定义中，都附加了对可追溯性的更细致的阐述，即是对"全部或部分材料的来源、处理过程以及运输之后产品的分配与储存位置"的追溯。

在不同的工业领域，信息追溯有着不同的定义。1997年，粮食与农业组织和世界贸易组织在颁布的《食品法典委员会程序手册》中提出了一个新的定义："在食品的生产、加工以及流通的特定阶段中，跟踪食品去向的能力。"它进一步点明了"跟踪食品去向"这一要求，却没有提到向后追溯的能力，因而仍然是片面的。T. P. Wilson 等人在1998年将食品可追溯性定义为"去描述粮食作物的生产过程，以及从农田到餐桌的过程中经历的转化与加工的必要信息"。同样在 1998 年，T. Moe 提出，可追溯性是指"在采摘、运输、储存、加工、流通和销售的部分或全部生产链周期中追踪一批产品及其历史的能力"。2002 年的《欧盟食品基本法规》则提出，食品工业中的信息追溯是指"在生产、加工和流通的各阶段中回溯或跟踪食品、饲料、食品用动物或是食品与饲料中的其他添加物的能力"。C. Dalvit 等人也在 2007 年提出，对于以畜牧业为基础的食品生产线来说，可追溯性是"在从农场到零售商这个供应链的各个阶段中，都能存储动物或动物制品的各项可靠信息的能力"。

上述定义虽然都在前人研究工作的基础上作出了改进，但是多少还有不到位的地方，或冗长而不精练，或狭义而不普适。面对如此情况，国内外学者都作出了自己的努力，试图总结之前的研究工作，从而给可追溯性一个更好的定义。2013 年，Petter Olson 等人在总结了之前所有的可追溯性定义，分析了它们的优缺点之后，给出了一个综合的定义，即"利用可记录的识别装置，获取事物的全生命周期中部分或全部信息的能力"。而在国内，侯博也在 2017 年发表的综述中提出，"追溯的实质是把供应链上的实体流转变成信息流，再根据信息流的正向和反向查询，从而获得实体的历史、应用和位置"。在目前的生产供应链信息追溯中，这两种是最为合适的定义。不过他们表达的其实是同样的意思，"把实体流转变成信息流"实际上就是指利用识别装置，将实体所携带的各项信息记录下来，而正向与反向查询，也不过是获取信息的手段，历史、应用和位置更是显然代表着事物全生命周期中的一部分信息。因此，这两种定义可以归纳为一种。不过上述关于信息追溯的定义，都只局限于工业供应链中的信息追溯，没有提到在软件设计和社交网络中的追溯行为。与工业供应链中对实体的追溯不同，这两种信息追溯的共同点在于，它们追溯的都是虚拟的信息数据。因此，综合以上三个领域，我们可以定义信息追溯为：信息追溯是关于信息的可追溯性的研究，而可追溯性是指利用可记录的识别装置，获取实体或信息数据的全生命周期中任意信息的能力。

4.1.1.2 机器学习

机器学习是本章的另一个主题。它是人工智能下属的一个分支，而人们对人工智能的设想古来既有。在很久之前，许多科幻小说中就有了人工智能的影子，它们通常创造的形象就是具有自主思想能力的机器，这些机器不仅扮演着重要角色，同时也携带着人们对实现人工智能设想的美好愿景，甚至引发人们对相关社会伦理问题的思考。20 世纪，图灵提出，如果人不能分辨他面对的是一台机器还是一个人，那么这个机器就可以被称为是智能的。这个测试也被称为图灵测试，它成为判断人工智能的最经典的准则。如果一台机器能通过图灵测试，那么它就可以被称为图灵机。世界上公认的第一台图灵机是 McCullouch 和 Pitts 在 1943 年设计的"人工神经元"，而这个神经元模型对后来的"连接主义"起到了非常深远的影响，是后来的人工神经网络模型的基石。

10 余年后，在 1956 年的达特茅斯学院研讨会上，麻省理工学院、卡内基梅隆大学和 IBM 的几位与会者共同成立了人工智能这个研究领域，也是从那时起，人工智能正式成为一门学科。在后来的几十年中，该领域的发展经历过低谷，但最终在 21 世纪之后，由于计算能力的提升、样本数据量的大幅增加等多方面因素，人工智能的研究发展迎来了高峰，人工智能也在多个领域战胜了人类。人工智能的成功受到了社会各界的广泛关注，这个领域也由此成为世界范围内当仁不让的研究热点。

机器学习和人工智能总是一起被提到，二者似乎也没有什么区别，但事实上这是两个不同的概念。人工智能的任务是要让机器真正变得"智能"，能像人一样自主思考来解决问题。而机器学习只是给机器设定一个框架并给予它一定的数据集，让机器从中学习知识获取规律。因此机器学习只是人工智能的一个分支，它是实现人工智能路上重要的一环，但它并不等于人工智能。

机器学习可以大致分为两类，即监督学习和无监督学习。

监督学习的任务一般来说是预测或估计，也就是在给定一个或一组输入的时候，模型能确定一个输出。之所以叫监督学习，是因为用到的数据都是以"输入—输出对"的形式存在的，也就是说当机器获取到输入数据时，样本集合会有一个理想的输出，如果实际的输出与其不符，那么机器就会收到信号从而调整自己的结构以更好地拟合样本数据。就像老师监督学生完成作业一样，监督学习的名字由此得来。

监督学习的方法有几类。一类是回归类，最早的方法是线性回归，勒让德和高斯于 19 世纪初提出的"最小二乘理论"实际上就是线性回归的雏形。后来到 20 世纪 40 年代，研究工作者又提出了改进过的"逻辑斯蒂回归模型"，当然后来又出现了一些关于基函数的回归方法，都是回归模型，也是一类基本的监督学习方法。另一类，是在整个机器学习发展史上有着浓墨重彩一笔的人工神经网络，从最早的感知机，到后来的误差反传神经网络、径向基函数网络，再到最近大热的深度网络，都属于监督学习。除此之外，一些基于树结构的方法也是监督学习的分支，例如决策树、分类回归树等。这些方法模拟的是人类大脑中对问题不断剖分，一步步做决策的思路过程，常用于分类任务。而说到分类任务，还有一种重要的监督学习方法，就是支持向量机。支持向量机曾经一度超越人工神经网络，成为该领域科研工作者的心之所向，不过后来又被深度学习盖过了风头。

一般来说，机器学习中的大部分任务都是监督学习。不过，无监督学习也是非常重要的一部分。无监督学习和监督学习的一个重要差别就是，它的数据集中并没有输出的概念，因此当模型接收了输入数据之后并没有一个期望的输出数据，也就是说对模型的训练不存在监督的作用。由于这样的特性，无监督学习面对的任务大都是从给定的数据中发现其中的关系，或者是探究数据的结构。无监督学习最为常见的任务是聚类任务。它和监督学习中的分类任务十分相似，但区别在于分类任务的样本点是有编号的，例如，最常见的"二分类"，每一个样本点都被编号为"0"或者"1"，这样在分类任务中只需找到样本空间中的一个最优的超平面，使得所有的样本点按照编号的不同尽可能分布在超平面的两侧。而在聚类任务中，样本点是没有编号的，所有的样本点"看上去"都没有区别，那么分类的说法也就无从谈起了。那么在这种情况下，聚类任务就只要求从样本数据集的结构入手，发掘出其中的规律。例如，当这一部分的样本点都集中分布在一块小区域，而与其他的样本点相距比较远，就可以说他们聚集成了一个类，或说一簇。常见的聚类算法有 k - means、Hierarchical methods（层次算法）等，并且有基于距离、层次、密度等不同聚类准则的划分。而无监督学习方法依据的是"关联规则"，致力于挖掘出数据之间的关联关系。它起源于经典的购物篮问题，即在一家超市的交易数据中，隐藏着商品与商品之间的相关关系，例如，买了商品 A 的顾客有很大可能也买了商品 B，那么这就称为一条从商品 A 到商品 B 的关联规则。常见的算法是 Apriori 算法（关联规则算法）。除此以外，一些降维方法也被归纳在无监督学习领域，例如耳熟能详的主成分分析方法（Principal Component Analysis，PCA）。

机器学习经历了数十年的长足发展，全世界的科研工作者在这个领域投入了许多的时间和精力，各项研究也日趋成熟。不仅如此，机器学习还在其他领域有很好的应用背景，解决了不少复杂的难题。可以说，利用机器学习方法来解决实际问题将慢慢成为一种趋势，也是未来的主流发展方向。那么在信息追溯领域，自然也会产生关于如何更好地运用机器学习理论的问题。事实上在世界范围内，已经有许多专家和学者对此进行了尝试。

4.1.2 国内外研究现状

国外对于信息追溯的研究从 20 世纪末就开始了。T. P. Wilson 和 W. R. Clarke 在 1998 年提出了一个追溯系统的设计和发展的雏形，该系统通过工业管理系统汇总、用户个人自主上传等多种渠道收集数据，保证了食物供应链中的每一个角色对追溯系统的接入和使用，并将为追溯数据的整理、定位和传播提供一个实际的工业标准。同年，T. Moe 也讨论了追溯系统的基本要点。一个追溯系统最重要的功能是准确识别物体，这也是追溯系统的基石。在追溯系统中，追溯的对象被称为追溯资源单元（Traceable Resource Unit，TRU），如果是按批次处理的过程，那么 TRU 就是独一无二的一批货物，若是连续的处理过程，则需要更复杂的讨论才能确定 TRU。另外，T. Moe 还提出了追溯的分类观点，即将追溯分为链追溯和内部追溯两种方式。

Roxanne Clemens 在 2003 年发表的文章从让消费者放心这个角度分析了日本的肉类追溯进展。由于地域等限制因素，日本的肉类大部分都来源于国外进口，而"疯牛病"事件，显著地影响到了挑剔的日本消费者对购买肉类的态度。为了安抚消费者，一方面，日本政府从立法的角度一再加强对肉类质量的严格控制；另一方面，各大超市与零售商也配合政府推出"有故事的肉"等营销策略来稳定消费者的紧张情绪。Brian Buhr 表明，在食品供应链复杂程度日益提升的过程中，人们很少注意保留有关食品来源及转化过程的信息。他在 2003 年发表的文章中研究分析了 6 个配备追溯系统的欧盟组织，并为美国的肉类工业提供了指导。同年，Linus Opara 回顾和总结了农业中信息追溯和追溯管理系统的相关概念，并点明了在实现可追溯农业供应链过程中将面临的技术难点。为了实现可追溯性，合适的识别方法、加工过程的描述、用于储存与信息交互的信息系统还有对可追溯供应链最终的整合，都是必不可少的。另外，Linus 还将农业供应链追溯系统划分成了产品可追溯性、过程可追溯性等 6 种重要的追溯类别。

2004 年，Jill Hobbs 探讨了追溯系统在解决信息不对称问题中发挥的作用。追溯系统通过事前安检功能确保食物的质量，而事后反应功能可以在产品出现问题后实现对污染源的回溯，从而降低产品召回成本。除此之外，事后反应功能还承担起责任分配的任务，有利于事后追责。Elise Golan 等人则从成本与收益的角度分析了追溯系统在美国私有食品企业中的发展，并研究了生鲜食品、谷物与油籽以及牛肉等食品的具体案例。作者指出，虽然私有企业制定了多种标准来防止食品安全问题的出现，但是当安全隐患真正发生时，让政府进行调控更为合适。调控的目标基本上在于将出现问题的食品从市场上召回，并且保证企业对于召回方式有一定的自主性和灵活性。

Takeo Takeno 及他的团队在 2006 年将追溯系统分为实体物流层、ERP 层和独立数据管理层 3 层。实体物流层将储存原料清单、生产计划等信息，ERP 层储存购买、存放、运输等核心商业信息，并且这两层的信息将整合到独立数据管理层上。文中搭建了一个小型的海产品供应链模型，并应用了上述的追溯系统。Dimitris Folinas 等人则介绍了一种基于可扩展标记语言（eXtensible Markup Language，XML）技术的追溯系统通用框架，并探讨了为实现高效的食品信息追溯对系统基本数据提出的要求。C. Dalvit 则对畜牧业的供应链信息追溯提出了一种新的观念，他的团队认为纸质文件可以伪造，而 DNA 等生物信息却是独一无二且不可造假的，因此他们依托 DNA 分析技术，研究了基于产品识别的基因追溯系统。文章叙述了近年来基因识别在个体、品种和物种级别取得的进展，介绍了它们的优缺点以及在动物生产当中的实际应用。虽然这种设想有发展前景，但是就目前来看，该技术的成本依旧太高，不能投入到实际的产业当中。Herve Panetto 等人认为，为了在产品全生命周期中实现可追溯性，必须建立信息系统使得跟产品相关的所有信息都被记录下来。IEC62264 标准为企业在商业和制造层面的产品、过程等信息交互定义了一个通用的逻辑模型，因而成为产品信息追溯的基石。作者将 IEC62264 标准与 Zachman 框架相结合，为实现产品可追溯性提供了方法。

Thomas Kelepouris 在 2007 年发表的文章中则提出在信息追溯中应用射频识别技术，文章研究了实现可追溯性的条件，讨论了该如何应用 RFID 技术来满足这些要求，并且从供应链信息追溯可操作性的角度提出了信息数据模型和系统结构。2009 年，M. R. Khabbazi 等人探讨了工业控制系统的信息层中为实现可追溯性而必需的数据建模问题，实现了从订单到最终产品过程中任意信息的可追溯性，并且保证了流程中的实时控制能力，从而记录偏差及评估其影响变得容易。作者对于数据模型利用的是概念—实体模型，并分析了汽车零部件工业生产的一个实例。同年，Maitri Thakur 等人也针对散装谷物供应链展开了追溯研究。为了满足消费者的需求，散装谷物通常会通过混合不同品种得来，而在这个过程中，批次的独特编号得不到保留，这也使实现可追溯性变得困难。作者构建了美国散装谷物供应链的信息追溯系统，可以实现链的追溯和内部追溯，并且为消费者以及供应链各环节之间的信息传递与交互提供了模型，同样也采用 XML 技术。也是在 2009 年，Wei Zhou 认为

RFID 技术由于其携带产品信息的能力，正在慢慢成为最热门的信息追溯技术。作者将 RFID 技术应用在了工业制造的环境中，并完成了商品个体级别的信息追溯。Wendy Rijswijk 和 Lynn Frewer 从可追溯性的需求、首选的信息传播方式、对伪劣商品的处理等多个方面，对四个欧洲国家的消费进行了民意调查，总结了民众对接收信息的需要，也提出了对实现可追溯性的要求。文章表明，民众对于食品及产品生产过程中的信息有相当大的需求，而严格且负责任的追溯系统可以向人们提供这些信息。

2013 年，ZhaoLin cheng 及他的团队从成本与收益的角度，比较研究了检验控制和追溯控制两种质量控制手段在时装与纺织业中的优劣，并试图使其达到帕累托优化。他们发现，尽管目前检验控制的成本要低于追溯控制，但随着技术的发展，追溯控制将在未来获得越来越大的优势。Giuseppe Aiello 等人认为，实现追溯系统的关键在于收集各项产品质量相关信息的能力。而随着 RFID 技术的发展，实时数据自动收集也成为可能，因此高效的信息追溯系统将不再仅仅是一个设想。作者还进一步分析了追溯系统的潜在价值，以生鲜食品（如蔬菜，水果）追溯系统为例，分析了系统的期望收益，并基于 RFID 技术找出了最优粒度水平，或者说最优的追溯批次大小，与无追溯系统情形下的预期利润进行比较，证实了追溯系统的优越性。

Tania Prinsloo 等人在 2016 年发表文章，对纳米比亚和斯威士兰的追溯系统提出了构想，并将其应用在肉类供应链上。案例研究和访谈都表明，系统是可持续的，并且农民也确实从中获取收益。虽然依旧有不少工作未完成，如收益的全部范围还不甚明确，不过追溯系统的应用已经使人们能吃上并能一直吃上安全放心的肉了。Mattia Mattevi 及其团队研究了英国中小型企业食品供应链对于可追溯性的意识与态度，目的是为了探究中小型企业是不是如同一些文献所说，真正明白可追溯性的主要目标。通过问卷调查的形式，他们发现各企业都对可追溯性有很好的了解，不过也存在理解上的偏差，如认为追溯系统的实现能降低产品召回的概率。另外，虽然企业普遍承认追溯系统的重要性，但大多不愿意投资在追溯系统的研究与改进上。

2017 年，Zhang Zhenxuan 等人提出了一种蔬菜追溯信息自动汇总方法，解决了蔬菜信息追溯应用中数据录入过于繁多和成本高的问题，为农民实现了社交网络上的实时信息共享，并达到提升自身品牌，获取更多客户的目的。在文中，作者研究了影响蔬菜可追溯性的因素，并以此确定了关键的指标，结合采摘参数和法律系统建立了数学模型。这种追溯方法已经被越来越多的人接受。Zhipeng Wu 及其团队则分析了基于物联网的数字化制造业所面临的挑战，针对机器之间频繁的数据交互提出了一种面向数据的系统结构，为提高协同性设计了灵活的数据结构及数据表示方法，还有产品管理中的多样的信息回溯方法。并且也在数字化食品生产线中得到了很好的应用。

国内对信息追溯的研究虽然起步稍晚，但这并不影响国内学者取得非常好的成果。2008 年，中国农业科学院的曾行及其团队就利用面向对象编程和关系数据库等技术，为中国的猪肉信息建立了可追溯系统，实现了信息查询、采集和预警等功能。柴毅等人则在 2009 年利用 RFID 标识、EAN·UCC（物流信息标识出口条码表示）成品编码等技术，建立了猪肉加工链信息追溯系统，通过对胴体的识读来实现数据采集，并且在屠宰加工环节就能现场获取数据。同样是该团队，2010 年他们更进一步对猪肉生产加工信息的追溯系统做了结构层面的分析。他们在文中分析了物流单元在猪肉生产供应链中的个体标识以及追溯信息组成，设计了其在各个环节的标识载体样式，并提出了一种生产质量控制预警机制，最后给出了一个追溯应用实例。

2011 年，王晓平等人对中国的果蔬类农产品信息追溯系统的可行性进行了分析，并且将追溯系统划分成种植基地、批发商、物流过程和零售商四个模块，在各模块逐一实现之后，构建了整体系统，也将该系统应用在了具体的实例上。文章使中国果蔬类农产品追溯系统的研究首次向前推进了一大步。2016 年，沈敏燕及其团队在文献的基础上，依托从农户到消费者的四大模块，建立了全程追溯模型，实现了果蔬类农产品信息在各个环节的向前和向后追溯。由于在物流运输的过程中，需要精确控制车厢温度，因此，利用最小二乘原理等方法融合多个传感器数值来估计出精确温度，相比于基本的平均算法取得了较大的成效。

不管是肉类还是果蔬类农产品，这些都是信息追溯在食品工业供应链当中的应用。而在其他的工业类型中，供应链的结构也是大致相似的，自然也能应用信息追溯方法。在 2013 年就有学者对于汽车制造业中的信息追溯进行了研究。翟靖宇研究了汽车供应链的信息化流程，还定量分析了 RFID 技术与供应链收益之间的关系。邹宗峰也在订单信息系统和零部件批次关系的基础上建立了内部和外部追溯系统模型，并且实现了产品的质量事前控制及问题产品和问题批次追溯的目标。

关于可追溯系统的整体研究也不少见。郑火国深入探讨了食品的信息追溯系统，他通过对食品链进行分析，建立了食品信息追溯链的层次模型，研究了模型中追溯链的粒度、关键标识和完整性等要素，也利用事故树方法对该可追溯链进行分析，进而计算故障发生的概率。构建了追溯链之后，作者又提出了食品安全信息追溯系统的逻辑模型，设计了总体架构与多平台追溯结构，并分析了实施的关键步骤，最后应用在了脐橙的质量安全追溯中。2014年，文斌等人也设计了基于二维码和数据聚合技术的农产品信息追溯服务系统，为农产品追溯服务的未来发展提供了一种技术上可操作，并且成本上可行的技术方案。2016年，常建鹏在他的硕士论文中也探讨了基于RFID技术的质量追溯系统设计，主要从数据采集系统部署、软件系统设计、追溯决策策略三个方面进行了研究。数据采集依托于RFID技术的快速识别，软件系统则能管理公司的基本信息，对于问题产品可以回溯其详细的生产信息，而回溯决策则用于分析质量问题发生的原因，通过贝叶斯决策方法实现了对产品质量的判定。

也有不少学者尝试利用机器学习的知识来解决供应链信息追溯当中的具体问题。2009年，Simon Tamayo等人就利用决策方法及其他人工智能理论来解决供应链中的原材料分散问题，通过对危险级别进行分级，能确定最优的产品批次大小，从而极小化问题产品召回的成本。2012年，王哲探讨了针对汽车安全气囊质量信息的追溯系统。他利用经典的误差反传神经网络（Error-back Propagation Networks，BP）和自组织映射神经网络（Self Organizing Maps，SOM）来对安全气囊装配工序中的故障进行信息追溯，并利用支持向量机（Support Vector Machine，SVM）和小波分析的技术来分析电机产生的故障，为汽车安全气囊质量信息追溯系统的建立作出了很大的贡献，也为利用机器学习方法解决信息追溯问题提供了一个非常好的例子。张颂认为，数据融合算法在食品质量信息追溯中发挥着非常重要的作用，不管是数据采集记录，或是故障预警，还是质量追溯中的决策，都需要数据融合算法来做支撑。因此，他提出将基于贝叶斯分类决策的方法应用于"鼎丰真"食品的质量信息追溯，并取得了良好的效果。2017年，邢向阳提出西瓜信息追溯的新角度，他利用瓜蒂外围的图像来作为西瓜的唯一标识码，在图像处理方法的支撑下，完成了西瓜的信息追溯研究。

对于信息追溯的研究，除了集中在各工业供应链中以外，还有少部分致力于解决软件设计或是社交网络信息传递中的问题。2000年，G. Antoniol讨论了软件维护中信息检索（Information Retrieval，IR）的应用，主要研究了系统源代码及其相对应的文档之间的追溯链的恢复问题。Maria Storga在2009年研究了工程设计中的信息追溯框架，作者指出，工程设计信息价值最大化，主要依赖于信息的来源、产生过程等记录，这就使得信息的可追溯性显得尤为重要。作者构建了描述追溯实体和操作的语言以及相关的追溯模型，描绘了工程设计信息追溯的初步构想。而信息检索的方法有向量空间模型、詹森香农模型等，于是 Rocco Oliveto 比较了这些不同模型之间的性能，并且将一种一般用于处理软件维护其他问题的算法应用在这里，发现与其他的信息检索方法相结合能取得更好的效果。2011 年，Malcom Gethers 也做了同样的研究工作，他针对 VSM（价值流程图）、JS（一种直译性脚本语言）和 RTM（深度分销）三种基本的 IR 方法进行研究，通过实验发现，结合了多种方法的复合型方法效果要优于单个方法。而 Hamzeh Eyal-Salman 也对信息检索技术作出了改进，不仅提高了精度，还增加了检索到的追溯链的数量。

2014 年，Rohit Mahajan 将贝叶斯正则化方法（Bayesian Regularization，BR）应用在软件设计中的误差检测上，大幅减少了软件测试环节的成本，并且将 BR 方法与神经网络结合起来，效果要优于一般的配备 Levenberg-Marquardt（LM）算法或是 BP 算法的神经网络。Ezgi Erturk 同样也在 2015 年研究了这一问题，不过他提出了一种新的方法，即 AFSIS（东盟粮食安全信息系统），将其用于软件误差检测，并且也利用了在该领域常用的人工神经网络（Artificial Neural Networks，ANN）和 SVM 方法来同 AFSIS 的效果进行对比。

在社交网络中，信息追溯系统也同样具有强大的现实意义。2009 年，杨晶等人探讨了社交网络信息追溯系统的构建，文章阐述了追溯系统的意义，也分析了系统的结构层次以及功能需求，最后提出了信息追溯系统具体建设的宏观构想。对于真实的社交网络信息追溯的研究，在 2012 年就出现了。时国华在他的硕士论文中研究了微博的信息追溯以及信息传播面的计算方法，他利用信息传播模型的相关知识，还有微博传播模式的特点，探究了微博信息的传递，设计了一种信息传递概率计算方法来进行信息传播路径还原，并且提出了一种计算信息传播面的方法。这些理论，都在微博数据集的基础上进行了实验验证。杨静及其团队则基于信息追溯的理论，在 2016 年提出了虚假信息传播控制的方法，通过主题相关性等特征找出发起者，依托文本情感分析等技术找到前期重要参与者，而综合这两方面的信息就能找到信息源头并予以评估。作者在文中提出了具体的控制方法，并利用微博数据集进行了实验，验证了这一方法的优越性。刘荣叁等人则认为在之前的信息追溯研究中，对用户影响力涉及的因素不是考虑得特别周全，因此，他的团队重新设计了评估用户影响力的方法，从而能对具体事件进行信息追溯。宋鸣提出了根据流量分析的技术来进行信息追溯的新思路，在网络流量识别中利用 SVM 算法来作为分类算法，能以 90% 以上的正确率和召回率对流量进行分类识别，另外利用 k - means 聚类算法，对于网络的入口和出口流量进行分析，从而挖掘出其中的对应关系。最后，在真实的网络下进行实验，准确率达到了 90% 以上。

4.2 机器学习与追溯系统

4.2.1 概述

在各种工业的生产供应链中，虽然信息追溯的实现方法或系统结构可能并不完全相同，但是都遵循相同的基本框架和功能需求。这样做具有很显著的现实意义。一方面，信息追溯发展较为迅速、研究较为成熟的工业可以为其他工业领域的信息追溯提供指导作用，甚至在理想的情况下，追溯系统可以直接迁移到一个新的生产背景中。另一方面，也能使学者对于该领域该学科的研究有一个总体的把握，为信息追溯在将来的研究进展铺平了道路。

从结构上来说，追溯系统一般可以分为三层：实体物流层、ERP（企业资源计划）层和独立数据管理层。实体物流层将储存原料清单、生产计划等信息，ERP 层储存购买、存放、运输等核心商业信息，独立数据管理层则对其他两层的信息进行整合和分析，以用于不同目的。独立数据管理层中还会产生公司与公司之间的追溯数据。这三个层虽然互相独立，但层与层之间都有非常完善的信息交互手段。有了完整而全面的层间信息交互，才能将实体流转变为信息流，而可追溯性就将通过信息流来实现。

如图 4 - 1 所示，追溯系统一般具有以下三大功能。

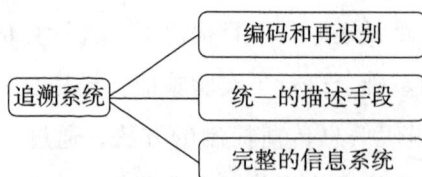

图 4 - 1　追溯系统的三大功能

1. 编码和再识别

实现可追溯性，必然需要将一个个产品实体转化成数字信息，从而能被计算机读取和储存。这实际上是建立了产品与编号之间的一一对应关系，给每个产品赋予一个独一无二的编号，这样才能将对产品实体的检索转化成对计算机存储空间中数据的检索。而要对实体赋予编号，目前使用最为广泛的方法就是打印喷码。随着科技的发展，码的形式也变得不唯一，常见的有条码、二维码，近年来由于射频识别技术发展迅猛，还出现了 RFID，而在将来，很有可能还会出现新的技术……这些都能满足编码和识别的要求，因此也都是建设信息追溯系统的可选方案。

随着研究的不断深入，也出现了其他的编号方式。例如，利用生物信息来代替人为设计赋码。对于食品工业来说，不管是蔬果等农作物，还是家禽家畜，不会出现两个完全相同的个体，如果能找到外形上独一无二的特征，就能利用图像识别技术直接将这些实体区分开。或者更进一步，不利用外形特征，而是利用每个个体的遗传信息来作为标识码，这样通过 DNA 分析技术就能对个体进行识别。利用生物特征信息可以省去编码的麻烦，也能避免赋码过程对于食品的潜在影响。

2. 统一的描述手段

不同的生产供应链之间，对原料或中间产物要进行的操作自然是不同的，甚至同一产品的供应链，不同公司所使用的方法、材料使产品所经历的操作或过程也可能是完全不同的，如果将来要整合成一个完整的追溯系统，自然需要使用结构化统一的语言来描述各种操作和过程。不仅如此，还需要采用计算机能理解的描述。目前来看，常用的方法是可扩展标记语言（eXtensible Markup Language，XML）。

3. 完整的信息系统

信息系统是整个追溯系统的核心，当实体转变为信息数据形式存储在计算机中之后，不管是查询生产中的某一条记录，或者是根据记录下来的信息进行某种分析，用户的任何操作都需要通过信息系统来实现。因此，信息系统应当具有对信息的采集、存储、分析、检索和传送等能力。信息的存储、检索和传送，都可以通过现阶段已经发展较成熟的数据库等计算机技术来实现，信息的采集和分析则是当前研究的重点。

信息的采集依托于编码和识别技术的发展。条码和二维码都是最早的喷码形式，也是使用最广泛的形式。通过编码，商品的生产时间、产地等各种信息都被储存在计算机中，使用特殊的识别设备读取这些码，就能够获得该商品的相应信息，让这些信息为我们所用。而不断发展的新技术，如 RFID，也将带来新的进步与突破。例如，RFID 由于其识别方式的特殊性，不需要刻意将识别设备对准标识码，从而使得数据自动采集变成现实。而随着人们的思路慢慢转向放弃编码而直接采用生物特征时，就将带来更多的益处，使信息采集变得更加快捷。不过，这也对图像处理或者 DNA 分析等技术提出了更高的要求。

信息的分析则是信息系统的核心所在，如果没有对收集来的数据信息进行分析的功能，那么该系统就同一块存储空间无异。信息系统的分析功能主要包括预警、决策等方面。预警任务其实就是误差检测，利用收集的数据检测生产系统中是否有部件或是环节出现了偏差，从而予以矫正。这样就能在生产系统中排除危险因素，把问题扼杀在摇篮中，同时也避免了事后再统一召回问题产品的麻烦。而决策实际上是在对数据进行分析之后，决定该如何处理，例如产品质量判定等现实问题。

机器学习在生产供应链追溯系统中的应用，主要体现在信息的采集和分析方面。对于赋码类型的信息采集，通常有相应的识别方式和识别设备，不论是利用光线还是电磁波的方式，技术都已经较为成熟。而如果是生物特征，则经常要面临图像处理的问题。利用生物特征作为唯一标识码是非常理想的想法，但在实际操作中必然要遇到图像识别、图像去噪、图像分割、特征提取等一系列的问题，因此，可以利用计算机视觉的方法来解决这些困难。

信息的分析中往往会出现分类、决策任务，针对这些任务也有很多机器学习算法可完成得很好。如神经网络、支持向量机、贝叶斯决策等，都是该领域常见的方法，并且也在诸多学者的实验中取得了非常好的效果。

4.2.2　人工神经网络理论

人工神经网络（Artificial Neural Networks，ANN），可以说是近年来出现频率非常高的词，它不仅出现在各个领域，也确实解决了各种问题，从而吸引了非常多的学者投身于对神经网络的研究，而这又进一步促进了该领域的发展。

人工神经网络本质上是模拟人类神经系统的思维方式。在人类进化的数万年中，人类的神经系统已经演化出足够强大的功能，也因此将我们送上了食物链的顶端。如果能用计算机模拟出人类神经系统，那么它也将具有超乎想象的强大功能，不仅可以为我们的生活带来极大的便利，更是在实现人工智能的路上迈进了一大步。若是从单个神经元开始用计算机模拟，再把神经元联结起来，就可能实现神经系统的诸多功能。

对神经网络的研究需要追溯到20世纪40年代。1943年，Warren McCulloch和Walter Pitts首次提出人工神经网络的概念和单个人工神经元的数学模型。1957年，美国的神经学家Frank Rosenblatt完善了这个设想，在M—P神经元的基础上提出了感知机（Perceptron）的模型。感知机可以被理解为单层的神经网络，它的出现意义重大，是整个神经网络理论的基石。

感知机是一种二分类的线性分类器。以向量形式输入样本的特征，它能够输出样本的类别，这模拟的是神经元接收到不同的刺激而向后传递出不同的电信号。如果输入空间是 $X \subseteq R^n$，其中 n 表示特征的个数，那么输出空间就是 $Y = \{+1, -1\}$（或者 $Y = \{+1, 0\}$），如果以 $x \in X$ 表示样本，以 $y \in Y$ 表示样本所属的类，那么感知机就可以表示为如下从 X 到 Y 的函数。如式（4-1）所示。

$$y = f(x) = \varphi(\omega^T x + b) \tag{4-1}$$

其中 $\omega \in R^n$ 是权重向量，而 b 是偏置，模拟的是神经元的阈值机制，即刺激达到一定的门限才会触发神经元的电位。$\varphi(x)$ 是"激活函数"（Activation Function），目的是判断输入是否达到阈值，从而"激活"神经元。单个感知机的激活函数通常可以采用符号函数来表示。如式（4-2）和图4-2所示。

$$\mathrm{sig}\, n(x) = \begin{cases} +1, & x \geq 0 \\ -1, & x < 0 \end{cases} \tag{4-2}$$

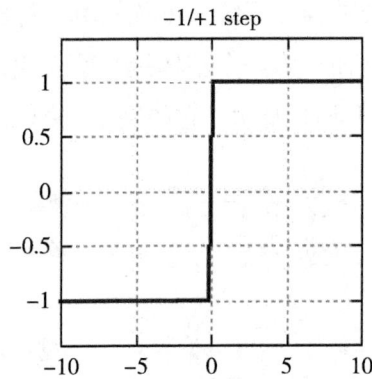

图4-2　符号函数

感知机结构如图4-3所示。

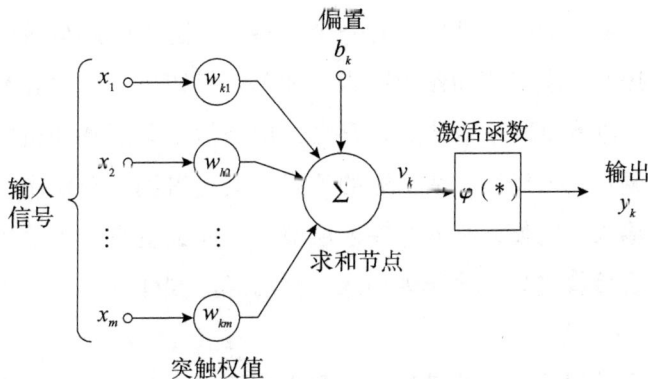

图4-3　感知机结构

感知机是一个线性分类器，这表明感知机实际上是样本空间 X 中的一个超平面，我们要做的就是尽可能使标号分别为"＋1"和"－1"的两类点落在超平面的两侧。而如何判定优劣，就引出了"损失函数"的概念（Loss Function）。损失函数在机器学习领域中通常用于衡量一个模型的"犯错程度"，对于作为分类器要解决二分类任务的感知机来说，损失函数可以定义成所有误分类的点到超平面的距离之和，如式（4-3）所示。

$$L(\omega,b) = -\frac{1}{\|\omega\|}\sum_{(x_i,y_i)\in M} y_i(\omega^T x_i + b) \tag{4-3}$$

其中，M 表示所有误分类点 (x_i,y_i) 的集合，利用梯度下降等优化算法极小化损失函数就完成了单层感知机的训练过程。

在后来的研究中，人们发现单层的感知机只是一个线性的分类器，因此它也有很多的局限，例如，它不能完成异或问题的分类等。于是，慢慢地引入了多层感知机（Multilayer Perceptron，MLP）的概念，这也是神经网络的雏形。多层感知机的想法来源于神经系统。人类的神经系统从不依靠单个神经细胞工作，都是多个神经元互连成网络协同工作，从而作为一个整体接受输入或是给出输出。而将多个单层感知机连接在一起，就是 MLP 的概念。它的网络结构如图 4-4 所示。

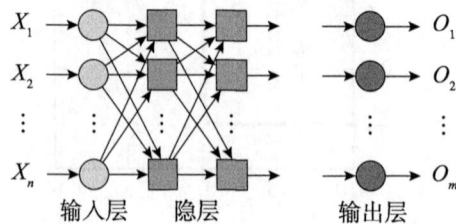

图 4-4　多层感知机的网络结构

多层感知机的网络分为三部分，即输入层、隐层和输出层。其中，输入层和输出层都分别只有一层，而隐层则可以有一个或多个。随着隐层个数的增加，网络的学习能力也随之提升。多层感知器的输入层和单层感知机一样，其节点个数 n 等于输入空间的维数，输入空间维数之后，它会经历类似于单层感知机的一套运算，即乘以权值、加上偏置、再经过激活函数的映射，最终得到一个输出。只是这个输出会成为下一层的输入。例如，有 n 个输入层节点，那么就有 n 个输出，隐藏层的每一个节点分别都会接收这 n 个值作为输入，然后经历同样的运算，得到输出再传递给下一层。

由此，可以由单层感知机的模型直接写出多层感知机的公式。以最简单的、隐层数为 1 的三层感知机为例，假设输入空间 $X \subseteq R^n$，输出空间 $Y \subseteq R^m$，则三层感知机模型就是从 X 到 Y 的函数。如式（4-4）所示。

$$y = f(x) = \varphi_2(b_2 + \omega_2^T(\varphi_1(b_1 + \omega_1^T x))) \qquad (4-4)$$

其中，φ_1, φ_2 分别表示输入层和隐层的激活函数，$\omega_1, \omega_2, b_1, b_2$ 分别代表输入层和隐层的权重和偏置。需要注意的是，多层感知机的激活函数一般都不能再选取例如符号函数或是阶跃函数这样的分段函数，因为多层感知机的学习算法通常采用误差反向传播算法（Back Propagation，BP），这就要求激活函数是可导的，显然符号函数在零点处并不可导，自然也就不再适用。多层感知机中常见的激活函数有 Sigmoid 函数，如式（4-5）和图 4-5 所示，或是 ReLU 函数，如式（4-6）和图 4-6所示。

$$\varphi(x) = \frac{1}{1 + e^{-x}} \qquad (4-5)$$

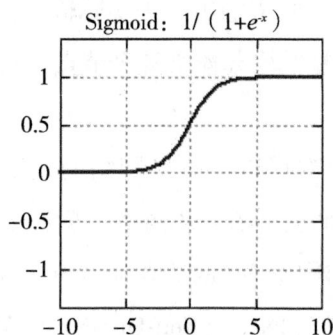

图 4-5　Sigmoid 函数

$$\varphi(x) = \max(0, x) \qquad (4-6)$$

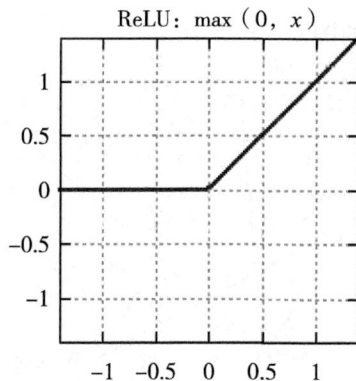

图 4-6　ReLU 函数

如果在多层感知机中依旧选择线性激活函数，那么不管增加多少层，最终复合起来也依旧是线性函数。因此从这个角度看，为了让网络的学习能力有质的提升，就应该选择非线性激活函数。

在确定网络结构以后，需要利用适当的学习算法来训练多层感知机，这样才能用来解决实际问题。在众多学习算法中，BP 算法占据了极为重要的地位。20 世纪 80 年代，BP 算法的提出改变了连接主义研究领域的低潮，复兴了学界对人工神经网络的研究。直到现在，BP 神经网络仍然是最为经典和重要的网络。

BP 神经网络本质上并不是一个新的网络，它只是将 BP 算法作为学习算法的多层感知机。神经网络是一种监督学习的方法，这意味着对于样本数据来说存在期望输出，那么 BP 算法的思想就是利用输出层的实际输出和期望输出的差值来调整网络中的各项权值。而误差反向传播的名字则来源于 BP 算法的两个阶段：信息的正向传播和误差的反向传播。信息的正向传播就是多层感知机中的信息流，误差的反向传播则是将预测的误差（即期望输出减去实际输出）从输出层开始，依次向后传递给隐层和输入层，并将误差平均分摊给各个节点，再利用梯度下降的原理对各项权值进行修正。

BP 神经网络的提出再一次促进了神经网络的发展，这也带动了世界范围的科研工作者对神经网络模型的研究。在 BP 网络之后，不断有人提出新的神经网络模型。例如，径向基函数神经网络（Radial Basis Function Neural Networks，RBF Neural Networks），自组织映射神经网络（Self-Organizing Maps），等等。径向基函数网络的原理类似于基函数插值，所以它和 BP 网络相同，往往都能够用来处理拟合问题。一般来说，BP 网络和 RBF 网络的效果没有太大的差别，而 SOM 神经网络则不同于以上的 BP 网络或是 RBF 网络，它是一种非监督学习的方法，通常用于聚类任务。SOM 神经网络的结构如图 4 - 7 所示。

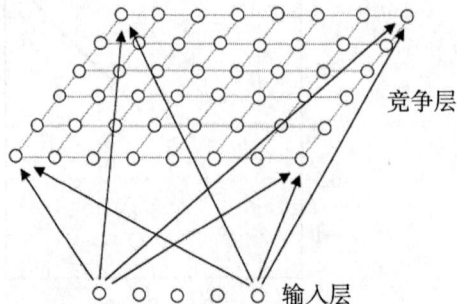

图 4 - 7　SOM 神经网络的结构

SOM 网络本质上是一种只由一个输入层和一个竞争层组成的网络，而这两层之间保持全互连结构，竞争层的每一个节点都代表要聚成的一个簇。网络的学习采用的是"竞争学习"的策略，即需要不断从竞争层节点中挑选出胜出的神经元。之所以采用这样的策略，是因为人的神经网络在接受外界输入时，会分成不同的区域并给出不同的响应，例如，人对狗和猫的概念就存在不同的区域。而 SOM 模仿的正是这一点。训练 SOM 网络的具体步骤如下。

①每个节点随机初始化自己的参数，每个节点的参数个数与输入向量的维数相同。

②每一个输入样本，都找到与它最相匹配的节点，这里可以用欧氏距离等指标。

③更新优胜节点及邻近节点的参数，邻近节点的更新程度随着与优胜节点距离的增加而降低。

4.2.3　基于 BP 和 SOM 神经网络的汽车安全气囊装配故障诊断

安全气囊在汽车工业中占据着重要的地位，它直接保护着乘车人员的安全，是汽车安全性能的主要体现。随着汽车的快速普及，对汽车安全气囊的质量严格把控也变得不可或缺。在汽车安全气囊装配工序中，通常采用的方法是在生产过程中进行故障预警，关键的参数（如气囊的尺寸）一旦出现偏差，超过设定的阈值，就会触发警报，从而对故障进行修正排除。

然而，对故障的观测是通过若干个传感器来实现的。每个传感器采集到的数据汇总到信息系统中，融合成一个信号模式，那么一个信号模式就可以用来描述整个安全气囊装配供应链的一种状态，可能是正常也可能是故障。如果将多个传感器形成的信号模式当成样本空间的 n 维输入向量，那么每个向量都应该存在一个期望的输出，即正常或是故障。这样就将安全气囊装配故障诊断转变成了一个二分类问题，从而可以通过机器学习的方法来求解。通过采集足够的数据，就可以对神经网络进行训练，这样网络在今后再一次接收多个传感器上传的信号数据，也就是一个新的输入向量时，它就能根据之前训练过程中学到的知识，来判断这样一个装配状态是正常还是出现了故障。这一点可以通过 BP 神经网络做到。而在实际生产过程中，只得到"发生故障"这一信息是不够的，往往需要知道故障的具体类型，因此，需要网络对输出向量有一个判断，判定该输出属于哪一种故障类型，而这种对聚类的能力是 SOM 神经网络的特点。因此，将 BP 和 SOM 神经网络结合起来，就能很好地完成安全气囊生产链中的故障检测。

根据王哲的研究，在安全气囊装配工序中一共有 5 个传感器，分别是左右侧光栅尺传感器、左右卷袋机速度传感器和压力传感器，每个传感器有 8 种状态：平稳、上升、快升、下降、快降、升降、未知、异常。于是，先利用 BP 神经网络对每个传感器的状态进行识别，得到 5 个传感器的状态，再将它们作为 SOM 网络的输入，判断故障的具体类型。具体步骤如下。

（1）对于每个传感器，采集它的多个时间序列。

（2）将时间序列作为 BP 神经网络的输入，从而得到每个传感器的状态。

（3）将每个传感器的状态输入 SOM 神经网络，并将输出结果聚成 5 类，分别对应 5 种故障类型。

安全气囊装配故障检测流程如图 4-8 所示。

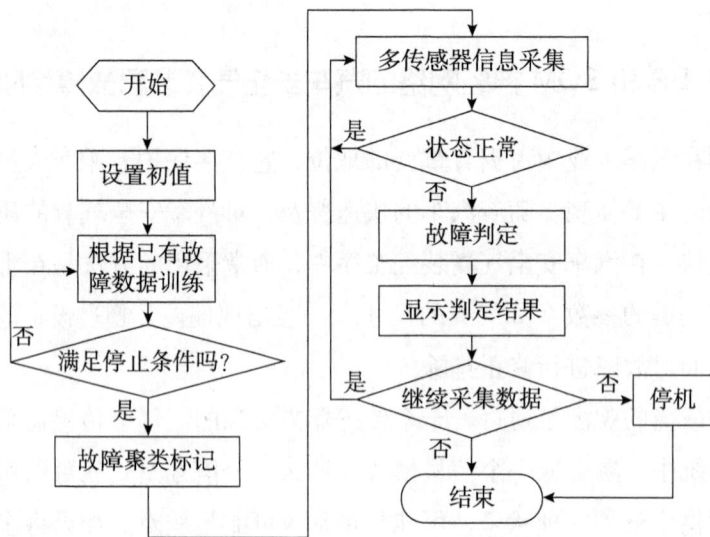

图 4-8　安全气囊装配故障检测流程

经过实验发现，在 300 个故障样本数据中，SOM 神经网络能够正确分辨其中 295 组的故障类型，预警正确率超过 98%，充分说明了基于 BP 和 SOM 神经网络的汽车安全气囊装配故障诊断方法的有效性。

4.3　机器学习的潜在应用

机器学习在信息追溯领域的应用思路，一般来说分为工业生产、软件设计和社交网络中的信息追溯三个方向。

在工业生产中，机器学习主要被应用于信息的采集和分析环节。在信息的采集中，二维码和条码等传统的码配有专门的识别装置，可以迅速而准确地完成识别，而生物特征则需要通过计算机视觉的方法才能采集到。计算机视觉除了利用传统的图像处理方法之外，还有卷积神经网络等机器学习方法，也能对图像进行识别。对信息进行分析时，机器学习一般被用来支撑决策或是预警任务。预警对应于回归任务，而决策常依托分类算法。BP、SOM 神经网络都曾被用来解决这些问题。

软件工程中也有许多信息追溯的需求，不管是设计中的需求追溯还是维护中的误差分析，都需要进行信息追溯。对软件进行误差预测时，将软件的状态抽象成输入向量，再根据故障状态给予标记，就可以利用合适的分类算法，根据软件状态对是否出现误差进行分类。SVM 是一种非常高效的分类器，常被学者提出用于误差诊断。

信息追溯还被应用在社交网络中。虚假信息在社交网络中的传播可能会带来非常大的负面影响，为了控制信息传播并防止其扩散，快速准确地追溯到信息源头是非常重要的一环。在网络信息追溯中，SVM 可以对流量进行识别，而聚类算法 k - means 则可以将入口流量和出口流量中具有相似模式的数据发掘出来。

在过去的近 20 年中，国内外的学者对于机器学习在信息追溯领域的应用做了不少的研究，对今后的工作起到了很好的指导作用。然而机器学习派别众多，方法繁杂，学者们也只总结了一部分方法。有许多机器学习方法同样适用于信息追溯领域，运用这些方法来解决问题或许可以为今后的研究提供新的思路。

利用机器学习方法来解决信息追溯的大致思路有三个方向：信息采集环节的物码识别、信息分析中的预警、信息分析中的决策。

4.3.1 物码识别

在信息的采集过程中，物码识别是一个很重要的环节，针对非二维码和条码的生物特征，必须要采用图像识别的方法才能很好地解决问题。图像处理并不是一个新的学科，在长期的发展过程中，它已经形成自身的一套方法。随着机器学习的迅猛发展，机器学习方法被用于解决各种问题，取得了不错的成果，机器学习也在图像处理领域有自己的一席之地。利用机器学习来解决图像处理问题，通常被称为计算机视觉。

人工神经网络是计算机视觉中常用的一类方法，一种高效的方法是卷积神经网络（Convolutional Neural Network，CNN）。CNN 是深度学习的一种，在储存和计算能力获得大幅提升之后，深度学习逐渐被用来解决各领域的问题，CNN 作为一种深度神经网络，在图像处理方面取得了非常好的成绩，也证明了利用机器学习来进行图像处理的新思路的成功。CNN 网络的结构如图 4-9 所示。

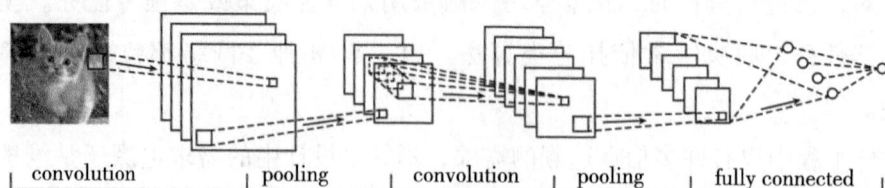

图 4-9 CNN 网络的结构

CNN 是一种前馈型神经网络，它包括输入层、若干个卷积层、线性整流层（即使用 ReLU 函数作为激励函数）、池化层和全连接层。卷积层的目的在于特征提取，而池化层则是一种降采样的形式，它不仅能在一定程度上防止过拟合，还能有效降低存储量。

4.3.2 预警

预警本质上是一个回归任务，它要求模型能尽可能准确地模拟整个供应链的生产模式，这样一旦哪一处出现异常，就可以被快速识别出来，从而将误差减小到最低。

有不少学者已经尝试利用 BP 神经网络来解决这个问题，然而除了经典的 BP 神经网络，还有不少其他类型的网络也能完成同样的任务，例如，神经网络（Radial Basis Function Neural Networks，RBF），它借鉴的是基函数插值的思想。径向基函数指的是沿径向对称的函数，最为常用的是高斯函数。如式（4-7）所示。

$$\varphi(r) = e^{-\frac{r^2}{2\sigma^2}} \tag{4-7}$$

如果用径向基函数作为隐层的基本构成单元，这样输入向量经过隐层的变换，就能模拟基函数插值的形式，从而完成拟合任务。

4.3.3 决策

信息系统在收集到信息之后的分析过程中，常常需要作出决策，而决策的过程通常来说是作为分类问题来解决的。针对分类任务，有许多学者都提出了利用 SVM

来进行分类的思路。而事实上，分类器还有许多种不同的算法，它们都可以用于支持信息系统的决策。

决策树就是这样一种算法。它是一种树结构，如它的名字所描述，它模拟的是人脑遇到问题进行决策的过程，如图 4-10 所示。

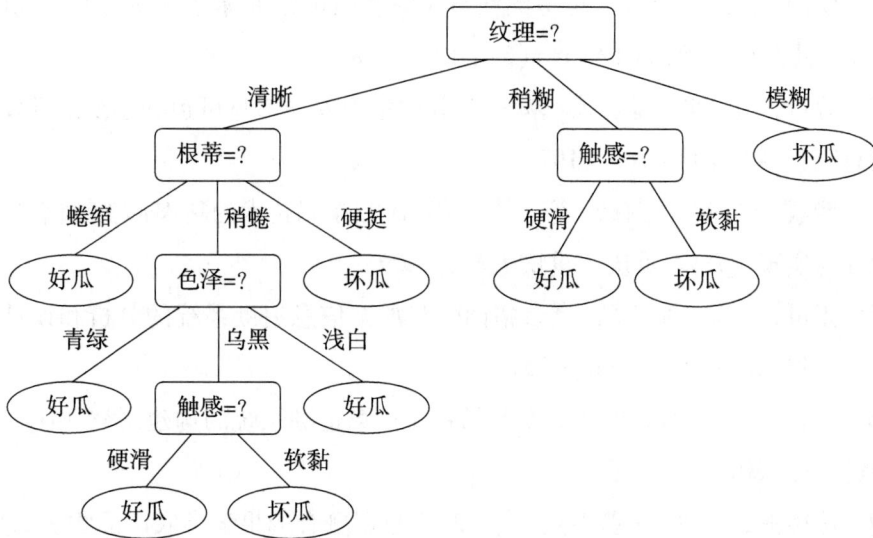

图 4-10 决策树示例

参考文献

［1］赵荣，陈绍志，乔娟. 美国—欧盟—日本食品质量安全追溯监管体系及对中国的启示［J］. 世界农业，2012，14（3）：1-4.

［2］侯博. 信息不对称、可追溯性与我国食品可追溯体系考察［J］. 江南大学学报：人文社会科学版，2017，16（5）：123-128.

［3］曾行，杨中平，潘家荣. 基于 Web 的猪肉安全信息可追溯系统的开发［J］. 农机化研究，2008（4）：105-107.

［4］柴毅，牛楠，屈剑锋，等. 基于 RFID 和条码技术的猪肉加工链信息可追溯系统设计与实现［D］. 重庆：重庆大学，2009.

［5］张可，柴毅，翁道磊，等. 猪肉生产加工信息追溯系统的分析和设计［J］. 农业工程学报，2010（4）：332-339.

［6］王晓平，安玉发. 果蔬类农产品物流信息追溯系统的构建研究［D］. 北京：北京物资学院，2011.

［7］沈敏燕，邵举平，翁卫兵，等. 基于数据融合的果蔬类农产品物流信息追溯研究［J］. 科技通报，2016（11）：233-238.

［8］翟婧宇. 基于 RFID 的汽车供应链质量信息追溯研究［D］. 上海：上海交通大学，2013.

［9］邹宗峰，孙雪华. 基于物联网技术的汽车零部件追溯信息系统研究［J］. 自动化技术与应用，2013（4）：51-57.

［10］郑火国. 食品安全可追溯系统研究［J］. 北京：中国农业科学院，2012.

［11］文斌，梁鹏，罗自强. 基于 QR 二维码和数据聚合的农业产品追溯服务系统设计［J］. 小型微型计算机系统，2014，35（2）：261-265.

［12］常建鹏. 基于射频技术的质量回溯系统设计［D］. 成都：电子科技大学，2016.

［13］王哲. 基于多传感器信息融合的汽车安全气囊质量追溯系统［D］. 长春：长春工业大学，2012.

［14］张颂. 鼎丰真食品质量追溯系统设计与数据融合算法［D］. 长春：吉林大学，2013.

［15］邢向阳，刘峰，高俊祥. 基于生物特征纹理信息的西瓜追溯标识算法设计与实现［J］. 农业工程学报，2017，33（18）：298-305.

［16］杨晶，吴彬彬. 论网络信息追溯系统建设［J］. 新闻前哨，2009（5）：92 – 93.

［17］时国华. 微博信息追溯及传播面分析技术的研究与实现［D］. 长沙：国防科学技术大学，2012.

［18］杨静，周雪妍，林泽鸿，等. 基于追溯的虚假信息传播控制方法［J］. 哈尔滨工程大学学报，2016，37（12）：1691 – 1697.

［19］刘荣叁，张宇，王星. 面向新浪微博的信息追溯技术研究［J］. 智能计算机与应用，2017，7（2）：94 – 98.

［20］宋鸣. 基于流量分析的信息追溯关键技术研究［D］. 北京：北京邮电大学，2014.

［21］E H GOLAN, B KRISSOFF, F KUCHLER, et al. Traceability in the US food supply：economic theory and industry studies［R］. United States Department of Agriculture, Economic Research Service, 2004.

［22］T PRINSLOO, C DE VILLIERS. Traceability systems in Swaziland and Namibia：Improving access to markets with digital information［C］. IST-Africa Week Conference, IEEE, 2016：1 – 13.

［23］International Organization for Standardization. ISO 8402：1994：Quality Management and Quality Assurance-Vocabulary［M］. International Organization for Standardization, 1994.

［24］International Organization for Standardization. ISO 9000：2005 Quality management systems. Fundamentals and vocabulary［J］. British Standards Institution, 2005：58.

［25］Codex Alimentarius Commission. Hazard analysis critical control point（HACCP）system and guidelines for its application［J］. CAC/RCP 1 – 1969, 1997.

［26］T P WILSON, W R CLARKE. Food safety and traceability in the agricultural supply chain：using the Internet to deliver traceability［J］. Supply Chain Management：An International Journal, 1998, 3（3）：127 – 133.

［27］T MOE. Perspectives on traceability in food manufacture［J］. Trends in Food Science & Technology, 1998, 9（5）：211 – 214.

［28］PARLIAMENT E U, COUNCIL E U. Regulation（EC）178/2002［J］. Official Journal of the European Communities L, 2002（31）：1 – 24.

[29] C DALVIT, M C DE MARCHI. Genetic traceability of livestock products: A review [J]. Meat Science, 2007, 77 (4): 437 – 449.

[30] P OLSEN, M BORIT. How to define traceability [J]. Trends in food science & technology, 2013, 29 (2): 142 – 150.

[31] RUSSELL STUART J, NORVIG PETER. Artificial Intelligence: A Modern Approach (3rd ed) [M]. Upper Saddle River, New Jersey: Prentice Hall, 2009.

[32] G JAMES, D WITTEN, T HASTIE, et al. An introduction to statistical learning [M]. New York: springer, 2013.

[33] R L B CLEMENS. Meat traceability and consumer assurance in Japan [J]. 2003.

[34] B L BUHR. Traceability and information technology in the meat supply chain: implications for firm organization and market structure [J]. Journal of Food Distribution Research, 2003, 34 (3): 13 – 26.

[35] L U OPARA. Traceability in agriculture and food supply chain: a review of basic concepts, technological implications, and future prospects [J]. Journal of Food Agriculture and Environment, 2003 (1): 101 – 106.

[36] J E HOBBS. Information asymmetry and the role of traceability systems [J]. Agribusiness, 2004, 20 (4): 397 – 415.

[37] T TAKENO, A OKAMOTO, M HORIKAWA, et al. Development of traceability system for attribute information identification [C]. HongKong: Technology Management Conference (ICE), 2006.

[38] D FOLINAS, I MANIKAS, B MANOS. Traceability data management for food chains [J]. British Food Journal, 2006, 108 (8): 622 – 633.

[39] H PANETTO, S BAINA, G MOREL. Mapping the IEC 62264 models onto the Zachman framework for analysing products information traceability: a case study [J]. Journal of Intelligent Manufacturing, 2007, 18 (6): 679 – 698.

[40] T KELEPOURIS, K PRAMATARI, G DOUKIDIS. RFID-enabled traceability in the food supply chain [J]. Industrial Management & data systems, 2007, 107 (2): 183 – 200.

[41] M R KHABBAZI, N ISMAIL, M Y ISMAIL, et al. Data modeling of traceability information for manufacturing control system [C]. Riode Janeiro: Information Manage-

ment and Engineering, International Conference on IEEE, 2009.

［42］M THAKUR, C R HURBURGH. Framework for implementing traceability system in the bulk grain supply chain ［J］. Journal of Food Engineering, 2009, 95 (4): 617 –626.

［43］W ZHOU. RFID and item-level information visibility ［J］. European Journal of Operational Research, 2009, 198（1）: 252 –258.

［44］W V RIJSWIJK, L J FREWER. Consumer needs and requirements for food and ingredient traceability information ［J］. International Journal of Consumer Studies, 2012, 36（3）: 282 –290.

［45］Z CHENG, J XIAO, K XIE, et al. Optimal product quality of supply chain based on information traceability in fashion and textiles industry: an adverse logistics perspective ［J］. Mathematical Problems in Engineering, 2013.

［46］G AIELLO, M ENEA, C MURIANA. The expected value of the traceability information ［J］. European Journal of Operational Research, 2015, 244（1）: 176 –186.

［47］M MATTEVI, J A JONES. Traceability in the food supply chain: Awareness and attitudes of UK Small and Medium-sized Enterprises ［J］. Food Control, 2016（64）: 120 –127.

［48］Z ZHENXUAN, P MINJING. Automatic summary generating technology of vegetable traceability for information sharing ［C］. IOP Conference Series: Earth and Environmental Science. IOP Publishing, 2017, 69（1）: 12 –68.

［49］Z WU, Z MENG, J GRAY. IoT-Based Techniques for Online M2M-Interactive Itemized Data Registration and Offline Information Traceability in a Digital Manufacturing System ［J］. IEEE Transactions on Industrial Informatics, 2017, 13（5）: 2397 –2405.

［50］S TAMAYO, T MONTEIRO, N SAUER. Deliveries optimization by exploiting production traceability information ［J］. Engineering Applications of Artificial Intelligence, 2009, 22（4 –5）: 557 –568.

［51］D LUCIA. Information retrieval models for recovering traceability links between code and documentation ［C］. Chicago: Software Maintenance, Proceedings International Conference on, 2000.

［52］M STORGA, M DARLINGTON, S CULLEY, et al. Traceability of the Development of "Information Objects" in the Engineering Design Process ［C］. Bangalore: Proceedings of the 2nd International Conference on Research into Design，2009.

［53］R OLIVETO，M GETHERS，D POSHYVANYK，et al. On the equivalence of information retrieval methods for automated traceability link recovery［C］. San Diego：Program Comprehension（ICPC），IEEE 18th International Conference on，2010.

［54］M GETHERS，R OLIVETO，D POSHYVANYK，et al. On integrating orthogonal information retrieval methods to improve traceability recovery［C］. Nan Jing：Software Maintenance（ICSM），27th IEEE International Conference on，2011.

［55］H EYAL SALMAN，A D SERIAI，C DONY. Feature-to-code traceability in a collection of software variants：Combining formal concept analysis and information retrieval［C］. Turin：Information Reuse and Integration（IRI），IEEE 14th International Conference on，2013.

［56］R MAHAJAN，S K GUPTA，R K BEDI. Design of software fault prediction model using BR technique［J］. Procedia Computer Science，2015（46）：849 – 858.

［57］E ERTURK，E A SEZER. A comparison of some soft computing methods for software fault prediction［J］. Expert Systems with Applications，2015，42（4）：1872 – 1879.

［58］W S MCCULLOCH，W PITTS. A logical calculus of the ideas immanent in nervous activity［J］. The bulletin of mathematical biophysics，1943，5（4）：115 – 133.

［59］F ROSENBLATT. The perceptron：a probabilistic model for information storage and organization in the brain［J］. Psychological review，1958，65（6）：386.

［60］T J MCCABE. A complexity measure［J］. IEEE Transactions on software Engineering，1976（4）：308 – 320.

本篇撰稿人： 王喜富　北京交通大学物流工程系主任、教授

左　敏　北京工商大学计算机与信息工程学院、教务处处长、教授

毛典辉　北京工商大学计算机与信息工程学院、副教授

郭炳晖　北京航空航天大学数学信息与行为教育部重点实验室副主任

刘　谊　华北电力大学经济与管理学院副教授，企业管理与信息化研究所副所长

案例分享篇

5 深圳前海量子云码科技有限公司信息追溯案例

5.1 公司简介

深圳前海量子云码科技有限公司是全球专业的防伪追溯渠道管理一体化方案提供商，总部位于深圳。核心团队专注于研究数码防伪技术及其应用多年，拥有信息安全、软硬件开发、密码学以及网络通信等方面的多年经验，研发出具有国际专业水准、完全自主知识产权的量子云码集成技术。该公司拥有国内外自主知识产权 10 余项，公司及法人拥有发明专利 6 项、软件著作 20 余件，其中有两项专利经 PCT（Patent Cooperation Treaty，专利合作协定）检索判定，符合新颖性、创造性、工业实用性。该公司是中国副食流通协会理事单位、深圳市卓越绩效管理促进会理事单位，并已获得知识产权管理体系认证。该公司在海外有子公司，在北京、新疆、重庆等地均设有子公司或办事处，拥有技术支持人员和销售人员达 100 余名。该公司已服务于中粮集团、斯凯奇、百雀羚、修正药业、万通药业等多家知名企业，其技术广泛应用于食品、保健品、票据、出版物、日化品等诸多领域。

5.2 技术方案主要内容

5.2.1 方案背景

食品作为人们的生活必需品，在市场经济中扮演着重要角色。食品行业的商品管理体系，一般都经过多个生产制作环节，其中任何一个环节出了问题，都会导致严重的后果，对企业在食品行业产业链品牌的塑造、政府食品质量安全的管控，以及消费者的食用安全，都会产生不良的影响。为此，在食品行业建立有效的安全追溯信息平台，给产品加上身份 ID（identity，身份标识号码），有助于发现问题、查明原因、采取行政措施、及时召回以及追究责任。目前，国家政府层面发布了推进重要产品信息化追溯体系建设的指导意见，部署了建立目录管理制度、完善追溯标准体系、推进追溯体系互联互通等基本任务。建立安全有效的追溯平台，可在一定程度上监督食品行业的安全问题，同时，这一举措符合企业、政府以及消费者各方对食品安全的诉求。

目前，食品行业的追溯平台鱼龙混杂，可追溯的常用方法也有很多，包括产品标志、信息采集、终端查询等。例如，比较常见的是采取一物一码机制，给产品贴上二维码/条码标签，做到环节间的追踪。但是，二维码/条码存在一些问题，如技术开源，制作假冒伪劣的食品厂商同样可以采用二维码系统，给其产品贴上标签。消费者可以扫码获取信息，但这些信息不一定是真实有效的。同时，正品企业或政府稽查相关产品时，无法追踪到产品制作源头，造成一系列严重问题。

民以食为天，食以"安"为先。追溯的目的在于"安全"，质量追溯系统主要是为了保证从产品源头到消费者可以层层追溯，保护消费者利益，有效地遏制并快速打击不法行为者，故用于追溯的"信息代码"，不仅要有单纯的追溯功能，还应该具备极难复制、防伪的功能，保障追溯信息的真实性，保障产品不被假货和劣质产品侵害。为此，本方案采用量子云码一物一码技术来实现食品行业的信息追溯，构建安全有效的追溯体系。

5.2.2 系统架构与技术原理

量子云码食品行业信息追溯是一种依托于量子云码一物一码载体的技术，在量子云码云平台上实现产品上量子云码码值的追踪，从而完成对每一件产品的追溯。量子云码是基于印刷的数码防伪技术研发而成，其核心专利通过国际 PCT 专利组织认证，是国内具有完全自主知识产权的前沿追溯防伪技术。量子云码是一物一码，基于庞大的专利算法数据库形成一套定制化服务于客户的微观微距智能图像识别系统。与传统条码、二维码等追溯技术相比，这一技术具有极大的安全性优势。量子云码与传统二维码技术的分析对比如表 5 - 1 所示。

表 5 - 1　　　　　　　　量子云与传统二维码特征对比

类别	样图	安全性	形状设计	尺寸	防损率	隐蔽性	生产成本	采集率
量子云码		1. 随机纹理图像，闭环验证，不可破解。2. 图像码点极小，微观隐形，难以复制	LOGO 等任意形状	手机识别最小面积为 4mm×4mm	15mm×15mm 以上，图像破坏 90% 以上仍能有效识别	能隐藏于深色区域，用于企业内部防伪稽查	同等面积条件下，用墨量为二维码的 1/50	可于标签或包装任意处隐蔽赋码，产线产品方位变动不影响采集

类别	样图	安全性	形状设计	尺寸	防损率	隐蔽性	生产成本	采集率
二维码		1. 开源技术，毫无防伪作用，常用于记载链接地址，容易仿造。 2. "扫一扫"通用程序验证，可破解、生成钓鱼网站二维码	限定方形	手机识别面积为6mm×6mm以上	码图三角黑色大点用于扫描时定位对焦，破坏一个点便无法识别	图像尺寸大且无法隐藏	正常油墨成本	仅能在固定位置喷码，产线产品转动方向即无法采集

总结起来，量子云码有以下技术优势。

1. 安全性：难以复制

量子云码从两个方面控制被复制或仿造的安全问题。一方面，量子云码自身的特殊图形处理方式，以及智能识别算法，使得量子云码被拍照、复制印刷、图形仿造后再扫描显示无效，即仿冒原有量子云码无法实现；另一方面，原始量子云码的生成算法掌握在量子云码公司手中，保障了非正规渠道不能生产新量子云码替换原有追溯量子云码的图形信息，从而保证了应用在商品上的量子云码及其上附着的信息不能被复制、仿冒和私自篡改，从而保证了被追溯商品量子云码以及信息的唯一性与真实性。

2. 安全性：隐形图像

量子云码有两种表现形式：可见量子云码与隐形量子云码。由于量子云码图像单元以微米级为单位，极其细微，通过特殊算法处理，呈现在产品包装上可直接做到完全隐形，人的肉眼不可见。量子云码图像需要知晓量子云码位置的内部监管人员通过专业识别仪识别查看。完全隐形的量子云码，不仅自身面积极小、与原商品包装无冲突，更因可隐藏于商品及包装所有位置，为企业或政府的监管部门提供了隐秘的检查手段。量子云码技术的应用，能够防止追溯信息被人为刻意破坏，有效地保证追溯数据锛的完整性与可追查性，为应对不法分子提供有力的技术武器与信息证据。

3. 安全性：有效防破损

量子云码拥有特殊信息识别技术，原码图即使损失90%以上面积仍然可以进行信息识别。面对商品在物流、储藏过程中因搬运、浸水、虫鼠噬咬甚至其他人为等因素造成的信息记录载体的破坏，量子云码具有极大的抗破损属性，极适合应用在食品行业产品包装上，可有效抵御各种生产运输和使用环境干扰，具有天然的信息安全保存优势。

4. 便捷性：商品上印刷量子云码技术成熟而简单

量子云码通过常规变码印刷技术，直接印刷在产品包装或者产品本身之上。通过市面上包装印刷厂常规喷印设备、数码印刷设备、激光雕刻设备，均可快速便捷实现印刷，与原有工艺完美衔接、不冲突，流程控制简单。

5. 便捷性：信息方便写入与读取

量子云码依附于商品或者商品包装上，无论是工厂产线上读取，还是人工手动识别读取，均有成熟的专业设备高效对接。其中，在线读写设备可达每分钟读码4000个以上，极为高效。手持识别设备采用4G网络，只需快速接触量子云码图形位置，即可在任何地点方便、高速地记录追溯信息。

6. 便捷性：手机与专业设备双识别

量子云码的食品追溯信息识别有两大途径，其一为最具广泛应用性的智能手机，用户通过通用App（应用程序）和摄像头即可智能识别量子云码上的食品追溯信息；其二为专业识别仪器。其中，手机可识别肉眼隐约可见的量子云码图形信息，专业识别仪器可读写可见、隐形两种量子云码图形信息。手机与识别仪所读取到的信息内容，可做到完全不同，因此极大拓展了量子云码的应用范围及可能性。一方面，手机端识别的信息可依据系统后台要求，将追溯信息予以部分展示，手机持有人可与系统深度互动，进行举报、公众建议等行为，手机端识别信息的应用有助于方便实现公众参与监督，提升监督管理效率；另一方面，专业识别仪作为监管部门或者企业监管的利器，与量子云码配合，自成内部系统，高效而准确地反映云码所记录的商品追溯信息全景。一套量子云码应用，内外两套稽查与监管机制，是量子云码有别于传统监管码的巨大优势。

7. 普适性：成本极低

作为智能数码图像技术，量子云码绝大部分的成本为技术研发成本，技术业已研发成熟。在实际生产应用中，只产生极低的印刷成本。同时兼顾环保与节材能力，对食品行业海量的商品来说尤为重要。

8. 普适性：一物一码

量子云码拥有万亿亿级的编码量，足以满足所有商品使用，且保证每一件商品与包装都有唯一码值。量子云码可精准追溯到唯一产品，拥有实现商品——追踪、单独召回的能力。

9. 普适性：材料应用广泛

量子云码可以印制或雕刻在众多常见材料上，包含但不限于纸张、金属、塑料、布料、木板等，足以应对各种商品使用量子云码的需求。

10. 互联网属性

量子云码作为信息载体的前端，可以通过专业设备、手机等与移动互联网做到深度结合。将量子云码内含的食品追溯信息储存于网络云端，进而可以获得几乎无限的信息存储量。同时，作为互联网前端入口，量子云码可有效接入各种互联网应用，高效记录、传递、监察、整理追溯数据信息。

5.2.3 操作流程

1. 赋码：量子云码印刷

量子云码食品行业信息追溯技术在具体应用时，企业需在食品行业的产品包装或标签上印制量子云码一物一码，在深色区域可印制隐形量子云码，在白色等浅色区域可印制可见量子云码。其中，隐形量子云码主要用于企业内部稽查，可见量子云码主要供消费者扫描查询产品的追溯信息。常见的量子云码一物一码生产设备有数码印刷机和喷码机。喷码机是一种通过软件控制，使用非接触方式在产品上进行标识的设备。因为是电脑控制资料，所以资料可以很轻易地变化，资料内容中可据实加入日期时间、流水号码、批号等变动性资料，这也是量子云码一物一码的特性在喷码机上得以很好应用的原因。量子云码印刷流程如图 5 - 1 所示。

量子云码在喷印前，量子云码公司把实现变码（一物一码）的 DLL（Dynamic Link Library，动态链库）植入印刷厂的喷码软件，此 DLL 会根据喷码软件的数据要求、UKey 的鉴权及其他信息生成相应不同的量子云码图形来实现变码，量子云码直接在内存中成像。喷印软件驱动喷印机（喷头）进行喷码，不占用硬盘资源，符合工业生产速度及质量要求，一般喷码速度为 200 米/分钟。

同时，为印刷厂的用户数据安全考虑，开启变码软件必须在电脑上插上 UKey（Ukey 是一种通过 USB 直接与计算机相连、具有密码验证功能、可靠高速的小型存储设备。），UKey 属于变码软件上的鉴权设备。UKey 中包含的是相关数据库信息及加密信息，还存储了码值范围、码量、码型、公司描述、使用期限、绑定电脑等信息。变码软件连接 UKey 后，UKey 与 DLL 建立 USB 数据交互协议，用户方可调用 DLL 信息，DLL 从 UKey 中获取并生成量子云码。从软件的启动到整个软件的工作

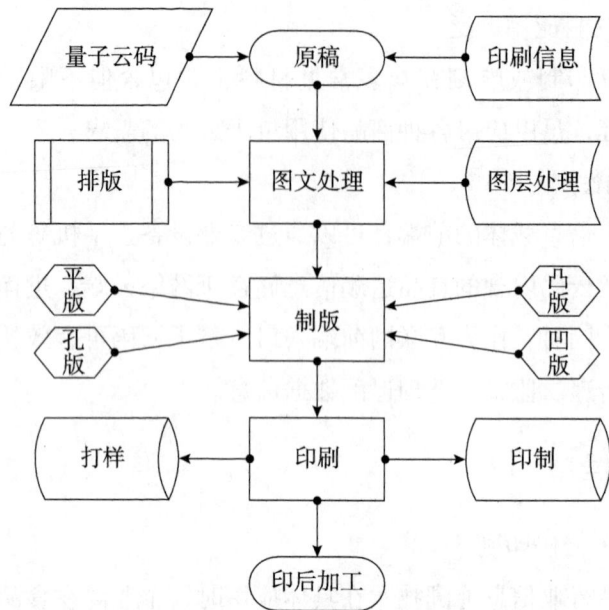

图 5 - 1　量子云码印刷流程

过程，都需要连接有效的 UKey，且 UKey 和当前使用的电脑存在绑定关系。

　　量子云码的赋码过程是无缝接入喷码设备，后台操作运行即可，不增加喷码过程的其他工艺。若企业本身在生产流程中已使用喷码设备，那么意味着企业不需要增加额外的工业设备及流程，即企业的喷印成本不会增加。量子云码喷印的软硬件流程如图 5 - 2 所示。

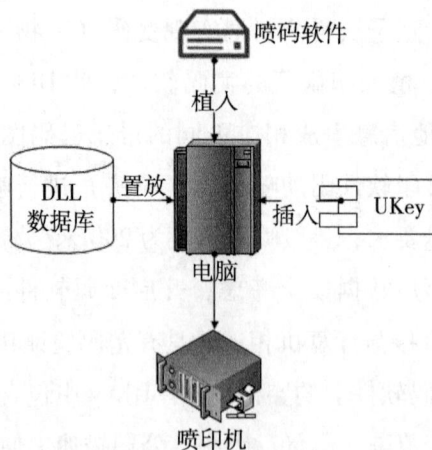

图 5 - 2　量子云码喷印的软硬件流程

目前，市面上国内外品牌的喷印设备结合适用机型的油墨，均能实现量子云码喷印。

2. 信息录入采集

（1）食品商品基本信息录入

企业根据产品赋码情况，可以批量录入产品基本信息，其中包含产品品类名称、生产经营者、产地、许可证编号，以及企业相关介绍等基本信息。

（2）生命周期信息采集

如生猪从猪仔养殖开始，在猪耳朵处打上量子云码追溯环标，一猪一码。养殖期间使用量子云码追溯软件扫码，可以定期采集每只猪仔的圈养地址、生养情况、疫苗等处理情况。养殖猪到屠宰环节，分配给猪肉各个区域对应同码值的量子云码环标，而后完成商品生产、加工、流通、销售等环节的数据采集。量子云码具有唯一性，每个量子云码是代表该产品的唯一特征码，记录该产品的全环节所有信息采集。

3. 信息关联

信息关联可分为如下两种情况。

（1）生产线自动采集数据，多级关联

生产线自动采集数据，多级关联（根据产线设计，安装在包装线后方）

（2）手动采集数据，多级关联（在产品封装后）

如图 5-3 所示，人工手持二维码扫码枪，依次扫描小袋码，再扫描大包标签码，将小袋码与大包标签码进行关联。

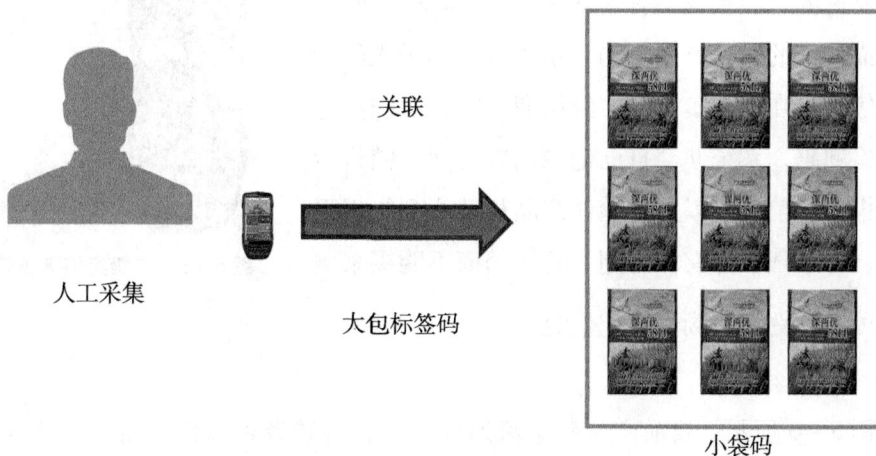

图 5-3　信息关联

技术说明：小包装—扫描采集一级量子云码—上传到工控端或者 PC 端软件平台上—扫描不到剔除—计数感应器计数以固定个数为一组推送到 B 道上—手持扫描枪采集外箱上面的二级量子云码与固定个数的产品关联。

4. 入库、出库

如图 5－4 所示，通过采集设备扫描大包标签码即可采集出入库信息，扫描后产品可批量入库、出库，所有产品信息均可通过后台查看。

图 5－4 商品入库、出库

5. 二级经销商监管

如图 5－5 所示，产品到达经销商后，若经销商环节需要追溯，经销商只需配备扫码采集设备即可。通过扫描收到的食品产品货物，系统可自动录入经销商收货信息；在产品卖出时，经销商只需再次扫描包装上的追溯码，系统便会自己记录销售时间、销售数量、销售人等信息。以上步骤使产品从源头到终端形成闭环，每个环节都有源可溯。若经销商不购买采集设备，可通过登记追溯号登记信息。

图 5－5 二级经销商监管

6. 查验

如图 5－6 所示，食品产品到达流通环节后，消费者可以使用量子微查 App 扫描标签或包装上的明码，获取所购产品的追溯信息及码图真伪信息。企业可以使用专业识别仪器稽查疑似问题产品，及时查出问题产品生产源头和原因，并制订相关解决方案。

图 5-6 查验

5.3 项目实施效果

5.3.1 对生产企业

（1）市场精细化管理。通过追溯体系管控物流每个环节，有助于生产企业更精细化、更有针对性地管理物流及市场。

（2）保护企业利益。溯源体系有助于打击假冒伪劣产品，保护企业市场份额和企业品牌。

（3）完整展示追溯信息页面，助力销售。在扫码后显示的页面呈现产品追溯信息、企业文化等信息介绍，有利于增加消费者对企业及产品的信任度，促进销售。

（4）防窜货。企业可采用明暗码相结合的方式，从而有效地做到防窜货和防破坏性窜货，减少窜货损失，有效管控渠道。

5.3.2 对消费者

（1）了解食品产品源头，买得放心。通过扫描量子云码可查看产品原材料信息、加工信息及生产环境，让消费者买得放心，用得安心。

（2）鉴伪简单，保障消费者权益。消费者可通过扫描量子云码鉴别产品真伪，快速简单地完成查询，快速辨别假货，从而使消费权益得到保障。

5.3.3 对政府部门

（1）收集数据，统筹规划。通过食品商品追溯机制，相关政府部门可了解市场流通商品的来源及去向数据，便于进行市场管理及规划。

（2）建立不合格商品召回机制。针对市场中不合格、发生安全事故的产品，政府可及时、精准、快速地召回，保护消费者利益。

（3）建立更清晰的问责机制，保护市场。针对安全事故事件，政府可以快速找到责任人问责，对其他相关责任人也可起到震慑警醒的效果，保护市场活动有序进行，降低事故发生率。

5.4 技术应用及未来发展规划

目前，基于量子云码一物一码的食品追溯平台可基本满足企业的食品生产及流通追溯。在食品行业，这一技术已成功应用至酒店定制菜品、佳宴食品上，为佳宴食品完成全流程高效的追溯，极大地增强了消费者对其产品的信任与依赖。此外，量子云码在四川猪肉产品、巴味渝珍等产品上也实现了全程追溯及防伪。除食品行业的广泛应用外，量子云码的优势特性使其在药品、服饰、日化产品等行业得到广泛应用，如万通药业、斯凯奇、百雀羚等。同时，本平台已经打通平台壁垒，与其他载体相结合，例如，结合 RFID（Radio Frequency Identification，频射识别），连通 RFID 与量子云码，使两种载体信息一致，一物一码；利用 RFID 可远距离完成信息采集的优势，为企业实现高效、便捷的追溯信息采集。目前，基于遥感的数据采集技术也非常成熟，在食品行业的农产品生长监控方面有独到优势，其同样也应用在其他领域。因此，未来量子云码可充分发挥自身优势，保持其原有的创新力和创造力，同时结合其他成熟技术，依据企业内部管理机制，为食品行业的信息追溯建立定制化的、更长远有效的技术平台机制。

6 深圳道嘉鲜基于 "产品智配" 安全追溯管理解决方案

6.1 公司简介

深圳市道嘉鲜科技有限公司是集研发、服务于一体，专注于物联网技术研发、智能硬件研发、安全配送配套产品研发及物联网解决方案的技术型企业。公司拥有自主研发优秀团队，产品系列拥有高标准产品品质。公司以"为客户创造价值、赢得客户的满意"为目的，秉承"为客户提供更实用可靠的产品和更贴心的服务"的使命，坚持"持续改进、追求卓越"的核心价值观，为客户提供量身定制的物联网智能化精准解决方案，志在成为物联网智能硬件产品和平台的供应商和服务商。

道嘉鲜的物联网平台和智能硬件，为绿色物流、冷链同城配送、生鲜商品、食品保鲜、加工食品提供冷藏、保温运输智能化一站式综合解决方案。道嘉鲜系列智能产品拥有自主知识产权保护，伴随智能硬件的保驾护航，帮助用户安全运输，物联网平台实现了从仓库到配送直至用户手中的全程监控可追溯，上游对接源头原始数据，共同实现放心的安全追溯管理解决方案。

6.2 技术方案

6.2.1 概述

随着我国经济的不断发展，消费者消费趋势的理性化和品牌意识不断增强，对食品安全越来越重视，迫使企业提供自己的品牌才能更好地占领市场。但是市场竞争力提升的同时，一些假冒伪劣产品如影而生，侵害了消费者的利益，并造成消费者经济上的损失，为此，食品安全必须得到重视。

农产品物流过程追溯是供应链全程追溯的重要组成部分。农产品质量不安全因素贯穿于农产品从生产到加工、包装、储藏、运输和销售的全过程，因而建立起覆盖生产、加工、流通各环节的全程追溯系统，对于保障农产品安全尤为重要。农产品物流配送具有装卸多次性、运输不均衡性及对运输技术要求高等特点，这些特性决定了在构建农产品全程追溯系统时物流过程追溯是需要重点关注的环节。农产品物流过程追溯又是供应链全程追溯的薄弱环节。发达国家的农产品物流配送业呈现出系统化和规模化的特点，先进的物流技术装备得以在农产品领域广泛使用。我国农产品物流的研究还处于起步阶段，对于利用信息技术结合农产品供应链进行物流配送技术的相关研究很少，对于利用物流配送技术进行农产品物流过程追溯系统构建的则更少。目前，已有的研究和存在的追溯系统多是从总体架构层进行的，多侧重于生产过程环节系统的构建。

近年来，随着智能手机的普及和互联网信息化的发展，电子商务飞速发展，消费者网购等活动日益流行，拿到手的产品真伪乃至其生产过程都需要透明化。食品安全问题，与每个人密切相关。所以在食品安全保障方面，作为食品安全追溯制度中信息准确性的第一责任人，越来越多的企业开始自建食品安全追溯系统。产品的上游、中游、下游的安全追溯体系亟须建立。道嘉鲜的"产品智配"安全追溯管理解决方案，在解决产品在仓库及配送流通环节中的安全监控追溯方面有着自己的一套管理解决方案，安全监控追溯伴随着配送智能分拣的信息化等平台，力争为用户提供安全可追溯、配送方便快速的安全追溯体系。

6.2.2 系统架构

道嘉鲜基于"产品智配"安全追溯管理体系，直接对接源头原始数据，联合自身的"产品智配"安全监控，共同形成完整的追溯体系。该体系中产品流通的主要环节采用配备道嘉鲜智能模块的物流周转箱，从而得到可靠的仓储、物流信息，建立起一个智配的安全追溯体系，并根据产品的数字化身份标识，与订单、物流箱进行绑定，方便消费者和企业随时查询，享受产品物流追溯、产品质量追溯等应用服务；同时，这一安全追溯体系为企业配送提供信息化、智能分拣协助工作，为管理决策人员提供产品流通数据分析，为企业定制决策提供数据依据，如图6-1所示。

物流周转箱是信息化智能系统的重要组成部分之一，贯穿于仓储、分拣、配送、交付等环节，在各环节中起到举足轻重的作用，智能模块和周转箱可循环使用，减少原有的生鲜包装成本，并无缝对接食品安全追溯系统。物流周转箱流通架构如图6-2所示。

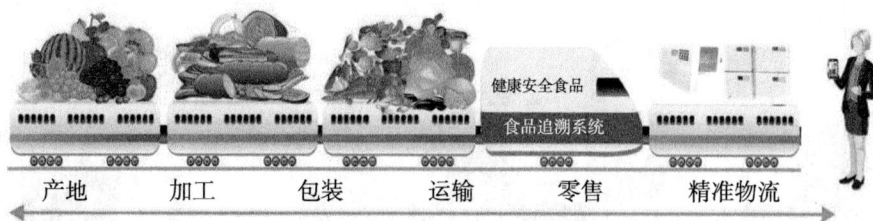

健康安全食品
食品追溯系统

产地　　加工　　包装　　运输　　零售　　精准物流

图6-1　全程可追溯示意

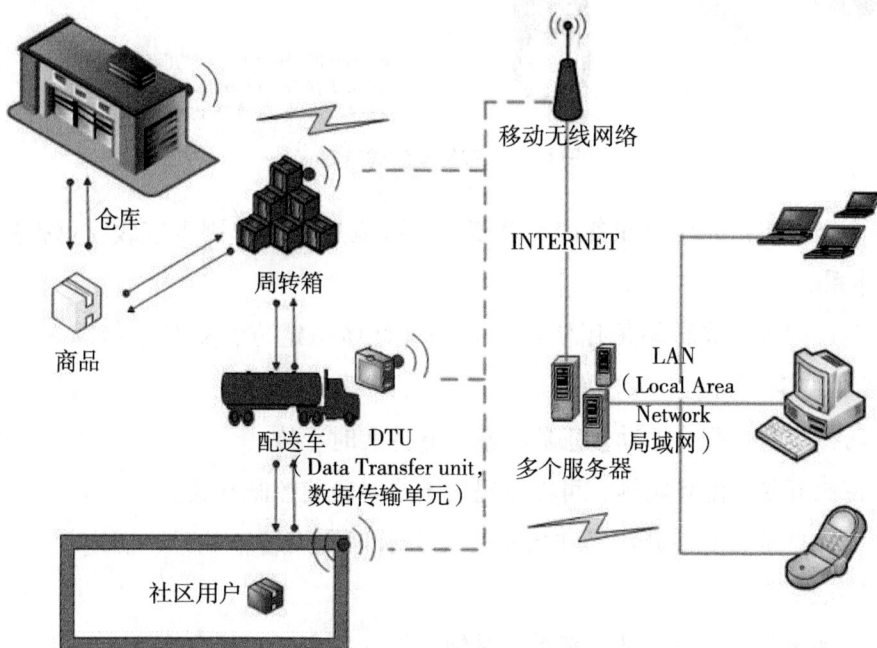

移动无线网络

INTERNET

仓库

周转箱

商品

LAN
（Local Area
Network
局域网）

配送车　　DTU
（Data Transfer unit,
数据传输单元）

多个服务器

社区用户

图6-2　物流周转箱流通架构

6.2.3　载体模型

智能物流周转箱是安全监控追溯的核心，它在配送全链条中，从仓储、配送、安全交付环节，保障产品的安全和监控。智能物流周转箱配置了安全密码锁，防止箱体被轻易打升，如图6-3所示。

智能物流周转箱的具体功能及参数如下。

（1）物流周转箱功能

◆ 实时采集：周转箱实时上传箱子的温度、定位、操作等信息，数据交互给用户。

◆ 无线传输：采集的数据通过 GPRS（General Packet Radio Service，通用分组无线服务技术）等无线技术实时上传。

◆ 定位功能：周转箱采用 GPS（Global Positioning System，全球定位系统）定位实时上传，可根据客户需求选择北斗、GPS＋北斗双模方式。

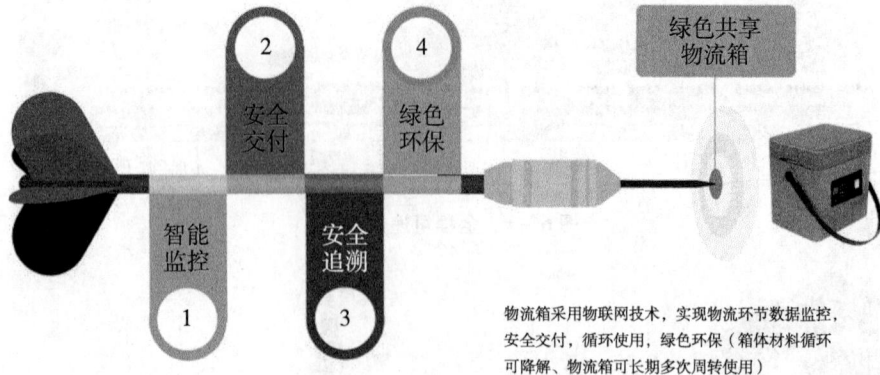

物流箱采用物联网技术，实现物流环节数据监控、安全交付，循环使用，绿色环保（箱体材料循环可降解、物流箱可长期多次周转使用）

图6-3　智能物流周转箱

◆ 读卡功能：周转箱配备读卡器模块，可应用于用户刷卡签收，可扩展以后的会员体系。

◆ 超长待机：周转箱采用低功耗处理，具体与定位、交互上传的频次有关，在数据交互少时可待机7天左右。

◆ 防摔报警：配备振动传感器，暴力分拣实时上传。

◆ 密码开箱：配备箱锁，可以密码按键或者通信控制开锁。

◆ 屏灯显示：配备显示屏和指示灯，显示物流周转箱编号、温度值、系统时间、工作状态等。

◆ 自动更新：充电自动更新系统时钟，保证采集时间的准确性。

◆ 远程控制：可远程查询温度信息、定位信息等。

◆ 报警提示：配合系统软件实现声光、手机短信等多种方式报警。

◆ 参数配置：定位记录间隔、温度记录间隔、预警阈值等可以设定。

◆ 安全环保：可以循环使用，大大节约成本。

◆ 电子围栏：配置电子围栏，到达指定位置才能打开，更加安全。

（2）物流周转箱技术参数

◆ 支持型号：道嘉鲜全系列产品。

◆ 指示灯：红、黄、蓝三色。

◆ 密码按键：矩阵键盘。

◆ 测量温度范围：-30℃~60℃。

◆ 定位采集间隔：1~120分钟。

◆ 温度采集记录间隔：1~120分钟。

◆ 供电：5V锂电池。

◆ 后备电源：可拆卸充电。

◆ 无线工作频率：13.56 MHz。

◆ 定位工作模式：北斗 + GPS。

◆ 无线工作模式：GPRS + Zigbee（紫蜂协议）。

◆ 锁寿命：理论 >10 万次，实测 >2 万次。

◆ 显示屏：蓝底白字液晶屏。

◆ 振动传感器：采集暴力分拣。

6.2.4 业务流程

各环节的使用流程如下：

1. 仓储环节

（1）仓库订单商品的分拣，具体不赘述。

（2）相关工作人员将分拣好的商品装入周转箱，关箱，把订单信息写入周转箱，完成订单与周转箱绑定，随即周转箱红灯亮起，把周转箱放置到发货区域等待配送取货。

（3）系统发送开箱密码给收货人，用于最后的开箱取货、验货。

2. 分拣环节

（1）配送车驶入配送区域，发送配送线路的指令，满足条件的周转箱会发出声光提示，快递员根据周转箱的提示直接装车。分拣环节示意如图 6 - 4 所示。

图 6 - 4 分拣环节示意

（2）周转箱装车完成后，系统再次确认装车信息，箱车绑定，系统记录发货信息，无误后配送。

3. 配送过程

（1）配送过程中，定时与车内周转箱通信，将配送过程中的信息上传系统，系统可以用来追踪订单。

（2）周转箱内有温度传感器，采集周转箱内温度，上传到系统，实现配送过程的温度监控，出现温度异常周转箱会有相应的报警提示。配送示意如图6－5所示。

图6－5　配送示意

4. 社区交付

（1）车辆到达社区，发送到达指令，车厢内满足条件的周转箱会发出声光提示，配送员根据提示交付相应的周转箱。

（2）周转箱送达用户手中，用户根据收到的开箱密码开箱，验货签收。

（3）开箱后，周转箱绑定的订单状态改变，周转箱指示灯会显示相应的状态。

（4）周转箱回收，循环利用。

其示意如图6－6所示。

图6－6　社区交付示意

6.2.5 方案设计

物流过程追溯是需要重点关注的环节，深圳道嘉鲜的"产品智配"安全追溯管理方案，围绕仓库、物流配送、安全交付等环节，全程信息化管理。商品自入库开始，接入系统监控管理，包括打包分拣，以智能周转箱作为包装载体，周转箱配备智能模块和身份标识，产品入箱，与箱绑定，周转箱信息化智能分拣，装车配送，车辆智能系统均能实时获取箱内数据及车辆数据。车载配送信息采集系统实现了配送过程信息的实时采集，并能为配送人员提供导航服务；服务器端配送管理系统能实时监控每辆车的行进路线，并可根据情况实时调度，保障配送过程的安全。送达后，安全交付，密码开箱，全过程安全有保障。

6.3 技术应用方向和发展规划

6.3.1 技术创新点

物流配送过程是关系到食品安全的重要环节，仓储和物流环节的数据监控才是更大的价值点。道嘉鲜基于"产品智配"安全追溯管理方案采用智能设备完成数据的采集和平台控制，保障产品智配安全追溯管理。技术创新点包含以下几点。

（1）智能物流周转箱全程采集数据，为安全追溯提供依据。

（2）智能周转箱配置的智能模块，能协助智能分拣，提高分拣效率。

（3）智能周转箱可以完成箱内温度采集、碰撞翻滚数据采集等，保障配送过程中产品的质量。

（4）智能周转箱在配送过程中，与车载系统实时联通，与车载广播实时通信，由车载系统联网上传数据，节省成本的同时还能及时获取实时数据。

（5）智能模块的功能除了应用到周转箱上外，还可以应用于其他仓储相关设备，比如托盘等。

（6）仓储和物流环节的数据，再对接源头原始数据，可以完成全链条的数据安全追溯。

6.3.2 行业应用及发展规划

道嘉鲜基于"产品智配"的安全追溯管理方案，通过采集产品从仓储环节、物流环节、交付环节的相关数据，监控箱内数据、各环节中转的相关数据，实现从产品入库、产品打包、产品分拣、产品装车、产品配送、产品中转、产品安全交付到消费者的全过程安全监控追溯管理，可以有效监控产品的数据质量，对接产品的源头原始数据，为消费者提供全链条的产品数据，让消费者吃得放心。道嘉鲜基于"产品智配"安全追溯管理方案可广泛推广应用到食品加工企业、经营企业、物流企业、仓储企业等。

7 上海中商网络股份有限公司信息追溯技术方案

7.1 公司简介

上海中商网络股份有限公司（以下简称"CCN 中商"）于 2000 年年初成立，作为北京华联集团的控股子公司，CCN 中商以"创领全球产品信赖及增值体系"为企业使命，十多年来始终致力于通过技术、数据、运营、咨询四大版块，以"一物一码"为核心，为众多企业提供品牌保护、渠道管控、营销全价值链产品及服务，并和 43 家 500 强企业，以及超过 20 多个领域的 1200 多家企业建立了防伪追溯体系的合作，其间也陆续和汽配、食品、保健品、化妆品、农业等近 30 多个行业展开了深度合作。

CCN 中商基于"一物一码"，针对企业提出的诉求，提出可供实施的最佳解决方案。从一枚小小的标签开始，到赋予防伪产品更多地技术内涵，从防伪、追溯到数字化解决方案提供商，多年的风雨历程里，CCN 中商通过不断地拓展和尝试，不断提升和积累技术，适应市场的变化不断迭代，以敏锐的市场洞察力，政策的前瞻性预测，以及丰富的项目经验，成为行业内外的翘楚。

公司自成立至今，一直致力于防伪产品的研发及应用推广，为企业提供数字化品牌保护和数字化防伪解决方案。公司很早就提出了基于全自动化生产线的防伪、追溯、营销全链解决方案，并运用旋转定位、精准喷码、视觉检测等高新技术，为企业提供自动化防伪、防窜货解决方案及服务。2012 年，公司全面提升中商网络平台安全系统，正式构建中商服务云平台。2015 年，公司全面开启中商网络国际化进程，在新西兰、荷兰、俄罗斯、印度尼西亚等国家同时开展业务。2016 年，公司成立数字营销独立事业部，基于"一物一码"为企业提供营销策划＋系统实现＋大数据分析的全链条数字营销解决方案，为汽配、乳业、化妆品等诸多行业提供数字营销服务。2017 年，公司在快消品、休闲食品、家居建材、茶饮等诸多领域有了全新的突破，为诸多客户解读新零售模式，构筑全链条品牌力。

7.2 技术方案

7.2.1 概述

技术的发展使得产品仿冒现象越来越严重，如果企业缺乏行之有效的防伪追溯体系，那么一旦产品被仿冒，不仅会侵害消费者的利益，也会给企业的品牌形象、企业的公信力及市场份额造成极大的负面影响。因此，当前如何利用追溯体系对造假、窜货等行为进行强而有力的管理，从源头上把控品质的关卡，严格监控生产线的每一个流程，都是值得企业思考的问题。

近年来，"一物一码"技术已经逐渐成熟，从最早的电话防伪到今天的物理防伪，防伪技术已经有了质的飞跃。如今，"一物一码"技术不再仅用于防伪追溯体系，它还能帮助众多企业营销、引流，有了更多的可能性。

CCN 中商认为："'一物一码'仅仅是个开端，通过对不同商品的赋码，运用 RFID、鉴码辨彩、码中码、蓝绿光变墨等防伪技术对产品进行防伪保护。眼下，消费者看到的已经不仅仅是一枚枚简单的、小小的标签，其中包含了数据、信任等多维度构建出的品牌价值。消费者通过它可以查询到该商品的产地、日期、整个流通过程，并且还能通过信息追溯到更多代表品牌价值的内容。而品牌方，则能通过二维码标签采集消费者的购买信息，分析其购买的行为习惯、潜在购物需求，精准地挖掘属于自己的用户群体，精准地投放营销广告。从品牌方到顾客再回到品牌方，物码让一切皆有可能。"

7.2.2 总体架构

如图 7-1 所示，CCN 中商技术方案总体架构包括防伪查询、防窜货、产品追溯、客服中心、客户调研、会员积分、积分商城、促销抽奖、微信引流、客户关系管理（CRM）、大数据分析、新品推广、品牌推广、OTO（一般指 O2O，即 Online To Offline，在线离线/线上到线下）端口。

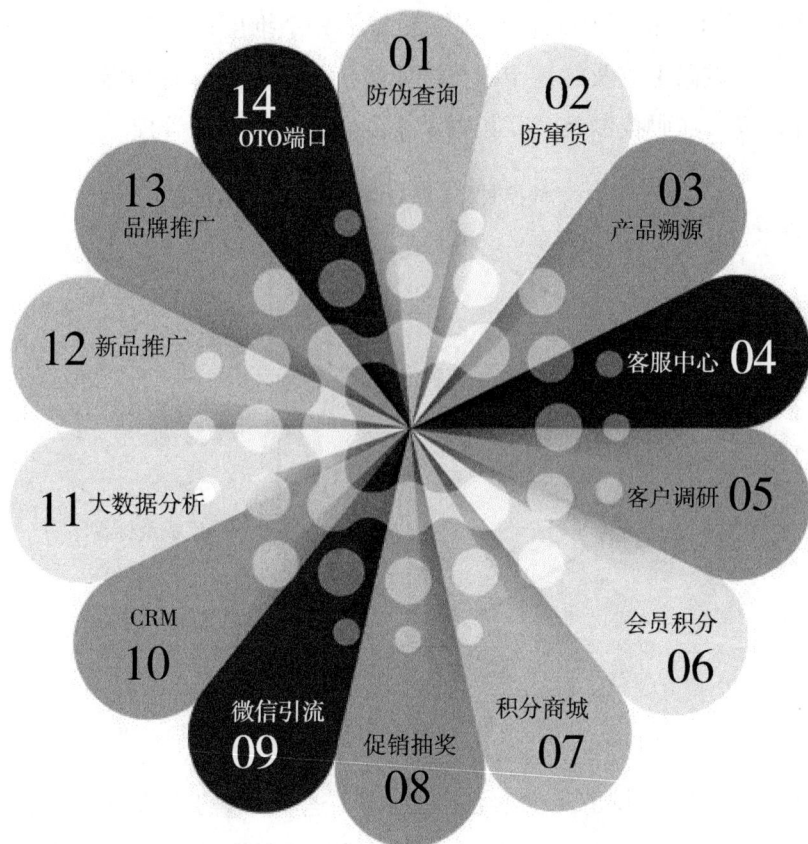

图 7 – 1 CCN 中商技术方案总体架构

7.2.3 核心模块

1. 品牌保护模块

该模块蕴含强大的防伪科技，有助于高效地遏制仿冒产品流通，保护企业利益、品牌价值，让真品遍布全球。CCN 中商独有的 3S 保护体系，能帮助企业构建全套定制化的品牌防伪保护体系。CCN 中商认为，物理防伪技术＋数码防伪技术＋防伪服务运营＝国际级安全。

根据所需鉴别的用户对象，CCN 中商构建了基于视觉、触觉、听觉、互动鉴别技术的全方位防伪鉴别体系，并辅之以服务运营，真正实现了品牌的防伪目的。防伪点定制设计解决方案、标签安全管控解决方案、防伪验证及鉴别、仿冒品调研服务、协助打假、防伪服务运营等功能，全面高效地遏制仿冒产品流通，保护了企业利益和品牌价值，让真品遍布全球。

如图 7-2 所示，CCN 中商保护体系涵盖了 9 个维度，从打假协助开始，专属防伪管控方案、数码生成及标签印刷、行业防伪技术调研、防伪标签设计、鉴定服务、仿冒品研究、赋码控制及关联数据采集到防伪服务运营管理。

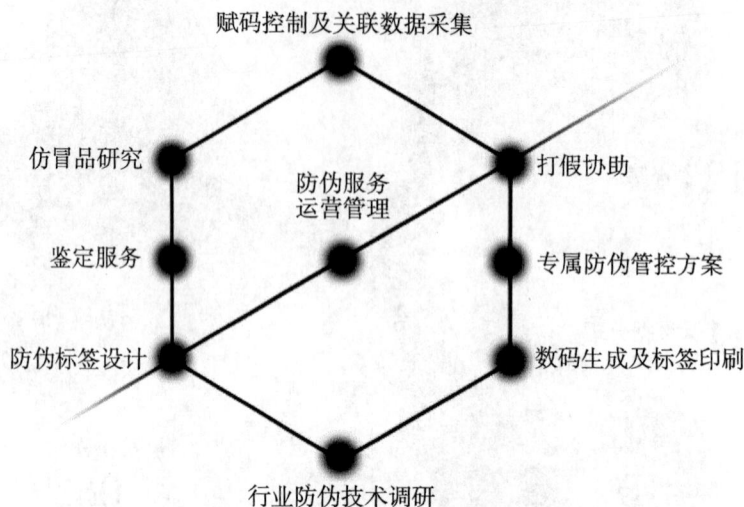

图 7-2　CCN 中商保护体系

时至今日，防伪技术听起来已经不再新鲜，这些深藏于标签之下的强大物理防伪技术，赋予了 CCN 中商庞大的技术支撑。通过运用加密、算法，将技术做得更安全、更有效是 CCN 中商的核心信念。CCN 中商防伪技术源自军用级信息防伪加密算法。除标签本身的材料、光学、印刷等物理防伪特征外，CCN 中商采用先进的数码防伪技术，可进一步提升防伪安全性。CCN 中商使用的标签防伪码由军用级加密算法生成，极难被破解和仿造。编码能够以数字、条码、RFID 等多种形式展现，以适应不同的标签需求。消费者在购买带有此类标签的产品时，可通过扫码、打电话、发短信等方式查询编码有效性，快速辨别产品真伪。

CCN 中商的防伪运营平台具备国际级强大的数据运算能力，其先进的系统具有稳定性、安全性，能有效防止网络攻击和入侵。CCN 中商提供的多方位防伪运营服务，能够为企业提供更多的安全保护。除防伪标签外，CCN 中商还能够为客户提供防伪调研分析报告、数据云托管、协助打假、客服中心等服务，一站式满足客户防伪业务相关需求。实现这些服务的前提，是安全稳定的系统，CCN 中商使用的机房具备数据灾备、数据归档能力，可从容应对突发灾害，保护客户数据不受影响。便捷的防伪查询途径，为消费者带来了更好的体验。CCN 中商设立了自助式呼叫中心，支持多语音线路，也支持 Web（World Wide Web，全球广域网，也称为万维网）、Wap（Wireless Application Protocol，无线应用通讯协议）、App（Application 的缩写，手机软件）、微信、淘宝等多种查询途径校验。

更为关键的是，CCN 中商还与众多科研机构进行合作，联合成立实验室，模拟标签存储、运输、使用环境，进行光照、温度、湿度等影响因素试验，保障标签在使用过程中安全、有效。同时，CCN 中商还关注产品整体体验感，通过运用独有的标签 VI（Visual Identity，通译为视觉识别系统）设计应用体系，从 ICON（图标）到配色，CCN 中商的资深美学团队将美学赋予标签，与产品相得益彰。

2. 供应链全程智慧追溯模块

智慧追溯模块主要子系统如图 7-3 所示。

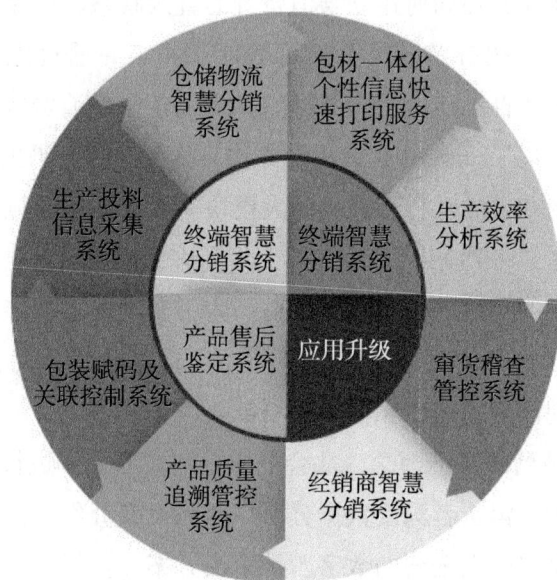

图 7-3 智慧追溯模块主要子系统

本模块通过智慧生产、智慧分销、智慧终端，从生产到仓储物流，再到终端门店，CCN 中商为用户提供全程数字化解决方案。供应链的核心，是让生产、渠道、终端一体化打通，让整个流程更为高效。CCN 中商专业的设计团队和丰富的案例经验，加之执行系统设计的高稳定性，一直被行业内外称赞。CCN 中商在保证高效以外，更加稳定。

严谨的软件控制系统，不仅精确，让客户也更放心。CCN 中商在设计的最初期就已经进行过全盘考虑，预留了所有的容错方案，其专业的配套团队，采用的是国际知名扫描及赋码设备，CCN 中商全程参与设备调试与安装，对设备进行运行检测和维护，一切只为了保障数据关联、精准和稳定。

不仅如此，CCN 中商网络的防窜货渠道管控模块，还能在企业供应链的各个环节中提供专业建议，并设置了系统接口，实现了企业与 ERP（Enterprise Resource Planning，企业资源计划）、CRM（Customer Relationship Management，客户关系管理）等系统的无缝对接，形成了完善的生态系统。

在中国，CCN 中商网络与政府及行业建立了良好的关系。众多行业之中，CCN 中商可以在第一时间内获知行业动向，并在第一时间为用户进行解读，并以最快的时间和最优的方案帮助客户进行符合国家最新监管政策的改造。

3. 产品数码虫洞营销模块

虫洞被认为是连接两个不同时空的隧道，透过虫洞可以做瞬时的空间转移。企业传统的营销方式往往面临如何建立与消费者的直接联系、快速洞察消费者需求的困惑。CCN 中商将二维码标签视作营销的数字端口，并通过先进的数据湖（Data Lake）技术，建立企业直接消费用户数据库，实现企业与消费者的迅捷联系。我们将这种基于"一物一码"实现的数字营销方式，称为产品数码虫洞营销。

如果说品牌防伪和供应链智慧追溯两大模块完成了防伪领域里精准和安全的任务，那么营销则是在"一物一码"的基础上为品牌商吸引流量、使消费者能够更加精准地选择自己需要的产品的一项重大举措。为了实现这一功能，自然离不开大数据的挖掘和运用。CCN 中商深知这一点，并运用数据可视化对数据进行拆分和整合，只为让数据呈现出更为透明和清晰的特征。

CCN 中商有着独到的营销理念，从会员积分商城开始，进行大数据分析、精准用户调研、活动促销、消费者深度数据分析，新品发布介绍，品牌推广到微信、微博功能及连接，为客户建立全套的数字营销解决方案。依据不同企业营销过程中的不同需求，CCN 中商不但可以为企业提供技术、设计、内容的全套解决方案，而且可以帮助用户在营销层面进一步提高效率。

CCN 中商认为："方案的设计不应该停留于表面，我们必须以最专业的方案，更丰富多元的活动，以达到和客户完全匹配适应的解决方案去执行，这才是 CCN 中商营销的根本。"

7.3 案例分享

7.3.1 "美赞臣"案例

"健康机灵，学得出色"，这是"美赞臣"品牌自 1905 年创立以来一直坚持的经营口号。作为一家具有百年历史的跨国企业，"美赞臣"一直致力于配方的研发和创新，为全世界婴幼儿的健康成长提供从科学到临床科学研究的全面支持。同时，"美赞臣"与多家大学和研究机构合作，拥有婴幼儿营养研究平台和专业能力。其中，"美赞臣"生产的70多种营养品，行销至50多个国家和地区，并在1993年斥资入驻中国市场。此后的数十年间，"美赞臣"经历了国内市场政策变化的跌宕起伏，并在国内乳粉市场秩序紊乱的境况下，迅速建立起了反应机制，并于2005年与CCN中商建立起了防伪追溯、防窜货的合作。而根据乳粉追溯的发展史来看，"美赞臣"此举无疑是有预见性的。

劣币驱逐良币，"美赞臣"在乳粉市场良莠不齐、国内政策监管的双重驱动之下，为品牌保护做出了及时且有效的防护。或许也是基于此，"美赞臣"才能做到百年屹立不倒，仍旧是市场行业领先份额之一的大型营养品企业。

从2005年至今，CCN中商作为"美赞臣"中国区产品的防伪防窜货追溯项目开发的服务供应商，为其建立起完善且稳定的综合运用系统平台，实现了奶粉原有系统间数据接口的对接，以及生产线自动化数据采集关联软件的开发及实施。

2015年，为不断适应市场竞争，提高生产效率、降低成本及提升市场竞争力度，CCN中商助力该奶粉品牌，对"美赞臣"国际工厂实施追溯系统并将之与中国分布的分系统进行全面对接。

值得一提的是，CCN中商为"美赞臣"设计的双向追溯查询平台，可以实现国内外基于不同政策之间的追溯查询服务，确保消费者能够安心地购买到正品。这是一个基于消费者角度考虑的全新追溯查询模式。

在荷兰的奶粉工厂，在日本的电子工厂，CCN中商的身影和品牌从未消失，这亦是凭借CCN中商技术领先和丰富的经验所得。

7.3.2 荷兰某国际知名润滑油品牌海外标签项目

过去数年间，中国润滑油市场集中度越来越高，从全球润滑油市场的格局来看，中国石化润滑油、美孚等世界15家大型润滑油生产商虽然只占润滑油厂商总数的1%，却控制了超过60%的全球润滑油总量，可见市场集中是润滑油行业的大趋势。而且，受到国家宏观经济形势以及交通运输、机械设备等行业的发展影响，润滑油的需求量更是逐步加大。全球润滑油的消费结构较为稳定，车用润滑油是润滑油最主要的消费品种。

润滑油需求量的上涨同时给一些不法厂商带来牟利的机会，据悉，润滑油造假现象给不少车主带来了损害。对此，CCN 中商表示，要想遏制这一现象，唯有从源头上制止，通过标签技术进行防伪保护，这是一个基础。

2002 年，CCN 中商为荷兰某国际润滑油提供数字化品牌防伪保护，这是 CCN 中商首次和该企业合作，且合作一直延续至今。该企业作为国际润滑油知名品牌，销售额始终保持两位数的增长，该品牌的润滑油在全球 130 多个国家销售，每天通过 40000 个服务站为 2000 多万个客户提供服务，在中国的发展轨迹也已经超过了一个世纪，是在中国投资最多的国际能源公司之一。数年过去了，该企业已经是中国排名第一的国际润滑油生产和销售商。CCN 中商与该品牌的合作内容以及服务如下。

（1）2002 年，CCN 中商为该润滑油企业提供防伪标签设计制作、防伪查询系统、标签各类相关应用测试服务。

（2）2008 年，标签升级为圆标。

（3）2010 年，标签升级增加光变墨。

（4）2011 年，增加译码变身；同年，CCN 中商为该润滑油搭建了防窜货管理系统。

（5）2015 年至今，标签全方位升级。

之后的数年里，CCN 中商依据该企业提出的需求为其提供最优质的解决方案，以"一物一码"为核心，以标签为基础，陆续为该企业提供了方案策划与设计、防窜货管理系统搭建、报告撰写、活动运维、后台开发、标签升级改造等多项服务。而随着合作内容的不断升级以及增加，CCN 中商也凭借卓越的技术优势和完善的服务获得了该企业的认可和信任，全程助力该企业品牌防伪系统全球化布局，系统也已经成功应用到了中国及东南亚地区，未来也将拓展到中国港澳台、南非、泰国等全球数十个国家和地区。

截至 2018 年，CCN 中商已经拥有了自身的国际项目团队以及相当深厚的国际项目服务经验。使命在拓展，而愿景也将会不断地激励 CCN 中商实现更多可能性。

7.3.3 三元奶粉案例

1. 背景介绍

三元奶粉隶属于北京三元食品股份有限公司（以下简称"三元"），其前身是成立于 1956 年的北京市牛奶总站，1966 年更名为北京市牛奶公司，1997 年成立北京三元食品有限公司，并作为北京控股有限公司成员企业于中国香港上市。2001 年公司改制成为北京三元食品股份有限公司，同年 9 月 15 日在上海证券交易所上市。作为一家老牌企业，三元强调"质量安全已经融入我们的血液"，产品质量早已成为公司发展的基因和企业文化。

企业基因决定企业发展，纵观乳粉市场，在经历一番行业洗牌后已呈现出疲态，同时，在"新政"发布之后，部分中小型乳制品企业也被逐步剔除。劣币驱逐良币，最终幸存的乳制品品牌产生了危机意识，乳制品企业的追溯力度得到了空前加强。

2. 合作历程

2016 年 CCN 中商为三元构建的生产线赋码与追溯系统正式上线，同时完成了 ERP、MES 实验室系统、立体库、会员积分系统等多家公司软件的系统对接。

2017 年，CCN 中商开发了扫码投料系统，实现了对原辅料、包材等的扫码追溯管理。

2018 年，CCN 中商网络为三元完成了农垦追溯系统的项目对接，无缝对接不同的国家级平台系统，进行数据查询。

3. 与三元合作的亮点

（1）建立农垦追溯系统项目对接，实现多个国家级平台数据查询

CCN 中商有着丰富的系统对接经验，曾与 FDA（Food and Drug Administration，食品药品监督管理局），国家兽药平台，SAP（System Applications and Products，企业管理解决方案）、ERP、NC（yongyou NC，用友 NC）、WMS（Warehouse Management System，仓库管理系统）等多个系统有直接对接经验。CCN 中商有着自主研发的外系统对接程序 EAP，该程序支持多种数据交换方式，双向或单向交换，交换频率自定义处理，支持异常预警。相关对接系统目前已经成功应用于三元乳业项目，运行状态稳定，深受好评。

（2）搭建生产赋码系统，使生产线效率再提升

CCN 中商为三元搭建了完整的生产线赋码系统，在原有的生产线基础上重新进行包装设计，使得生产线操作流程更为清晰化、简单化。生产控制由计算机控制各设备工作，当任务单下达之后，一键即可进行换批生产。在生产过程中不再需要进行其他操作，进而达到提高生产效率的目的。

生产线系统特点如图 7 - 4 所示。

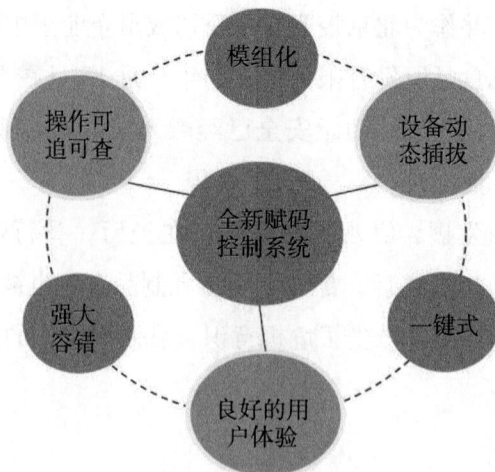

图 7 - 4　生产线系统特点

（3）制订独特的双向追溯系统，增强品牌保护力

采取双向追溯方式对产品进行追溯，其中，反向追溯要求可以通过单个产品二维码或批号追溯该生产批次的产品所采用的原辅料名称、批号以及使用量，同时，关联各个原辅料的入场检验报告，以及现有库存量。而正向追溯要求可以通过单个原辅料的名称批号追溯到该原辅料生产的所有成品的名称、批号、产量，关联产品销售流向及销售，剩余库存量，以及企业资源公开的相关信息。

（4）物尽所用，为企业节省成本

建设追溯体系设备，势必要在原有的生产线上进行相应改造，然而这样做最大的弊端是会造成浪费，通常也会给企业带来成本上的损失。而CCN中商拥有生产线、已实施多年、具有丰富经验及系统兼容性，能为企业最大限度地节约成本，做到设备利旧，一举改善建设追溯体系带来的浪费问题。

（5）多媒体模式，数据可视化充分展现

数据可视化的诞生对于各行业来说都是一大福音，它能够准确高效、精简全面地传递信息和知识。可视化能将不可见的数据现象转化为可见的图形符号，能将错综复杂、看起来没法解释和关联的数据建立起联系和关联，发现规律和特征，获得更有商业价值的洞见和价值。CCN中商为三元乳业提供了一款多媒体屏，目前已初步实现了追溯平台展示功能，未来可将产品基础信息、产品出入库记录、原材料、辅料等数据信息进行串联，建立起实时安全的数据库，通过对这些数据再进行梳理并分析出用户画像、消费行为习惯、市场一年四季的动态曲线、市场未来可能的动向等，帮助企业进行战略决策。

7.4　技术应用及发展规划

　　CCN 中商基于"一物一码"防伪追溯体系，从智能生产赋码、建立包装关联、所有产品出入库记录、产品销售以及消费，从生产线到终端，实行全渠道数据采集。这些数据不仅有产品信息，还会涉及产品的原材料、辅料、包装甚至相关的生产工艺数据，更有与市场和消费者密切相关的数据。CCN 中商之所以可以对这些数据进行关联，也是基于标签赋予的身份唯一性。当有了这个唯一性，不但 CCN 中商能依据这些数据分析出购买产品的消费者的年龄阶段、消费习惯、市场一年四季的动态曲线、市场未来可能的动向等，从而让企业可以做到更高效地计划生产、存储、运输，更有目的和针对性地进行推广和营销，为企业先人一步打开市场，缩短企业的资金周转期，加快企业资金回流作出贡献。而且为企业节省成本、创高收益，增强了企业的竞争力，同时也能给消费者提供更好的购物体验，让消费者更快更便捷地找到自己需要的产品。同时，"一物一码"赋予商品的每一个码，也可以有效防止窜货、造假的问题。不论商品最终流向何处，企业和消费者皆可通过商品的这个身份进行追溯，查询到商品的来龙去脉。"一物一码"为消费者构建安全放心的购物环境的同时，也为企业品牌的价值保驾护航。

　　CCN 中商网络的技术方案，将匹配客户生产现场的执行系统和操作规范设计，稳定性高。通过全面分析可能出现的问题，CCN 中商系统在设计初期就预留了所有容错方案，以保障数据关联精确。同时，系统还支持不同编码格式，具备开发性，可以支持国家不同行业的标准或企业的特殊需求。系统的赋码方式包括不干胶标签、喷印可兼容各类品牌设备，并支持一维码、二维码、RFID 等多种标识形式。CCN 中商系统能够实现根据企业实际生产流程及工艺的数码采集及关联。

　　CCN 中商网络与政府及企业建立了非常良好的关系。在汽配、奶粉等众多行业中，CCN 中商总是能在第一时间获知行业政策动向，并第一时间为用户进行解读，以最短的时间、最优的方案帮助客户进行符合国家最新监管政策的改造。

8 太一云基于区块链的赣南脐橙追溯项目解决方案

8.1 公司简介

北京太一云科技有限公司（以下简称"太一云"）是中国新三板挂牌区块链公司（股票代码：430070），业务目标以使区块链技术在国内实现产业化为主。近年，随着区块链技术在各个领域的应用的不断挖掘，太一云已在版权、食品、交通、医养、公益、供应链、大数据、旅游、金融、能源、文化娱乐、物联网等多个领域建立了行业区块链系统，并辅以提供行业解决方案。

在应用方面，太一云下属公司在公安部第三研究所指导下，依托于 eID（electronic IDentity，公民网络电子身份标识）技术产业联合实验室、数字身份技术应用联合实验室等多个重点实验室的相关技术经验积累，与公安部公民网络身份识别系统运营机构共同研发了新一代电子认证服务平台，基于区块链技术打造数字身份链等与 eID 数字身份、区块链相关应用及服务。

在科研方面，2018 年 6 月，太一云与中国科学院国家数学与交叉中心（NCMIS）成立"大数据与区块链实验室"，旨在研究区块链与大数据的底层基础技术；2018 年 8 月，太一云与国研智库共同成立"国研太一区块链研究中心"，旨在为国家提供区块链前沿科技研究，辅助政府决策，制定国家区块链标准。

在国际方面，太一云在迪拜、新西兰均成立了分公司，帮助迪拜打造智慧城市及帮助新西兰进行区块链产业建设，与阿斯塔纳市政府、阿斯塔纳国际金融中心签署了三方合作备忘录，并与泰国 SCG 集团建立战略合作关系。

当下，太一云已在国内重点城市——北京、深圳、广州、香港等地设立多家控股区块链科技公司。未来，太一云将在全世界范围内全方位多领域推动项目落地工作及区块链技术发展，并不断落实全球战略布局的发展规划。

8.2 项目概述

8.2.1 项目背景

近年来，随着物资生产丰富和人民生活水平的提高，人民越来越重视食品安全，而且关于食品安全的讨论，已成为全国两会的重要议题。网络食品安全生产和经营成为重点管控对象，相关政策法规陆续出台，进一步加强网络食品安全违法行为查处、落实监管措施的讨论受到关注。

赣南脐橙是大自然的极品恩赐、苏区人民的勤劳果实，年产108万吨，然而市面上销售的"赣南脐橙"却已达千万吨。果农使用违禁投入品（如高毒农药、甜蜜素等）、早采、染色、假冒等现象频出，影响了赣南脐橙作为优质好橙的市场声誉；消费者不知道到哪才能买到正宗的赣南脐橙；脐橙不被消费者认可，优质不优价，难以自证所卖脐橙为优质赣南脐橙等多方面的问题阻碍着赣南脐橙产业的长远发展。

为此，以脐橙为试点打造食品交易防伪追溯平台，建立特色产品追溯数据中心，既能提升企业品牌，树立企业形象，为当地政府、企业及农民创造经济效益，实现习近平总书记告别贫困的目标；同时，又能建立防伪机制，保障食品安全，维护消费者利益。

8.2.2 项目建设必要性

1. 品牌保护问题

赣南脐橙已被列为"全国十一大优势农产品"之一，荣获"中华名果"等称号。赣南脐橙作为江西省唯一产品，入围商务部、质检总局中欧地理标志协定谈判的地理标志产品清单。2017年，赣南脐橙列入中欧"100＋100"互认保护名单。赣南脐橙因其大而无核、色泽鲜艳、肉质脆嫩、甜酸适中、营养丰富而被喻为"橙中佳品""维C之王"，亦被农业部授予"优质农产品""优质果品"等称号，品牌价值已达664.11亿元，在市场上享有盛誉，并远销海外。

而正因为声名远扬，年产量仅108万吨左右的赣南脐橙市场需求远远大于供应量，山寨版"赣南脐橙"也就诞生了，在巨大的经济利益面前，不法商贩以次充好、张冠李戴，普通消费者没有鉴别的能力，购买和食用了假冒的赣南脐橙，体验感不好，对该品牌是极大的伤害，如果放任不管，久而久之，赣南脐橙这一品牌将失去它的价值。

2. 农民权益问题

赣南脐橙在本地的售卖价格约为每斤 3～4 元，运输到北京等地区，价格可达到每斤 10 元左右，而假冒的橙子价格则在每斤 1～2 元，价格的落差使种真正赣南脐橙的农民权益无法得到保证，好的东西卖不出好的价钱，劣币驱除良币，伤害的是整个市场。农民为了保证自身利益，只能降低投入、节约成本，随之而来的是品质的下降，造成恶性循环。

3. 食品安全问题

有一些不法商贩鱼目混珠，在橙子上染色打蜡，光鲜的外表下，包裹着的是对消费者身体的伤害。海大医院中医科专家郑良玉说，脐橙属于"芸香科"植物，橙子皮在中医里被称为"橘红"，维生素 C 含量较高，泡水喝有化痰止咳的作用。郑良玉说，染色、打蜡过的脐橙，果皮上有染色剂和蜡，食用染色剂对人的身体不利，蜡分可溶和不可溶两类，如果误食，对人的身体也不好。有的橙子还使用了催熟剂，这种化学物质可能导致内分泌失调。

4. 消费需求升级

随着全球经济的发展和人类生活水平的提高，消费者对食品安全也提出了越来越高的要求，消费观念不断升级，追逐"安全、优质、健康"的食品，成为当代食品消费的主流。

8.3　链橙追溯防伪系统项目建设情况

8.3.1　区块链技术介绍

近年来，区块链技术爆发式的增长态势，引起了世界各国政府部门、金融机构、科技企业和资本市场的广泛关注，一些学者认为它将是继大型机、个人电脑、互联网、移动互联网之后计算范式的第五次颠覆式创新。

区块链带来的不仅仅是技术上的革新，更是思想上的一次革命，带来了分布式自治的制度管理，将改变未来企业和商业的组织形式，进而带来全社会生产关系的变革。

区块链并不是一个全新的技术，而是结合了多种现有技术进行的组合式创新，是一种新形式的分布式加密存储系统。区块链本质上是一种健壮和安全的分布式状态机，典型的技术构成包括共识算法、P2P（peer-to-peer，对等式网络，又称点对点技术）通信、密码学、数据库技术和虚拟机。这也构成了区块链必不可少的 5 项核心能力。

（1）存储数据——源自数据库技术和硬件存储计算能力的发展，随着时间的累积，区块链的大小也在持续上升，成熟的硬件存储计算能力，使得多主体间同时大量存储相同数据成为可能。

（2）共有数据——源自共识算法，参与区块链的各个主体通过约定的决策机制自动达成共识，共享同一份可信的数据账本。

（3）分布式——源自 P2P 通信技术，实现各主体间点对点的信息传输。

（4）防篡改与保护隐私——源自密码学运用，通过公钥私钥、哈希算法等密码学工具，确保各主体身份和共有信息的安全。

（5）数字化合约——源自虚拟机技术，将生成的跨主体的数字化智能合约写入区块链系统，通过预设的触发条件，驱动数字合约的执行。

8.3.2 基于区块链技术的赣南脐橙供应链管理系统概述

区块链具有去中心化、去信任、信息公开透明、难篡改和可追踪等特点。利用区块链公开透明的特点，可以使整个供应链条各环节形成一个完整公开的信息流，确保参与各方及时发现供应链系统运行过程中存在的问题；利用区块链难篡改和交易可追溯的特质，可以在出现问题时实现举证与追责；利用难篡改和时间戳的特点，可以进行产品的防伪与验真。

建立基于区块链技术的赣南脐橙供应链（以下简称"链橙"）管理系统，有利于提高供应链管理的效率，降低管理成本，减少假冒伪劣的出现，促进体系良性发展。

8.3.3 链橙系统架构

1. 整体架构

如图 8 - 1 所示，以区块链技术为基础，构建分布式的赣南脐橙防伪追溯系统，整个系统架构包括运行环境层、网络层、基础服务层、接口层以及应用层 5 层结构，提供身份服务、区块链服务、管理服务和安全服务等基本功能模块，并提供图形界面交互形式，支持 Web 网页、App 应用等。同时，这一系统对平台 OS（Operation System）底层进行了优化改进，另外，给出了超导网络的概念和技术实现，提高系统吞吐量。

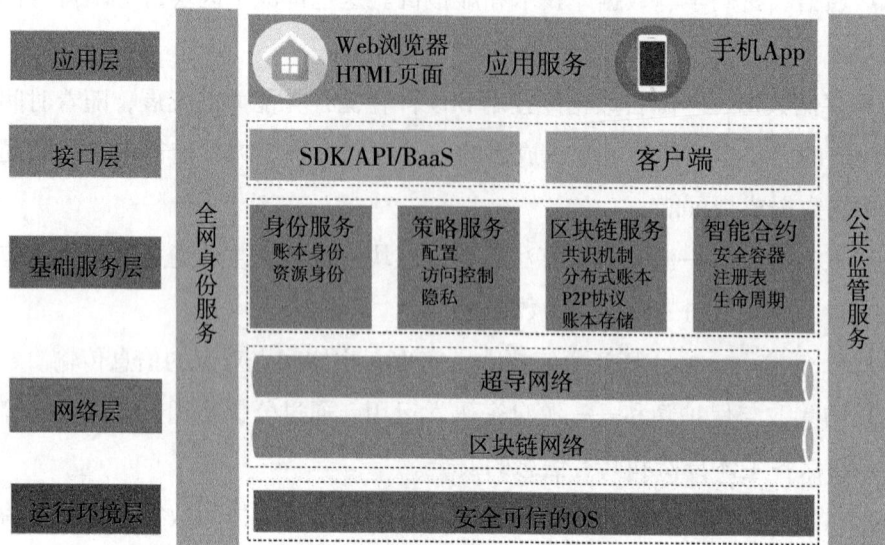

图 8 - 1　链橙追溯防伪系统架构

2. 区块链底层架构

链橙系统底层区块链生态架构分为三层，即基础设施层、应用层和孵化层。

（1）基础设施层

基础设施层是以高性能可信区块链公链和分布式数据库集群为核心的区块链技术方案提供层，金融服务基础和系统运维服务也同样部署于此层面。高性能可信区块链可提供基本的确权、追溯、权利交易等基本功能；高性能数据库集群可提供可靠存储、快速定位、精准查找、便捷管理等服务；金融服务提供专业高效的资产认证渠道、对整个系统资产进行风险控制；专业便捷的人工智能服务提供专属 Micro-data AI（微数据）及 Big Data（大数据）服务，使上层系统智能化；运维服务在确保社区成员身份及访问权限控制的同时，也为整个软件系统提供平稳运营环境。

（2）应用层

应用层直接包含基础层区块链技术和数据库集群的应用接口，可以方便快捷地调用各种功能的接口，打造属于自己的独特区块链应用级服务。

分布式搜索是基于数据库集群的查找入口，用最专业的数据库技术为大众提供最简便的服务，例如海量关键词模糊匹配查询急速反馈等。

分布式交易，高性能分布式交易网络提供高达 10 万 TPS（Transaction Per Second，每秒处理的消息数）的无损交易吞吐，确保交易安全快速进行。

（3）孵化层

平台拥有成熟的技术架构，能够对行业项目落地提供专业的产品化服务，面向市场，帮助优秀项目加速产值转换。

8.3.4 链橙网络架构

在脐橙供应链各个企业节点上部署区块链节点服务器，作为链橙系统联盟链上的记账节点，同时部署用于实现业务功能的接口服务器和业务服务器，用户可加入系统进行信息查询和积分兑换。

如图 8-2 所示，在接入系统的节点部署区块链节点服务器（产地、加工、物流、仓储、监管等），通过 P2P 相互连接构成区块链网络。前置接口服务器位于区块链节点服务器群与业务服务器之间，为业务服务器提供封装后的数据与管理接口，同时，对区块链服务器群来说起到隔离与调度的作用。业务服务器是运行应用业务系统的设备，部署相应的业务系统。用户端除了部署与业务系统对应的客户端（Client）或通用浏览器以外，也可以授权访问区块链节点服务器群中的原始格式数据。

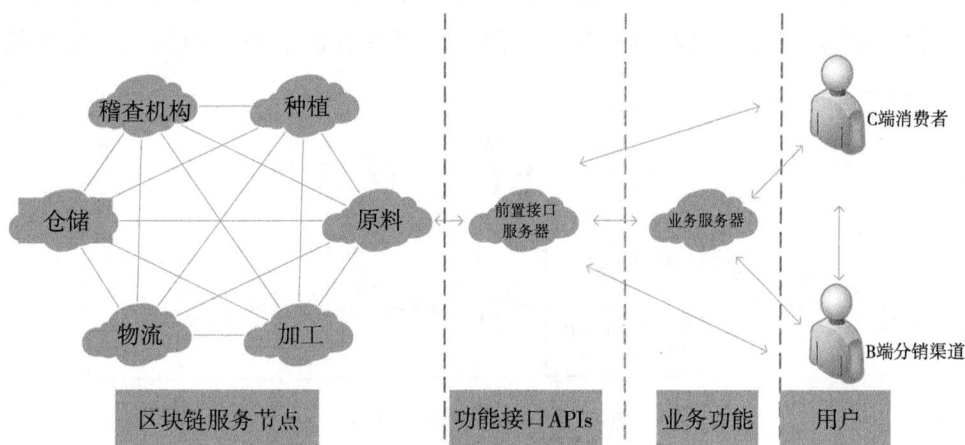

图 8-2　链橙追溯防伪系统网络拓扑架构

在具体部署时，区块链系统可以部署于单台服务器上，以单台服务器作为区块链网络中的一个节点加入，也可部署于多台服务器上，以服务器集群为单位作为区块链网络中的一个节点加入。后者可以提升节点的稳定性和吞吐量，更适用于那些对节点可用性有较高要求的共识机制。

8.3.5 链橙业务模型

如图 8-3 所示，商家及消费者通过扫描橙子二维码即可快速查询到链橙的所有信息，链橙项目以"一橙一码"的方式，帮助城市居民吃到正宗、美味的赣南脐橙。链橙系统提供了从田间到餐桌的全程可追溯查询系统，确保了消费者所购脐橙为正宗赣南脐橙。

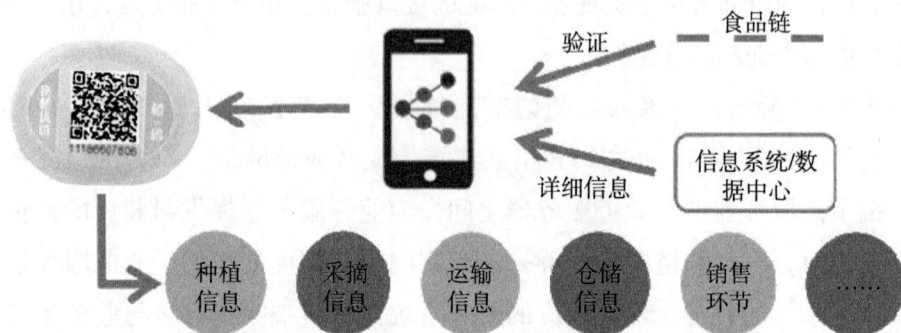

图 8-3　基于"二维码＋区块链"的防伪追溯解决方案

每个脐橙上面的二维码均可以多次扫描，但是只能领取一次积分，积分被领取后，后续扫码人员将无法获得积分，但同样可以查看链上的追溯信息，其流程如图 8-4 所示。

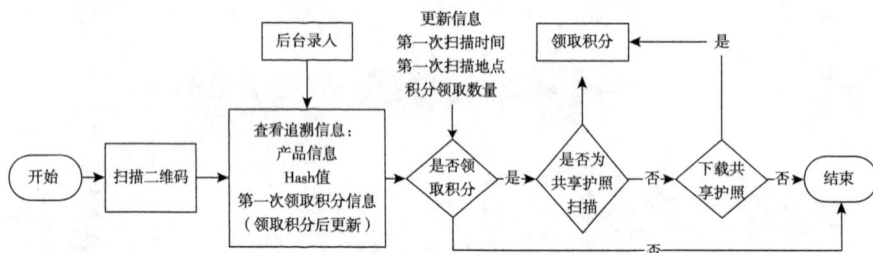

图 8-4　扫码获取积分流程

8.3.6 链橙系统功能

如图 8-5 所示，链橙系统面向消费者、监管机构以及赣南脐橙供应链节点企业，提供不同的功能系统。

1. 供应链追溯系统

供赣南脐橙供应链各节点企业实时监控产品在供应链节点的流转情况，同时实现用户积分发行、管理等功能。

2. 稽查系统

提供企业信息及产品供应链节点信息查询服务，必要时可开放对外接口，供政府监管部门监察。

3. 用户端

注册 App，用户购买商品获得对应积分，还可以转发积分，进行积分换购等操作，同时能够查询购买商品的供应链信息。

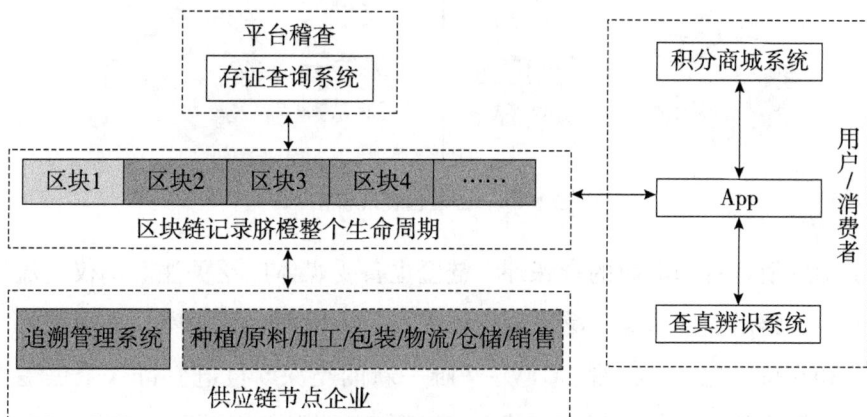

图 8-5 链橙追溯防伪系统业务功能结构

8.3.7 链橙实施运营

每个链橙均来自江西赣南脐橙核心产区——信丰县的人工生态化果园。果园没有工业污染，特别是该地土壤含多种微量稀土元素，稀土在果实色素的形成，提高糖分、维生素 C 和香气的含量，提高脆爽度和耐储藏性等方面，起到了其他矿物质营养元素不能代替的作用。每个链橙均果大形正、橙红鲜艳、光洁美观、肉质脆嫩、浓甜芳香，果汁含量为 55% 以上。

为保障链橙项目顺利实施，特在赣州成立赣州部分运营团队，负责赣南脐橙从采摘至包装运输全程管控，保证上链数据的真实性。

链橙包装采用荷兰纯进口白卡材质，对运输途中的链橙起到最佳保护，不至于使链橙被压伤、蹭伤，包装个性多样且高颜值。链橙包装设计有 4 种规格，分别为 8 个装、12 个装、5kg 装和 10kg 装，如图 8-6 所示。

2017 年 11 月 20 日 10 时，第一批链橙在"中粮我买网"顺利完成预售活动，5 万斤拥有自己"身份证"的"链橙"在平台甫一上市，半小时即被秒杀一空。而后，链橙先后与京东、淘宝、趣店等线上电商建立合作，销售链橙。

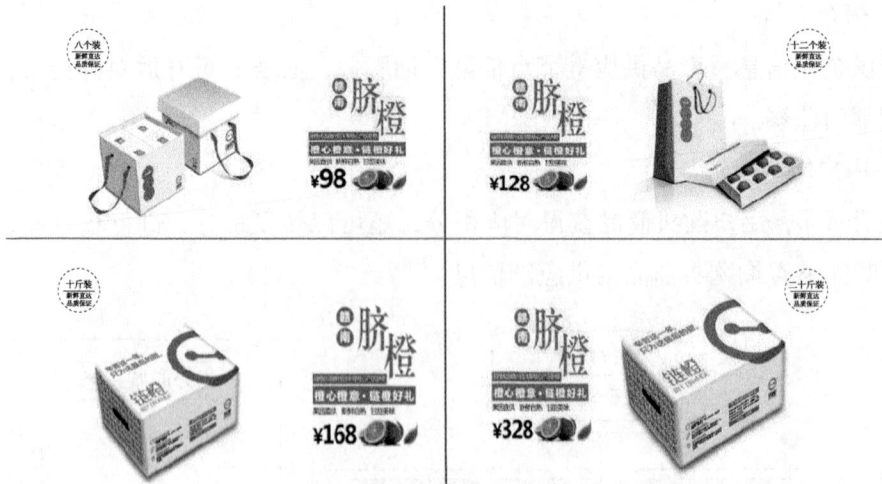

图 8 - 6　链橙包装及价格

除了受到消费者和电商的青睐外，链橙也备受媒体广泛关注。不仅主流社交媒体，如网易、腾讯、搜狐等广泛报道；还受到了人民网、新华网、央视网等权威媒体的关注和支持，尤其是央视 CCTV - 7 唯一新闻类深度报道栏目《聚焦三农》也播出了针对链橙的"保护名果有多难"的相关新闻报道，如图 8 - 7 所示。

图 8 - 7　链橙项目获得广泛关注

8.4 技术的创新性和先进性

8.4.1 传统追溯行业痛点

1. 中心化存储模式

传统追溯系统使用的是中心化存储模式，在这种模式下，谁作为中心维护这个账本变成了问题的关键。无论是源头企业保存，还是渠道商保存，由于其自身都是流转链条上的利益相关方，当账本信息对自身不利时，这类企业很可能选择篡改账本或者谎称账本信息由于技术原因丢失，使得追溯流程失效。

2. 信息孤岛

现在追溯领域中，市场的各个参与者自我维护一份账本，这样的账本俗称"台账"，电子化后又被冠上"进销存系统"的名字。不论是实体台账还是电子化的进销存系统，拥有者只记录与自己相关的数据，无法获取外部信息，系统上形成一个个信息孤岛。

3. 恶性窜货

传统商品生产流转过程几乎处于封闭状态，由于信息的流通性低，恶性窜货行为时常发生，影响了市场的良性发展格局。

8.4.2 区块链追溯逻辑

区块链追溯是结合区块链、防伪等多种技术实现的综合性系统解决方案，区块链利用时间戳、共识机制等技术手段，实现了数据的不可篡改以及可完整追溯等特性，这不仅可以高效解决中心化数据存储问题，同时也为跨机构追溯体系的建立提供了技术支持，打破了信息孤岛，防止了恶性窜货导致的商业竞争问题。区块链技术并非独立于产业而存在，它是基于产业痛点，通过技术解决方案的形式来实现产业升级。通过共识机制，将生产端和消费者共同纳入产品审核监管体系之中，共同为产品追溯的共识提供力量。消费者和品牌商不再是传统的买卖关系，而是合作共赢的伙伴关系。传统追溯与区块链追溯架构对比如图8-8所示。

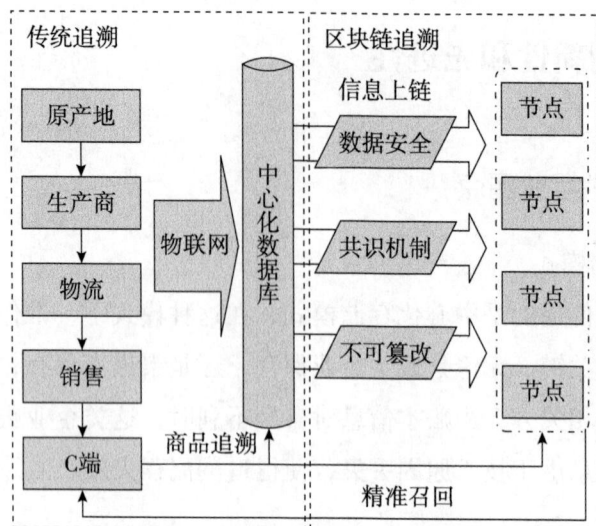

图 8 – 8　传统追溯与区块链追溯架构对比

8.4.3　链橙防伪追溯系统的区块链技术

链橙防伪追溯系统采用自主研发和创新的超导网络、共识机制 PoSS、多链交易、智能合约等多项区块链专利技术，有效地解决了海量数据并发、交易堵塞、冗余存储等问题。同时，基于通证经济思想，设计系统流通通证，在方便企业与消费者查真追溯的同时，也能够提高链橙供应链节点企业的数据开放性和透明性，提升企业社会公信力，使链橙系统更易实现供应链金融服务。

1. 超导网络

超导网络是基于多元资产区块链无损流通技术 CFOS 开发的，是在区块链之外的一个新的数字资产转账网络，依赖于局部节点共识算法的明细账账本与依赖于全局节点共识算法的总账账本，在智能合约的基础上任意切换，同时在区块链上记录交易结果，确保信息存储或者资产清算的不可篡改和可验证性，超导网络还可利用智能合约建立多个节点之间的资产转账网络，主要用以解决多种数字资产完全无损地流转交易，区块链上交易的吞吐量有限，以及区块大小有限制并且区块链臃肿等问题，使得高频海量的交易能够通过区块链之外的网络得到有效处理。

2. 共识机制

链橙系统采用了自主研发的静态权益证明（Proof of Static Stake，PoSS）的共识机制，使得经过实名认证的联盟成员能够具备相对静态的权益，并参与投票和管理，让所有联盟成员以及相关联的节点设备对联盟内部公开透明，而联盟委员会则对联盟成员和节点设备的选择具有控制权，也可选择不具有控制权，让任何人都可以参与"虚拟挖矿"。

PoSS 在共识的过程中引入合理的利息生成和分发的新机制，还引入了 StakeA 占比应等于打包数量占比等机制，可以进一步解决 PoSS 机制遗留的问题。

3. 多链交互

链橙系统是一个集身份链、数据链、交易链、资产链等多链为一体的食品防伪追溯交易平台。多链交互技术可以实现链与链之间的互相关联，共同向用户提供可信安全、快捷高效的服务。

4. 智能合约

智能合约使得合约处理过程自动化，由于不需要任何第三方托管机构介入，从而提高了合约执行效率，节省费用；任何相关方或合约的一方，在合约条款失效前都无法控制或更改资产，保证了合约的可靠性及安全性，使合约方几乎可以做到零纠纷。平台智能合约是基于二代区块链平台正在研发的内置模块，实现了自动化资产的转移。其原理是根据事先制定的协议，在某一事件触发时能够自动地执行合约条款。

5. 通证经济思想

通过对赣南脐橙及产地、企业的上链确权，可以建立公开可信、不可篡改的企业数据信息，这打破了传统信息系统下的企业数据易篡改、不可信的现状，以平台上的通证为流通媒介，为广大中小微企业获得融资提供了便利的途径。平台节点企业获得整个平台体系的信用背书，将提升企业公信力，更容易获得区块链行业投资者的认可。

8.5 项目总结与展望

8.5.1 项目实施总结

1. 信息化程度低

赣南脐橙的种植、采摘、清洗以及包装等环节，信息基础设施薄弱，管理较为粗放，现阶段很难实现全过程数据采集和信息上链。

2. 实施成本高

链橙系统要采集从生产、加工、仓储、物流等全过程的数据，必然要投入大量的智能设备，对于农产品这类商品来说，其附加值较低，客单价较低，很难承受如此高投入的成本。

3. 上链信息的真实性

区块链信息不可篡改，是指上链的信息，但上链前的信息从技术角度来看很难保证其真实性。需要靠惩罚和追责的机制来制约信息填报者，使其在填写信息时足够重视，不敢随意填写。

8.5.2 实施效果

1. 系统升级——搭建具有赣州地方特色的食品交易防伪追溯平台

链橙以赣州当地企业情况为基础，以地方特色产品——赣南脐橙为试点，以区块链技术为基础架构，通过升级赣州市果业局现有的脐橙追溯信息系统，搭建具有赣州地方特色的食品交易防伪追溯平台。将赣南脐橙生产、加工、包装、运输、销售和消费等各个环节的数据上链，为个人和企业用户提供查询验证、资讯发布、积分管理以及权限管理等功能，实现链橙全过程的安全追溯。通过区块链的技术手段，未来可对种植大户、果园、果树等进行精准确权，更方便对"树权""果权"进行资产数字化，捍卫"赣南脐橙"品牌，提高附加值。

2. 产业带动——促进地方知名、特色产品的健康可持续发展

联合中华思源工程扶贫基金会大数据公益基金，将本系统无偿捐赠给赣州市果业局，借助信息化系统有效帮扶当地贫困果农。

链橙项目以赣州地方实际需求为导向，在追求科学性和合理性的基础上，统一规划，创新管理，确保具有实用性和可操作性。以建立赣南脐橙信息防伪、公开透明、可追溯的方式，持续提升"赣南脐橙"特色产品品牌，进一步提升产品的影响力，促进地方知名、特色产品的健康可持续发展。

3. 市场规范——打造极具优势的开放型食品供应链平台

在链橙从田间到餐桌过程的各个节点，建立起价格形成合理、利润分配公平的完整销售链条，将有助于迭代生产管理过程中各自为政的家庭式生产模式，对建立健全市场营销体系，开拓市场深度，形成稳定的营销渠道，方便建立直销、配送等快速、便捷的现代营销模式起到了市场规范的作用。

8.5.3 未来展望

过去未去，未来已来。链橙作为第一个区块链技术实施落地的农产品追溯项目，获得了业界的广泛认可，2018年被认为是区块链技术应用落地的元年，链橙项

目的成功实施为区块链行业带来了有益的示范。

从几年前的"互联网＋农业"到今天的"区块链＋农业"，技术的革新给我们带来了更多的机遇和挑战。追溯是区块链行业最先落地的一批应用场景之一，传统追溯行业已经有十多年的历史，存在着数据存储中心化、数据造假、数据不透明等诸多问题，又因行业本身极度分散化使得追溯难度极高。区块链技术的出现为追溯行业带来新的希望和变革，其数据的不可篡改、可追溯的特性与追溯行业极其契合，利用区块链技术，我们将建立起一套数字可信体系，从而实现真正意义上的追溯。

未来，我们将以链橙项目为起点，构建起中国食品链平台，利用区块链网络，安全、透明地链接跨地域的各地特色农产品资源，如新疆的香梨、宁夏的枸杞等农产品，逐步形成农产品交易中心，建立一个面向全球的安全可信、可追溯的食品生产和流通体系，推动中国食品行业的品质转型升级。

9 贵州茅台酒股份有限公司基于射频识别技术瓶装酒防伪和追溯体系的深层应用

9.1 公司简介

贵州茅台酒股份有限公司（以下简称"贵州茅台"）是由中国贵州茅台酒厂有限责任公司、贵州茅台酒厂技术开发公司、贵州省轻纺集体工业联社、深圳清华大学研究院、中国食品发酵工业研究所、北京糖业烟酒公司、江苏省糖烟酒总公司、上海捷强烟草糖酒（集团）有限公司八家公司共同发起，并经过贵州省人民政府黔府函字（1999）291号文件批准设立的股份有限公司，注册资本为1.85亿元。

目前，贵州茅台酒年生产量达四万吨；茅台酒拓展了茅台酒家族低度酒的发展空间；茅台王子酒、茅台迎宾酒满足了中低档消费者的需求；15年、30年、50年、80年陈年茅台酒填补了我国极品酒、年份酒、陈年老窖的空白。贵州茅台在国内独创年代梯级式的产品开发模式，形成了低度、高中低档、极品三大系列200多个规格品种，贵州茅台全方位跻身市场，占据了白酒市场制高点，称雄于中国极品酒市场。

贵州茅台主导产品——贵州茅台酒是中国一张飘香世界的名片，是中国民族工商业率先走向世界的代表。1915年贵州茅台酒荣获美国巴拿马万国博览会金奖，与法国科涅克白兰地、英国苏格兰威士忌并称"世界三大（蒸馏）名酒"，是我国大曲酱香型白酒的鼻祖和典型代表。一个世纪以来，贵州茅台酒已先后18次荣获各种国际金奖，并蝉联历次国内名白酒评比之冠，是白酒行业内唯一集绿色食品、有机食品、国家地理标志保护产品、国家非物质文化遗产等称号于一身的健康食品，被公认为中国"国酒"。

贵州茅台属中国500强企业，贵州茅台多次入选《财富》杂志最受赞赏的中国公司，连续七年入选全球上市公司《福布斯》排行榜，多次入选"CCTV最有价值上市公司"。贵州茅台以高达1015.86亿元的品牌价值，荣获第六届华樽杯大奖，在中国酒企中率先突破千亿元品牌价值大关。

9.2　项目概述

为达成公司基于射频识别技术瓶装酒防伪和追溯战略的规划和实现，贵州茅台先后完成了 RFID 芯片选型、生产管理系统、仓储系统，建设了防伪追溯数据中心，研制了应用终端，开发支持带 NFC（Near Field Communication，近距离无线通信技术）功能的移动手机 App 查验客户端、开展生产示范应用推广等工作。

1. RFID 芯片选型

为满足生产和用户查询需求，基于射频识别技术瓶装酒防伪和追溯项目的芯片选取采用双频方案，用以满足不同的实际需要。高频频段满足 NFC 手机的识别要求，可广泛应用于用户防伪查询。超高频则支持远距离批量扫描，可用于仓储物流管理，提高效率。

2. 生产管理系统研发与应用

生产管理系统建设共计完成 5 条生产线的建设。每条生产线上共建设了 3 个数据采集点以及 1 个 RFID 箱瓶绑定点。

3. 仓储管理系统建设

仓储管理系统建设主要包括厂区出入库系统建设以及中转库系统建设，共计完成 6 个厂区出入库自动识别通道的铺设以及 8 个异地中转库传输线的铺设。

4. 后台数据中心建设

后台数据中心是整个基于射频识别技术瓶装酒防伪和追溯体系的核心，公司先后进行了数据中心体系架构的搭建，并针对生产、仓储、物流、销售等各个环节数据的录入及处理。

5. 终端设计及生产

针对不同的需求，公司共开发设计两款终端，分别为 RFID 防伪追溯查询终端以及 RFID 手持终端，先后完成功能设计、外观定型、软件开发、组装测试，共计完成 1094 台查询终端的设计生产工作。

6. 终端铺设

共计完成了 1094 家茅台专卖店的铺设部署任务。

7. 开发支持带 NFC 功能的移动手机 App 查验客户端

支持带 NFC 功能的移动手机 App 查验客户端可以在线对酒瓶盖的芯片进行验证，形成大众防伪格局，增强消费者的购买信心。

8. 系统完善

从试生产至今，对每个系统查找不足或未达标之处，及时进行更正和修改。在 RFID 产线开始生产后，安排专职人员跟线，不断完善系统。

9.3 基于射频识别技术瓶装酒防伪和追溯项目数据中心建设情况

9.3.1 系统总体架构

采用物联网技术和数据服务总线技术的数据中心架构，即系统总体架构如图 9-1 所示。

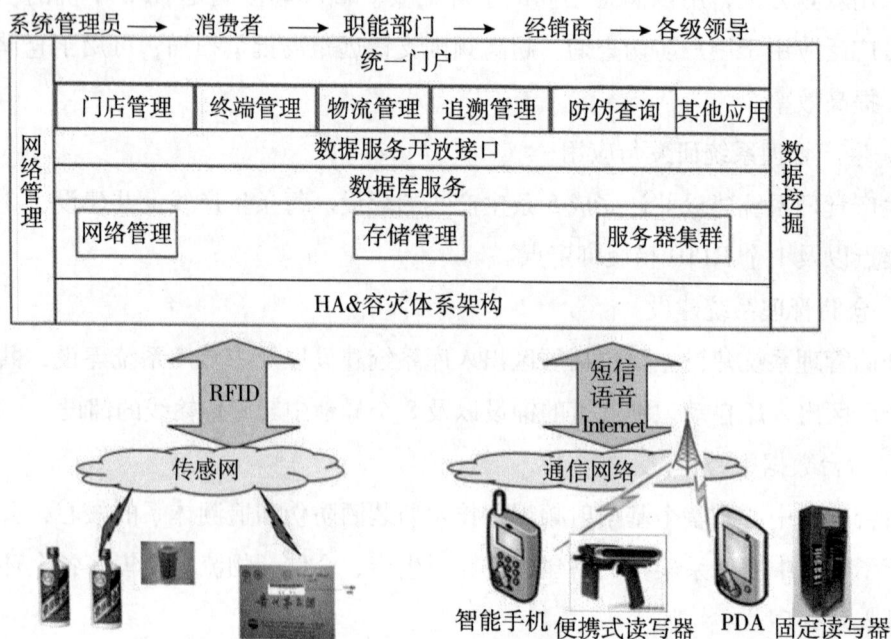

图 9-1 系统总体架构

9.3.2 数据中心体系模型

1. 应用终端

用户可以灵活采用多种服务终端对茅台酒瓶标、箱标进行扫描信息和验证处理，扫描数据通过无线传感网、数据通信网上传到数据中心。

- 采集数据的用户终端包括固定读写器、便携式读写器、智能手机三种。

- 分别扫描茅台酒的瓶标和箱标。

- 传输网络可以是无线网或者互联网、移动网。

2. 数据中心

作为整体系统的基础，基于成熟的电信行业海量数据信息处理的经验，建设高可靠性、高性能、高扩展性的数据中心平台。

- 容灾体系：数据中心从设计环节开始就充分考虑容灾，建立同城异地容灾系统，保障系统的正常运行和支撑。

- 基础平台：包括网络、数据库、服务器集群等多个部分。

- 数据服务总线：提供统一、开放的服务接口，支撑多种应用服务系统，解决信息孤岛问题，快速拓展新的应用。

- 服务支撑部分：支持防伪查询、追溯查询、生产过程、库存过程、流通过程、销售过程。

平台的主要功能包括以下几点。

- 统一开放接口功能：结合茅台酒生产、流通、销售的全流程所有环节，针对每个环节的应用系统都能够提供数据接口，完成数据的共享、交互，也能够为应用系统提供业务支撑，作为所有应用系统的数据库。

- 数据存储和支撑服务功能：为整个茅台信息中心提供统一的数据规范和标准，让茅台全部软件平台中所有数据格式都能够互相识别，不仅解决了多系统难维护的问题，而且能够让各系统互相协作，提升每个系统的应用价值。统一的数据中心平台数据库能够做到数据一致，为后续的领导决策提供准确的参考依据。

- 系统稳定性和高效性：为系统提供稳定、可靠、高效的运行支撑。

3. 网络管理和统一门户

对于数据中心平台的建立，提供统一访问门户，提升平台可用性和便捷性，另外，还须提供网管功能。

- 统一门户：针对网络服务人员、消费者、管理人员等，都使用一个地址。

- 网管功能：数据中心平台对于网络、数据的关键应用提供告警服务和提醒服务，平台网管系统能够直接配置和维护，而且可以在对应的应用系统每次交互访问中产生对应的记录保存，以便于分析。

9.3.3 数据中心平台整体服务

- 数据存储：10 ~ 15 年的数据存储能力和访问效率。

● 应用服务支撑：为包括追溯、防伪基础服务及未来扩展的新应用及增值服务提供后台服务支撑。

● 数据开放及交换：实现各个系统之间的同步，为各个系统提供数据交换服务，并为上层应用服务提供统一开放的数据服务接口。

● 数据挖掘及分析：对数据中心存储的海量数据进行充分地挖掘、统计及分析，为各级领导的管理决策提供支撑。

● 统一服务门户：为各级领导、业务部门、管理部门、经销商及消费者提供统一的接入服务。

9.3.4 数据中心组成结构

数据中心组成结构如图9－2所示。

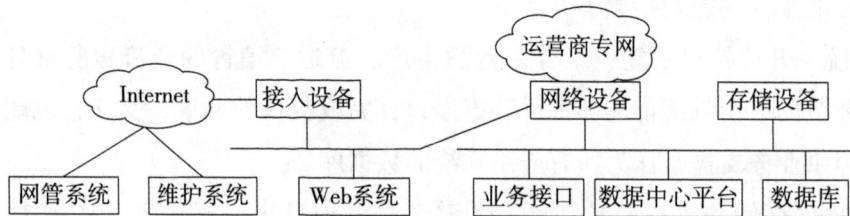

图9－2 数据中心组成结构

● 数据中心平台：作为数据中心的应用服务器，运行和管理数据中心。

● 数据库：数据软件平台，存储和管理上传的数据。

● 存储设备：为数据存储提供足够的空间。

● 网络设备：包括路由器、防火墙、WAF（Web Application Firewall，即Web应用防护系统，又称网站应用级入侵防御系统。）、交换机、负载均衡，保障整体网络链路的畅通和数据的安全传输。

● 业务接口：运行开放的加密接口协议，实现茅台已有的应用系统之间的对接。

● 网管系统：运行网管软件，管理整个数据中心平台。

● 维护系统：运行维护软件，维护网络的节点和设备，负责系统的告警。

● Web系统：为数据中心整个系统提供Web门户服务。

9.4 项目实施效果

9.4.1 技术成果

主要研究基于 RFID 技术的酒类防伪共性关键技术和标准规范，设计开发基于 RFID 技术的酒类防伪和追溯系统，并进行示范应用。研究实施间完成的具体研究内容和获得的主要成果包括以下几点。

1. 基于 RFID 技术的酒类防伪追溯共性关键技术和标准规范研究

本部分工作主要研究了基于 RFID 技术的酒类防伪追溯共性关键技术和标准规范。以设计开发酒类行业防伪和追溯 RFID 系统为核心，通过研究 RFID 技术在酒类防伪和追溯管理中的应用，完成 RFID 在酒类防伪和追溯管理中数据标识和低成本选型、RFID 在酒瓶盖加载、RFID 自动数据采集、RFID 加密认证、RFID 终端查询等关键技术研究。以 RFID 技术在酒类流通领域的防伪和追溯应用为核心，提出《基于射频识别的瓶装酒追溯与防伪标签技术要求》《基于射频识别的瓶装酒追溯与防伪查询服务流程》《基于射频识别的瓶装酒追溯与防伪读写器技术要求》《基于射频识别的瓶装酒追溯与防伪应用数据编码》四项行业标准规范，由中华人民共和国商务部提出并归口。

2. 基于 RFID 技术的酒类防伪和追溯系统设计与研发

项目组设计研发了基于 RFID 技术的酒类防伪和追溯系统，实现了酒类产品在生产、流通、销售等各环节的全程防伪和追溯。系统以数据中心为核心，通过分布式系统设计解决酒类生产、仓储、流通及防伪等各环节的信息采集，解决如互斥、并发处理、数据传输、可靠性、负载均衡、海量数据管理等问题，可以实现完成灌装生产线自动贴标、厂区成品库批量出入库、异地中转库出入库、门店收货及销售、产品防伪和追溯等功能。

与国内外同类成果比较，研究成果在酒类防伪过程中各种 RFID 设备、适合高温高压和液体影响的 RFID 电子标签、电子标签和酒瓶盖结合集成技术、酒类防伪过程中 RFID 标签动态加密技术、电子标签自动数据采集技术、数据结构和优化算法等方面实现了技术突破。

3. 基于 RFID 技术的酒类防伪和追溯系统应用示范

根据"整体规划，分步实施"的建设原则，首先选择贵州茅台的飞天茅台酒作为试点，建立基于 RFID 技术的酒类防伪和追溯综合示范标准化车间，从酒的生产等整个流通全程推行贵州茅台酒防伪和追溯 RFID 系统综合示范，开展酒类防伪综合应用示范，选取 1094 家门店进行研究成果的集成应用。

9.4.2 经济效益

1. 提高贵州茅台酒销量

依据本研究成果，基于 RFID 技术的茅台酒胶帽具有不可复制、不可转移的特点，支持专卖店查询终端、手持终端、NFC 手机 App 等多款终端查验方式，极大地增强了消费者购买的信心与欲望，促进了贵州茅台酒的销售。

2. 大幅降低管理成本

依据本研究成果，团队为贵州茅台搭建整个酒类数据中心，整合集团公司原有的各个信息化系统，打通酒类全流程的信息桥梁，提高企业的信息化水平，实现数据共享、资源共享、信息互通，大幅度降低企业的管理成本，为企业打造集酒类展示、防伪追溯、销售交易、仓储物流、电子商务、信息发布、生产酿造、检测评价等功能于一体的综合信息服务平台，奠定了基础。

3. 为公司营销战略转型做好充分准备

依据本研究成果，可以推动公司营销战略由公务消费转向商务消费、个人消费、休闲消费，培养新的消费群体，回归市场理性。打造值得新消费群体信赖的带 RFID 功能的茅台酒，具有重要的市场意义。

4. 带动酒类产业品牌建设，发展酒类产业规模经济

本研究成果不仅为贵州茅台的酒类产品防伪做出了贡献，同时也为 RFID 技术在其他酒类产品的应用提供了参考价值。依据本研究成果，可以带动酒类行业的产业结构优化，开展品牌建设工程，带动一批高品质的酒类企业进行品牌建设，使得一些品牌好、信誉好、信息化程度高的酒类企业做大做强，实现优势互补和规模经济，引导企业开展特色品牌经营店，发展品牌直营店、特许经营店等。

5. 带动物联网、信息技术等行业的转型升级

本研究成果可以促进行业转型升级，开展先进技术工程，加大物联网、云计算等信息技术在酒类领域的应用力度，带动一批物联网产业相关的企业发展。以茅台酒股份公司为例，系统建成后每天的标签需求量在 15 万枚左右，每个月大概 450 万枚，年需求量大概为 5400 万枚，这对整个物联网产业而言将是极大的贡献，涉及芯片制造企业、标签封装企业、设备制造企业、系统集成企业、运营及服务提供

企业等，不仅如此，随着酒类防伪追溯的应用开展，围绕在物联网产业相关的边缘企业也开始受益，包括 ERP 系统软件开发商、数据加密提供商、通信服务商等，这些企业的共同参与将对整个物联网上下游企业以及外围的服务企业乃至整个行业产生极大的推动，形成较为完善的物联网产业链，可培育和发展 10 个产业聚集区，100 家以上骨干企业，一批"专、精、特、新"的中小企业，可建设一批覆盖面广、支撑力强的公共服务平台，形成门类齐全、布局合理、结构优化的物联网产业体系。

6. 加速完成贵州"十二五"规划目标

本研究成果为白酒类产品的防伪追溯做出了贡献，加速实现了贵州"十二五"期末白酒总产值达到 500 亿元、白酒产量达到 50 万吨、茅台酒年产量达到 4 万吨的愿景。

9.4.3 社会效益

本研究成果贯彻落实《国务院关于加强食品安全工作的决定》，促进食品工业建立质量安全可追溯体系，充分发挥"国酒茅台"品牌带动作用，扩大名优白酒在白酒总量中的比例，打造"贵州白酒"品牌基地和仁怀白酒工业园，提升"贵州白酒"品牌的综合实力和整体竞争力。

依据研究成果，能够为消费者、酒类生产企业、政府部门提供贵州茅台酒防伪和追溯服务，实现产品从生产到零售的全程追溯和监管，满足不同角色的工作要求。对于消费者而言，这一研究成果可以减少假冒伪劣商品对个人利益的侵害。对于社会而言，这一研究成果可以防止假冒伪劣商品对社会稳定产品的不利影响。对于酒类生产企业而言，这一研究成果可以优化管理，带动品牌战略等。对于政府部门而言，这一研究成果可以提高行业监管信息化程度和水平，保证市场的良性健康发展。

通过建设基于射频识别技术瓶装酒防伪和追溯体系，对食品安全方面，尤其是打击假冒伪劣商品，有着极大的作用。据了解，每年酒类行业的打假费用高达几十亿元，巨大的利益诱惑令不法分子铤而走险，真瓶装假酒等五花八门的制假手段令人真假难辨。在食品安全问题越发频繁的今天，打击假冒伪劣成为当务之急。而通过引入 RFID 及物联网等新技术，可解决当前的假冒伪劣问题，使消费者对酒类产品的信心极大地增强；同时，这也给其他行业在打击假冒伪劣产品问题方面提供了参考，全国每年受到假冒伪劣产品影响的市场达到几百亿元，而 RFID 在酒类行业的成功应用，可拓展到药品、肉食品等产品上，成为解决假冒问题的有力措施。

9.5 项目总结

截至目前，项目团队在成果单位已完成 5 条生产线改造，全国 1094 家茅台酒专卖店已经安装部署了酒类防伪和追溯 RFID 示范应用系统。

通过启动该成果，项目团队对整个包装生产、仓储、物流和终端销售等业务流程进行了梳理再造，以 RFID 作为载体，打通了各环节之间的数据流。通过对数据的深入挖掘与利用，显著提升了企业的经验管理水平，同时，提高了生产流通效率。通过 RFID 技术在各环节的应用和管控，有效提高了防伪能力和防窜货能力。通过研制各种类型的终端查验设备，有效地保护了企业的知识产权，维护了消费者的合法权益。

9.6 存在的问题及未来发展规划

9.6.1 项目存在的问题

基于射频识别技术瓶装酒防伪和追溯体系数据中心化，难以做到终极防篡改功能。

9.6.2 未来发展规划

在基于射频识别技术瓶装酒防伪和追溯体系数据中心引入成熟的区块链技术，有助于解决存储 RFID 数据的篡改问题，具体可以从以下几个方面入手。

1. 单码及其追溯环节的区块链存储及验证

产品唯一识别码 UID（芯片为出厂自带）及其追溯环节由芯片制造厂家、胶帽制造厂家、茅台股份公司共同采用区块链技术进行管理，对其进行生命周期管理，这样做不仅从根本上克制了核心系统或者单方系统的恶意操作，还杜绝了废弃芯片在流通过程中的再度利用。

2. 双码区块链存储及验证

产品唯一识别码 UID、全球唯一识别码 UII（在茅台写入，不提供给其他单位）由茅台内部私有区块链技术进行管理，并对 UID 及 UII 进行加密存储和验证，对其进行生命周期管理。这同样克制了核心系统或者单方系统的恶意操作，杜绝了废弃芯片的再度利用，而且是对前一个区块链的监督。

10 蒙阴蜜桃生产信息精准追溯关键技术应用与示范

10.1 项目背景

蒙阴县是全国蜜桃第一大县，被称为"中国蜜桃之都"和"中国桃乡"，蒙阴蜜桃是农业部地理标志产品，并已注册地理标志证明商标。通过多年科技推广和产业培育，当前全县已经建立示范基地 15 个，总面积 800 公顷，推广面积 10000 公顷，引进各类农业新技术 35 项、新品种 20 个；果园面积达到 66666.67 公顷，果品总产达 11 亿千克，销售收入达到 40 亿元，其中蜜桃面积 43333.33 公顷，产量 10.4 亿千克。2015 年，蒙阴蜜桃品牌价值为 259.02 亿元。申报单位成功注册蜜桃、红富士苹果、板栗、山楂等七项绿色食品证书。申报单位积极挖掘果品文化内涵，打造了"山蒙野毛"以及"沂蒙六姐妹"品牌并全方位宣传推广，树立"蒙阴蜜桃甲天下"的品牌宣传口号，面向国内外通过电商、海运、批发多种方式进行销售，消费者满意率达98% 以上。随着电商行业的快速发展，食品电商为省内的生鲜农产品提供了市场与流通途径，由于生化指标不稳定的果蔬产品受到当前国内工业化流通网络现状的制约，果蔬生产流通追溯支撑技术体系必将成为食品行业发展的关键。

1. "一带一路"倡议需要山东省农业适应国际经济格局新变化

顺应经济全球化和区域经济一体化纵深发展新趋势的重要经济和外交战略，是山东省构建全方位对外开放新格局、培育发展新优势的重大战略部署。山东省作为我国重要的经济大省、对外经贸大省、海洋经济大省，应抓住共建"一带一路"的重大机遇，积极融入"一带一路"建设，着力扩大与沿线国家之间的双向贸易、双向投资、次区域合作以及人文交流合作，以提升经济国际化水平、加快经济转型升级、推进经济强省建设。同样，农业也不再仅仅面对国内市场，而应当把市场瞄向国外，把品牌送至"一带一路"沿线国家，而安全则成为当前产品出口的瓶颈。

2. 电子商务新模式对产品质量安全提出要求

我国当前流通业态可分为两种：一种是传统商品批发零售，生产商、经销商都围绕着"场"这一关键要素进行投资经营；另一种是电子商务，是一种"货—流—人"

的现代新兴商业模式，这种模式的信息流、资金流都在线上完成，仓储、物流、配送则在线下完成。然而，这种新兴商业模式的果蔬产品质量安全问题，较传统商业模式面临着更大的挑战。消费者对电子商务的关注点，不再仅仅是产品质量，还有产品品质优劣，因而，对电子商务服务配套的相关技术创新与研究，迫在眉睫。

为保障生产、流通中果蔬产品质量安全，减少品质损耗，需要采用全产业链感控、全程追溯技术手段。一件商品送到用户手中，涉及生产、加工、储运、销售等多个环节，任何一个环节出现问题，都会影响产品质量安全。

近年来，欧美国家纷纷进行果蔬、水产品、肉类供应链全程追溯产品研制。日本、韩国等国家也已经开展了农产品流通一体化的质量体系研究与应用，通过准确可靠的品控技术与数据采集，安全实时的信息传输，实现准确可靠的种养、加工、流通、销售过程，从而保障农产品质量，以科技手段提高农产品品控物流全程监管。

3. 目标产品行业需求大

山东省以蒙阴蜜桃为特色的果蔬食品，在电商与现代流通业中存在着质量追溯技术水平低、装备科技含量低、环境控制能力差、检测手段少和缺乏有效的质量追溯研究等问题。项目产品的研究，对目前已有的产品进行生产流通全产业链追溯技术集成研究与示范应用，提高国产生鲜产品品质、降低成本，并加强标准化研究具有积极作用；为山东省内外果蔬生产流通质量安全提供了切实可行的技术手段，全面提高了农产品质量安全监控能力；有助于促进我国生鲜果蔬电商快速发展，降低商贸成本和流通风险，提高经济效益，促进流通方式转变，提升我国食品行业总体水平。

项目团队在果蔬传统商贸和电商产品质量追溯等方面，已开展了多年研究，取得了初步的研究成果；项目先具备了必要的基本技术条件，又突破了产品关键技术。通过项目所开展的研究与示范，可有效提升我国果蔬质量安全水平，带动生鲜产品安全生产上下游产业发展。

10.2　项目概述

10.2.1　项目核心

本项目以蒙阴特色地标产品蒙阴蜜桃为主要研究对象，针对蒙阴蜜桃生产追溯源头数据难采集、追溯数据不精准、链条复杂、难以实现数据自动匹配、追溯体系标准缺乏等问题，开展共性关键技术研发；以"精准传感动态监测—智能分析处理与决策—精细过程控制—智能信息源头追溯—精准化安全管理与服务"为研究思路，围绕传统商贸与电子商务新业态，根据蜜桃生产流通全程追溯关键因素与数据特征，研建了种植、采后预处理、储运、检验检测、销售各个环节的关键数据采集、整合、处理系统及模块；开发了追溯过程中多维异构数据的抽取、清洗技术，研建了各环节数据规范及关系处理系统及模块；围绕编码标识，开发了产品数据交换、信息关联、标码解析与分布式存储技术，研建了整合各环节模块的蜜桃生产精准追溯信息分析模块及设备、关联整合模块及设备；研建了蜜桃生产流通动态过程智能分析决策与控制模型，实现蜜桃精细过程控制和智能信息追溯。集成以上关键技术、模型与装备，实现数据自动匹配，项目研究团队制订了果蔬产品追溯业务元数据电子目录，研发面向蜜桃生产流通全程无缝化、全信息的果蔬全产业链条质量安全精准追溯云平台，搭建了蜜桃追溯精准数据便捷查询设备，形成了平台相关标准，实现了蜜桃生产流通全过程质量追溯精准实时传感监测与精细控制，构建了绿色、生态、精准的现代精准农业生产体系，提升了精准化程度，促进了以蒙阴蜜桃为特色的现代化产业结构调整，提高了果蔬管理效率和决策水平。

10.2.2　技术路线

本方案的技术路线如图 10 - 1 所示。

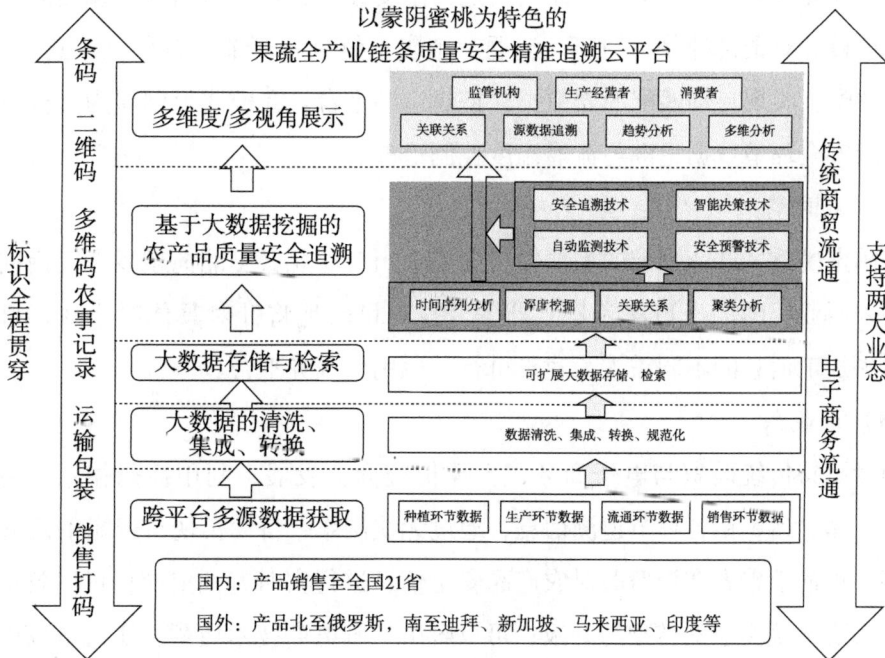

图 10 - 1　技术路线

以如图 10 - 2 所示的蒙阴蜜桃跨境出口流程为例，果蔬跨境销售包括采摘、预冷、包装、装柜、封柜出口、跨境运输等环节。本项目将贯穿该流程的各个环节。

蒙阴采摘	预冷	包装	装柜
迪拜销售	迪拜	山东蒙阴	封柜出口

图 10 - 2　蒙阴蜜桃跨境出口流程

10.2.3　创新点

1. 模式创新

（1）双追溯

生产种养源头质量安全与产品流通过程温度控制，是制约国内果蔬品质的主要瓶颈，项目针对蜜桃种养、加工、流通、销售全链条各环节关键数据采集与分析、抽取与清晰，实现自动匹配所需数据，搭建追溯平台，在模式上创新为蜜桃产业链实现生产安全环节数据追溯与流通温度控制追溯。

（2）双时空

蒙阴蜜桃整体产业当前的重要销售渠道为出口，尤其是北向俄罗斯，南向新加坡、马来西亚等国的出口需求量不断攀升，项目落地将针对具体时空对环境、温度、中央加工信息的不同需求，建设可行、适用的服务平台。

（3）双业态

项目支持传统商贸与电子商务，支撑传统商业发展，利用标码体系，将蜜桃产、加、储、运、销各环节追溯信息，通过无线网络，自动实现与智能手机 App 软件连接，可使消费者在消费时对农产品安全信息进行实时查询追溯；可以打造数字消费，实现传统商业的转型与升级；可以解决生鲜电商技术瓶颈，实现电商的流通消费信息追溯，让电商消费者直接对蜜桃各环点信息进行实时查询，增加了电商食品的安全透明度。

2. 技术集成创新

（1）标识贯穿

项目围绕编码标码串联整个产业链，整合条码、二维码、RFID 等相关节点技术，实现具有唯一标识的蜜桃产品，构建可落地的生产全程产业链追溯体系。

（2）独立模块，自动匹配

项目研究团队针对蜜桃生产流通链生产、加工、储运、销售等各关键环节研发数据采集模块，各模块有独立运行系统，根据实际需要选择使用；研建综合管理模块，对多维异构数据实现抽取、清洗。追溯体系一方面实现了兼容模式和监管模式的创新，另一方面解决了蜜桃产业中供应链各环节的信息精准感知难点、技术兼容难点和管理与运营难点问题。

3. 打造科技品牌带动产品品牌

该项目既形成了针对食品安全的物联网应用技术集成体系，也建设了国内外果蔬生产追溯模式创新体系，更实现了以食品安全国家战略为目标的产业推广体系。该项目是技术创新与模式创新的融合（自然科学和社会科学的融合），是 O2O 线上线下的融合，是一、二、三产业的融合。项目申报企业每年在出口的同时，也在线销售大量当地以蒙阴蜜桃为特色的果蔬产品，销售额约两亿元。项目的落地，一方面，有助于打造当地果蔬产品的科技品牌；另一方面，有利于打造质量安全国际品牌，积极响应我省打造食品安全"首善之区"的倡议。

10.3 建设内容

1. 生产流通全链条各环节信息感知、监测与传输

（1）生产加工环节信息感知系统

针对高效优质果蔬农业发展对环境和生产过程的要求，综合采用地理信息技术、标识技术、无线通信技术等，从区域产地环境评价、生产基地监测、生产履历信息采集与管理三方面构建生产加工监测系统。

第一，区域产地环境监测模块。产地环境是生产高效优质农产品的基础。采集与整理黄河三角洲地区的行政区划、土壤肥力、土壤重金属污染分布、水系分布等数据，形成农产品产地环境本地数据库，建立区域层面的产地环境评价模型，实现对区域产地环境的评价及特色农产品种养殖的合理区划。

第二，生产基地环境监测模块。项目研究团队以生产基地为单元，根据种养殖环境的不同特点，部署适合的环境传感器和视频模块，实时采集温度、湿度、光照、二氧化碳、产地视频等参数；集成预警模型，实现基于环境的辅助决策；在特色农产品的重点生产基地部署该系统，从产地层面实现环境监测。

第三，生产履历信息采集与管理模块。生产过程信息是生产高效优质农产品的保障。项目研究团队研制便携式农事信息采集系统，使实时采集和无线传输施肥、用药、灌溉等信息得以实现；在大型企业和合作社建立企业级的生产履历中心，结合产、供、销数据动态分析市场供求变化，为合理排产、制订生产计划服务，从而提高产品市场竞争力，增加企业效益。

在环境信息智能采集方面，项目研究团队研制了适用于果蔬种养在线监测的pH电化学传感器、温湿度、气体光学传感器；发明了多参数传感器集成、信息融合与校正方法；设计了智能变送系统及原位高频检测方法；发明了6参数复合传感器，提高了检测精度。如图10-3所示，项目研究团队建设了果品基地智慧果园物联网管控平台，对园区进行全方位监控，实现对果子、果树、果园、物流等动态、静态信息的追溯。同时，通过扫描微信二维码，可以实现对追溯果树土壤信息的监测及预警，如图10-4所示。

图10-3　果品基地智慧果园物联网管控平台示意

环境信息动态监测与自动调控技术方面，项目研究团队研发了集约无线测控成套设备；研制了多参数无线采集节点，创建了适用于我国种养特点的无线传感器网络自组织、低功耗技术体系；研发了信息无线采集、路由、汇聚、控制4类节点装

图 10 - 4　果品基地智慧果园物联网管控平台 App 对土壤的监测预警

置，构建了无线测控网络系统，攻克了无线传感网络在面对田地覆盖范围大、能耗约束强、环境恶劣和维护能力差的难题。

　　病害远程诊疗方面，项目研究团队提出了针对 12 类疾病的诊断模型和预警方法，实现了个性化、快速疾病诊断。设计了"症状—疾病—病因"的双层因果诊断模型及智能诊断系统，实现了对 123 种常见疾病的快速预警诊断。

　　（2）蜜桃冷链流通品质关键风险监控系统

　　一是蜜桃冷链品质关键风险监控参数特征辨识技术。项目针对蜜桃冷链物流品质特性，对冷链过程的蜜桃品质质量安全关键风险监控传感参数特征进行系统性分析与辨识，明确蜜桃冷链物流品质变化机理，建立了蜜桃冷链物流精准化关键监控传感参数辨识方法及其动力学模型，为蜜桃冷链精准精细化实时监控与追溯提供基础性技术保障。项目研究团队针对蜜桃冷链物流过程的复杂波动性，通过对蜜桃冷链物流供应链的跟踪调研，采集了冷链物流过程中的温度、湿度、气体、振动等多种参数信息，辨识、分析冷链物流监测参数信号统计表征特性，并重点挖掘与质量安全高度相关的品质特征，从而筛选出适用于蜜桃冷链物流过程的精准精细的关键监控参数，构建了相应的动力学模型。

　　二是蜜桃冷链物流实时精准动态监测传感技术。蜜桃冷链物流过程中环境参数的实时精准化传感动态监测与追溯，是实现蜜桃冷链绿色生态品质质量安全的前提与关键。项目针对蜜桃冷链物流过程多元耦合的环境特点，以物联网智能多传感技术与多源信息融合方法为基本信息采集与处理方法，对冷链物流过程蜜桃品质安全实时精准化传感动态监测与追溯关键技术进行研究。主要内容包括针对辨识分析的蜜桃冷链过程品质关键风险监控参数特征，研究多传感器冗余信号消除方法和响应特征参数提取方法，优化配置适合的多传感器集成，实现蜜桃冷链物流过程的精准传感实时动态监测与追溯。系统分析蜜桃冷链过程关键参数的不同状态特征对传感器响应特性的影响，探讨传感器对关键参数的响应—恢复特性、稳定性，探讨传感信号与蜜桃品质质量变化的关联机理，构建传感信号和蜜桃冷链过程品质之间的动态耦合模型。

2. 产品追溯编码与产品标识关键技术与关键设备

（1）农产品质量安全追溯编码关键技术

项目研究团队研究了编码、解析服务，研究整合了各类码整合技术。通过版本、编码体系标识的结构组合，来兼容现有的各种不同的编码标识规范，且支持多种数据载体，适应于跨农产品行业、跨地域信息的互联互通，支持平台的大规模产业化应用。

（2）农产品质量安全产品标识关键技术

项目研究团队研制了嵌入式包装标识识读设备，以及集嵌入式成像设备和电子标签读卡器于一体，可以与外界无线通信的农产品包装标识识读一体化的设备。设备以满足消费者快速追溯农产品为目的，以 Android 为开发平台、Java 为开发语言，开发基于嵌入式的超高频 RFID 和一、二、三维条码识别的终端设备。首先，包装标识设备具有远程认证监管与追溯中心数据库维护功能；其次，系统与农产品包装标识设备集成，基于嵌入式开发技术实现农产品包装标识识读与追溯系统；最后，与条码/芯片读写中间件进行集成，实现了对条码、芯片数据的读取和处理，主要功能包括农畜产品流通信息管理、认证信息验证处理、监管信息智能决策、监管结果显示等。

研究农产品质量安全通用可追溯结构。通过定义"批次""位置""交易单元"等通用可追溯结构，设置节点追溯信息的关联，形成业务元数据电子目录，规避了不同农产品行业、不同种类农产品间供应链条的多样性，以及种养殖、收购与生产加工、仓储物流、批发/零售直至餐饮环节各项操作的差异性，使平台具有很好的柔性，便于节点追溯信息的关联，能用于农产品链各个阶段的参与企业。农产品质量安全标识全程追溯图形化展示，如图 10 - 5 所示。

3. 建设基于云计算质量安全追溯大数据研究与平台设计

（1）质量智能决策与预警

借助模糊多准则决策理论与方法、灰色预测理论与方法，基于农产品流通各环

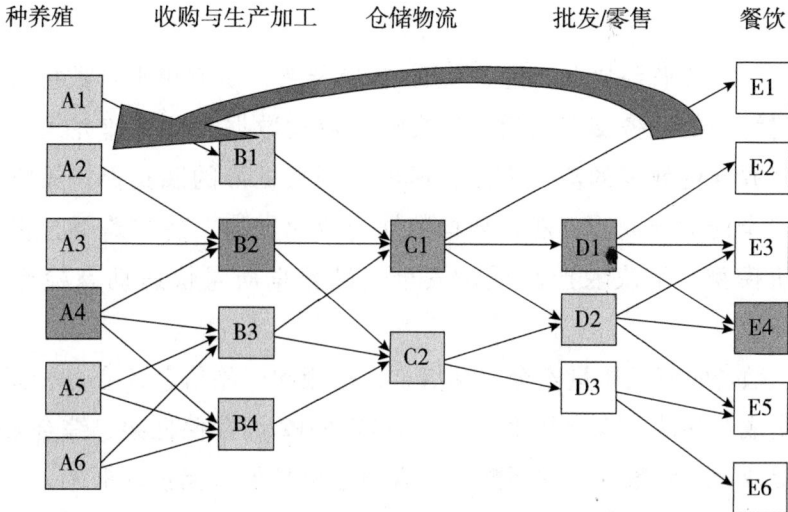

图 10 – 5　农产品质量安全标识全程追溯图形化展示

节，以及农产品质量追溯全过程，项目研究团队研究了如下内容：团队根据农产品流通各环节采集的不同质量数据指标，研究建立综合度量农产品质量的指标—综合质量指数计算公式；针对农产品流通各环节采集的不同类型质量数据，考虑各指标的关联性、优先性等关系，研究基于异质信息的信息融合集成算子，形成不同环节、不同农产品综合质量指数；利用模糊多准则决策理论与方法，根据农产品质量数据特点，研究改进的、适合农产品质量评价的 TOPSIS（Technique for Order Preference by Similarity to an Ideal Solution）、投影等多种质量排序方法，形成所有农产品综合质量排序；针对农产品流通各环节采集的不同类型质量数据，项目研究团队研究不同指标的质量预警阈值，实现实时自动预警；针对各环节的不同指标变化，团队利用灰色预测理论与方法，研究适合农产品质量的灰色预测方法，实现农产品质量的动态预警；针对农产品流通各环节质量情况，团队依据综合质量指数和质量预测数据，研究质量等级和预警等级分类方法，以及不同等级管理需求，实现质量管理的智能决策。

（2）追溯数据自动匹配、交换与大规模数据处理

利用云计算技术整合现有 IT 资源，研究 NoSQL（Not Only SQL，非关系型的数据库）数据库与海量存储技术、数据挖掘技术、数据安全与隐私保护等技术，研究大数据和云计算技术用于农产品质量安全数据采集、自动监测和动态评价的技术，开发跨平台数据获取/转换装置，研制融合农产品产业链、设备和环境信息的综合分析系统，开发基于大数据的农产品质量安全追溯创新示范应用，其具体功能

如下。

第一，开发跨平台数据匹配、获取/转换装置，研究跨平台数据获取及匹配方法，构建统一的服务交互通道，解决跨平台大数据文件高速并发读取技术问题；研究多源异构数据的清洗方法，提出不同数据源的隐私保护策略，解决跨平台数据安全传输与同步问题；异构数据规范化转换，建立跨平台多源异构数据质量评价模型，解决农产品质量安全追溯数据质量快速动态检测和评估的问题。

第二，融合农产品质量安全追溯信息、检测和产品信息综合分析系统。研究异构数据集成、存储、检索技术，基于 HADOOP2 的存储框架、综合索引、非结构化特征提取、多维数据自动匹配，实现通过可扩展存储技术框架、非结构化数据特征提取和高效索引，形成追溯业务元数据电子目录；研究核心挖掘算法、耦合分析方法，支持全耦合分析模型的大数据挖掘、分析和预测算法，实现并行化多维挖掘分析、预测算法和耦合分析技术；研究可视化分析、结果展示技术，支持多尺度的数据关联分析、可视化分析和结构展现，实现实时数据展示、交互式可视化技术。

第三，研究基于多元统计分析和相关分析的农产品质量安全动态评估模型和平台设计应用。综合生产、追溯、交易、产品和企业等信息，分析影响影响农产品质量安全的相关因素，构建影响参数集，利用核心可信参量预测等大数据挖掘算法，建立基于多元统计分析和相关分析的农产品质量安全动态评估模型，实现农产品质量安全的动态评估、智能预警和辅助决策。基于大数据的农产品质量安全应用策略，采用基于映射规约（Map-Reduce）和基于内存（Spark）的混合计算模式，解决核心算法的高性能实现的难题。

（3）云计算/云存储技术

研究基于云计算/云存储平台的智能分析算法和跨媒体信息检索与分析算法，以及互联网的市场信息挖掘技术，为农产品定价以及农作物种类规划提供依据。运用 GIS 技术、数据库技术，完成数据层层上报、数据查询、统计分析、病虫害预警，对数据展示、交互和信息发布等功能提供后台支持，提高工作效率，满足内部工作人员的工作需要和社会公众对相关信息的需求。

10.4 应用效果评价

首先，本项目的实施将对蒙阴蜜桃的对外出口发挥重要作用。由于蒙阴蜜桃主要面向北方俄罗斯，南向新加坡、马来西亚等国出口，因此项目落地后，将根据时空对环境、温度、中央加工信息的不同需求，提供有针对性的服务。

其次，该项目支持传统商贸与电子商务，利用标码体系，将蜜桃产、加、储、运、销各环节追溯信息，通过无线网络，自动实现与智能手机 App 软件连接，使消费者在消费时可对农产品安全追溯信息进行实时查询，从而打造数字消费，实现传统商业的转型与升级。该项目解决了生鲜电商技术的瓶颈，实现了电商的流通消费信息追溯，让电商消费者可直接对蜜桃各环点信息进行实时查询，增加电商食品安全透明度。

最后，该项目实施以后，将成为技术创新与模式创新的融合、线上线下的融合，更是一、二、三产业的融合。项目申报企业每年可以通过线上线下业务出口大量当地以蒙阴蜜桃为特色的果蔬产品，销售前景良好。在输出我国优质生鲜食品的同时，也向海外展示了我国农业的高科技水平。

综上所述，该项目的推广，有助于打造当地果蔬产品的科技品牌，提升品牌的国际知名度，同时更是积极响应山东省打造食品安全"首善之区"倡议的重要举措，具有良好的经济效益和社会效益。

11 獐子岛集团股份有限公司食品安全追溯体系建设应用案例

11.1 项目背景

食品追溯是指在生产、加工和销售的各个关键环节，对食品以及有可能成为食品组成成分的所有物质的追溯或追踪能力。所谓的"追溯"，就是一种还原产品生产和应用历史及其发生场所的能力。通过建立食品追溯体系，可以提高各个生产环节的管控能力，同时，在发生和可能发生食品安全问题时，及时进行产品召回或撤回，并能够准确地分析问题产生的原因，制订处理方案和整改措施。

食品追溯体系是一种以风险管理为基础的安全保障体系。一旦发生危害健康的问题，企业及政府相关部门可按照从原料接收、生产过程、成品出库到最终消费整个过程各个环节所必须记载的信息，追踪食品流向，回收存在危害或者可能存在危害的尚未被消费的食品，以消除其可能产生的危害。

追溯体系建设是通过采集记录产品生产、流通、消费等环节信息，实现产品来源可查、去向可追、责任可究，强化全过程质量安全管理与风险控制的有效措施。围绕追溯体系建设，国家和各行业主管部门陆续出台了一系列政策。

在法规层面，自 2015 年 10 月 1 日起实施的《中华人民共和国食品安全法》第四十二条规定，国家建立食品安全全程追溯制度。食品生产经营者应当依照本法的规定，建立食品安全追溯体系，保证食品可追溯。国家鼓励食品生产经营者采用信息化手段采集、留存生产经营信息，建立食品安全追溯体系。国务院食品药品监督管理部门会同国务院农业行政等有关部门，建立食品安全全程追溯协作机制。

在标准化层面，2015 年 12 月 30 日国务院办公厅发布的《国务院办公厅关于加快推进重要产品追溯体系建设的意见》国办发〔2015〕95 号文件中指出，要结合追溯体系建设实际需要，科学规划食用农产品、食品、药品、农业生产资料、特种设备、危险品、稀土产品追溯标准体系。针对不同产品生产流通特性，制订相应的建设规范，明确基本要求，采用简便适用的追溯方式。以确保不同环节信息互联互通、产品全过程通查通识。其中，第六条规定，推进食品追溯体系建设。围绕婴幼儿配方食品、肉制品、乳制品、食用植物油、白酒等食品，督促和指导生产企业依法建立质量安全追溯体系，切实落实质量安全主体责任，推动追溯链条向食品原料供应环节延伸，实行全产业链可追溯管理。

在信息化层面，随着追溯技术的发展和追溯体系建设工作的深入，信息化追溯体系建设及其标准化工作提到议事日程。2017 年 2 月 16 日，商务部、工业和信息化部、公安部、农业部、质检总局、安全监管总局、食品药品监管总局 7 部门联合发布的《关于推进重要产品信息化追溯体系建设的指导意见》指出，建立目录管理制度、完善追溯标准体系、健全认证认可制度、推进追溯体系互联互通、促进线上线下融合、强化追溯信用监管六大基本任务，以及食用农产品追溯体系、食品追溯体系、药品追溯体系、特种设备追溯体系等 8 个分类任务。

鉴于国家层面、标准化层面及消费者层面对食品安全追溯体系的引导、建立和需求，众多企业已经开始进行从源头到餐桌、从商品到源头的追溯体系的建设。

在当前可追溯体系建设过程中，也存在一些误区和夸大成分，如加工后的牛奶可追溯到每一头牛，苹果罐头可追溯到每一棵果树。对于直接采摘的农副产品，可以追溯到具体的农田和果树，但是对于加工食品，这种追溯标准很难达到。从国家层面和标准化层面来说，更多的是要求追溯系统可以满足食品安全风险控制的要求和发生风险时能够及时召回和撤回的需求；从消费者层面来说，更多的是关注产地和食品安全质量的控制情况。

11.2 公司简介

獐子岛集团的起步可追溯至 1958 年，它曾先后被誉为"黄海深处的一面红旗""海上大寨""黄海明珠""海底银行""海上蓝筹"，现已发展为在海洋生物技术支撑下，以海珍品种业、海水增养殖、海洋食品为主业，集冷链物流、海洋休闲、渔业装备等相关多元产业为一体的综合型海洋企业。经过 60 多年的努力，獐子岛集团在黄海北部建成了 1600 余平方千米的现代海洋牧场，是国家级海洋牧场示范区。2011 年，世界经济论坛与波士顿咨询公司从全球 1100 万家企业中筛选出 16 家"可持续发展的新领军者"典范企业，獐子岛集团榜上有名。2013 年，獐子岛集团获得辽宁省省长质量奖，成为荣获该奖项的第一家食品企业。2015 年，虾夷扇贝渔场成为中国首家 MSC 认证（Marine Stewardship Council，MSC 认证）渔场。2016 年 3 月，獐子岛作为中国唯一迎检企业代表，叩开了欧盟市场对中国双壳贝紧闭 19 年的大门。

獐子岛集团拥有 9 家海洋食品精深加工企业，形成了品类齐全、装备精良、产能与标准领先的水产品加工体系。獐子岛集团建立了从产地到餐桌的全过程质量安全可追溯体系，实施有机产品、国家地理标志保护产品、HACCP（危害分析和关键控制点）、BRC（British Retail Consortium，英国零售商协会）等多项国际领先的认证标准，形成了以虾夷扇贝、海参、皱纹盘鲍、海胆、海螺等海珍品为主要产品的完整产业链。

集团始终高度重视食品安全与质量管理工作，制定了合理的战略目标、清晰的业务流程、严谨的制度体系，采用信息化系统，提升整体运营管理。公司在农业产业中率先引进 ISO 9001 质量管理体系，规范了从育苗到销售全产业链的工作标准、技术标准和产品标准，陆续导入美国贝类卫生管理体系、欧盟法规等国际化标准促进管控制度升级，通过引进国际知名检测公司 SGS 的管理模式对集团产品进行严格检验。

集团始终将食品安全作为企业生存发展的底线、红线，任何人不能触碰。集团在保证食品安全的前提下，提出质量提升的战略，在 2018 年，集团引入 SGS 先进的国际化管理模式，獐子岛海参产品的生产过程和产品质量全面接受第三方 SGS 的监管监控；集团还与中检集团开展战略合作，建立可追溯系统平台，使獐子岛集团全品系产品的全部产业链信息可在第三方平台上直接查询，保证产品安全和质量透明化。同时，集团主动引入政府管理部门的动态监管，在市海洋与渔业局的支持下进行质量提升软硬件的投入，使海参产品从海域养护到产品出厂全部过程动态地展现在消费者面前，为消费者提供安全健康和有营养的食品。

11.3　獐子岛集团食品安全追溯体系建设

11.3.1　獐子岛集团食品安全追溯体系概述

早在史上最严的 2015 年版《中华人民共和国食品安全法》颁布和国务院办公厅发文之前，獐子岛集团股份有限公司（以下简称獐子岛）就已经根据食品质量安全、公司发展经营与品牌保护等需求，于 2007 年完成了可追溯体系的建设。随着集团"工业化、市场化、信息化、国际化"战略目标的推进，2011 年集团建立了信息化系统并和追溯系统进行结合，2017 年集团开始升级信息化系统（ERP），使得追溯系统的运行效率得到再次提高。

第一，獐子岛食品安全追溯体系是以国家法规、标准、企业管控需要和消费者需求为出发点建立的追溯体系，从食品安全角度出发，实现产品质量保证、促进销售及品牌保护等多个目标。

第二，獐子岛食品安全追溯体系，在自建体系的基础上，通过第三方专业机构对接〔如 SGS 通标标准技术服务有限公司、Intertek（天祥）、中国检验认证集团等〕，借助外部力量，将成熟的经验和追溯体系平台引入集团，确保集团的追溯体系成熟、稳定、安全和快速。

第三，獐子岛食品安全追溯体系建设，已覆盖海参、鲍鱼、贝类、鱼类、虾蟹类的活品、冻品、调理食品及休闲即食加工品等全品种，并细化到产品的最小销售单元。通过獐子岛自有信息化系统和第三方专业平台对接，海参产品已经实现在第三方平台可查询和可追溯，随后扩展到獐子岛的所有产品。通过信息化平台，采集记录食品原辅料购进、生产过程、产品检验、产品运输、储存和销售等环节信息，对食品追溯提供数据依据。公司在食品追溯方面的具体实施方法如下：为达到追溯效果，在公司内部 ERP 系统中对产品实行"一物一码"的管理制度，对产品外部流通销售，采用条码技术。"条码"是一种利用光电扫描阅读设备识读并实现数据自动输入计算机的特殊编号。严格地讲，它是由一组规则排列的条、空格及其对应字符组成的标记，用以表示一定的信息。对于消费者而言，最熟悉的莫过于预包装食品的包装上喷印的二维条码，俗称 69 码，如图 11-1 所示。通过扫描条码，消费者可以快速知悉该食品的生产者、品牌、规格等相关信息。

图 11-1 二维条码

第四，獐子岛食品安全体系在逐年的发展过程中，因为产品品种繁多、供应商较多、供应链复杂、销售渠道广泛等特点，公司于 2017 年 11 月 16 日与中国检验认证集团签署战略合作协议，成立獐子岛集团中检追溯产品追溯体系建设项目；獐子岛集团产品追溯体系建设，遵循逐步推进的原则，以海参产品追溯为切入点，立足獐子岛集团业务实际及管理实际，充分利用獐子岛集团已有信息化基础，通过移动互联、编码技术、二维码技术、防伪技术、Web技术、数据共享技术，结合检验检测认证手段，建设了海参产品外部用户的追溯体系，实现了集团产品"责任主体有备案、生产过程有记录、主体责任可追溯、产品流向可追踪、风险隐患可识别、监管信息可共享"。

11.3.2 獐子岛集团食品安全追溯体系的建立

通过扫描如图11-2所示的二维码，消费者可以了解到以下内容。

图11-2 中检溯源二维码标识

1. 专属牧场，清洁海域

消费者通过扫码的方式，可以查看海参生长的海洋牧场（海参育养基地）的实地情况、海域基本情况、海域水质/地质监控结果、监控内容，以及海参原料符合食品安全要求的证书。

2. 獐子岛海参，品质保证

明确海参在感官、理化、污染物、微生物、兽药残留等检测项目中的执行标准，同时，可以查看到合格的检测报告。

3. 标准加工工艺，过程无忧

让消费者了解产品加工单位的具体情况，资质信息、加工工艺，加工环节证照，追溯标签粘贴的方式、数量、粘贴位置全程监管，因追溯标签采用的是"一物一码"，使用号段现场激活。

4. 信息查询，公正透明

二维码扫码展示页面所有信息均源自中检溯源提供的质量服务全过程信息。如图11-3所示，贴有中检溯源二维码标识的干海参产品，政府、企业、消费者可登录中检溯源官方网站查询它的商品追溯信息，或通过手机、其他移动终端设备微信扫描海参产品追溯标签上的二维码获得商品追溯信息，确保商品信息公正、透明。

图 11-3　贴有中检溯源二维码标识的干海参产品

11.3.3　淡干海参产品食品安全全程追溯案例

獐子岛通过将中检集团溯源技术服务有限公司平台与集团信息系统进行链接以实现对产品的跟踪、记录行为，以对海参等产品的加工为基点，搭建内部追溯生产管理系统。系统是以集团内部流程进行管理的，需要进行以生产流程为线索的商品的跟踪、记录行为，掌握产品内部各生产加工环节的流动情况、销售流向等信息的跟踪和记录，可为政府、内部管理以及消费者对产品的认知提供依据。现阶段企业已完成獐子岛海参内部食品安全追溯管理以及完善消费者对产品需要了解的产品信息。消费者在购买产品后，可通过扫描追溯码追溯淡干海参产品的整个生产过程。其主页如图 11-4 所示。该网站的主要功能模块包括基本信息、质量追溯、产地环境、生产加工、品牌文化、食客生活和联系我们。

图 11-4　中检集团溯源技术服务有限公司主页

1. 基本信息

图 11 -5 向消费者介绍了淡干海参产品基本信息，其中包含产品的原料信息、品牌、生产日期、包装情况。由图 11 -5 可知，海参原料是在大雪时节通过人工捕捞方式对獐子岛产地的野生海参进行采捕所得。

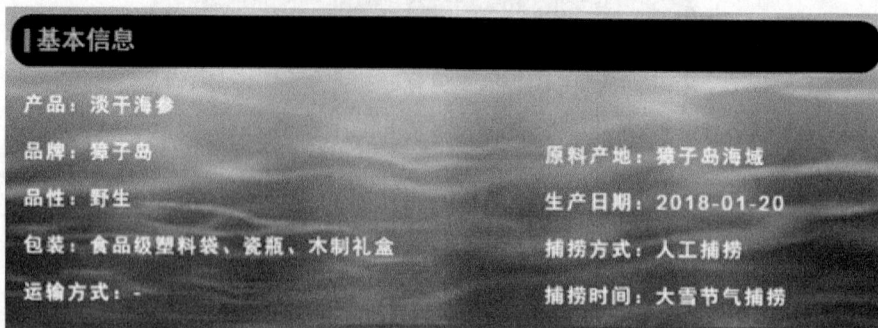

基本信息

产品：淡干海参

品牌：獐子岛

品性：野生

包装：食品级塑料袋、瓷瓶、木制礼盒

运输方式：-

原料产地：獐子岛海域

生产日期：2018-01-20

捕捞方式：人工捕捞

捕捞时间：大雪节气捕捞

图 11 -5　产品基本信息

2. 质量追溯

图 11 -6 为该网站的质量追溯模块，可以查询海参养殖基地认证、环境监测、工厂认证、产品检测等情况，让消费者从海参养殖开始了解整个海参产品质量管控情况。

獐子岛海参养殖基地及加工单位经过中国质量认证中心审核，已获得有机产品认证证书。同时，獐子岛海参产品还属于地理标志保护产品。在环境监测方面，养殖基地海水经辽宁出入境检验检疫局检验检疫技术中心检测。海参产品原料及成品都由 SGS（通标标准技术服务有限公司）进行检测。例如，产品形式检验、出厂检验。

质量追溯

基地认证　　　环境监测　　　工厂认证　　　产品检测

图 11 -6　质量追溯

3. 产地环境

如图 11 -7 所示，该页面是海参原料产地的情况介绍。獐子岛海参养殖基地位于大连市长海县獐子岛镇，处于北纬39°，獐子岛集团现已在黄海北部建成了1600余平方千米的现代海洋牧场。

图 11 –7　产地环境

4. 生产加工

图 11 –8 是淡干海参产品加工工艺流程。图 11 –9 向消费者提供了淡干海参产品生产加工的信息，其中包含生产者名称、生产地址、生产车间环境情况及淡干海参产品加工工艺。

活海参 ⇨ 剖口 ⇨ 去内脏 ⇨ 清洗 ⇨ 水煮 ⇨ 冷风干燥 ⇨ 成品

图 11 –8　淡干海参产品加工工艺流程

5. 品牌文化

图 11 –10 向消费者展示了集团公司信息、生产单位信息。在消费者了解所购买的产品信息时，还可以了解公司品牌文化。通过这个板块，消费者能够了解獐子岛公司的品牌文化，对于公司形象的树立具有重要价值。

图 11 – 9　生产加工

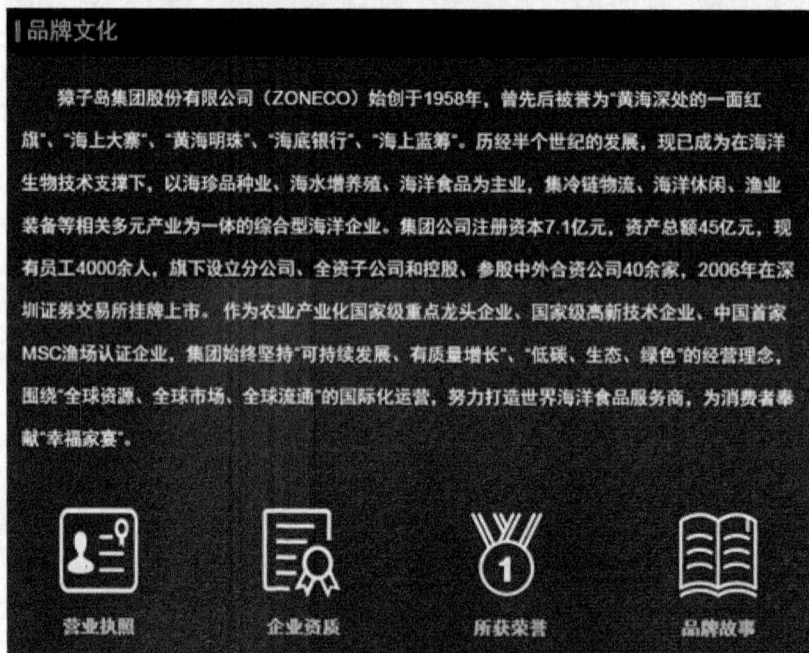

图 11 – 10　品牌文化

6. 食客生活

图 11 – 11 对海参的食用方法进行了介绍。为方便消费者食用营养美味的海参，"食客生活"页面为消费者介绍了几款海参食材烹调方法，如肉末海参、海参小米粥、海参大枣藜麦汤。

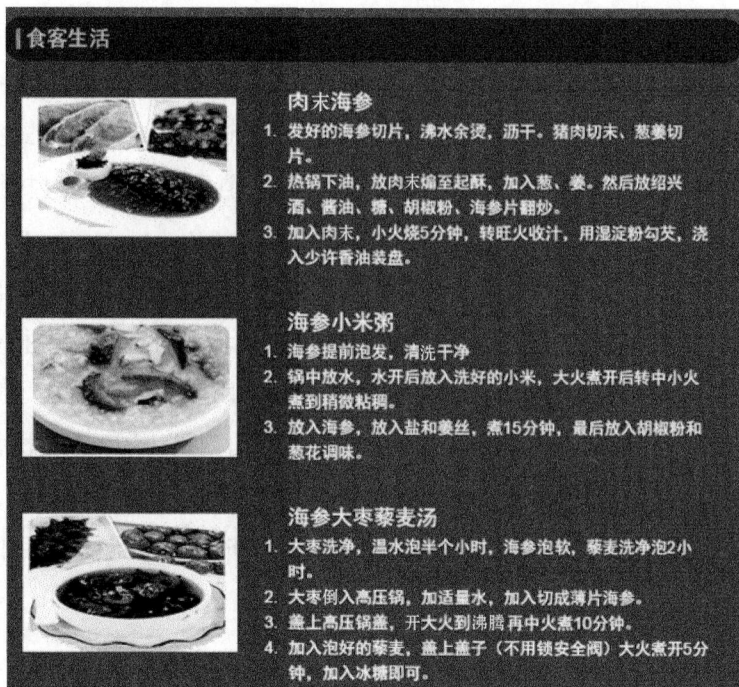

图 11 –11　食客生活

7. 联系我们

图 11 –12 展示了网站与消费者的互动功能。消费者可以通过这个板块了解海参产品线上、线下销售渠道以及产品售后服务信息。

图 11 –12　联系我们

11.4　獐子岛食品安全追溯体系应用项目总结及展望

11.4.1　项目总结

项目建立初期，獐子岛集团公司成立了食品安全追溯体系项目组。中检集团派专业技术人员进入獐子岛集团，助力獐子岛海参产品建立追溯系统。项目以生产加工单位内部生产流程为线索，完成了对产品的跟踪和记录，掌握了产品在企业内部各生产加工环节的流动情况，并明确了各环节责任人的职责和关键考核指标。

项目建立了獐子岛海参产品的静态追溯平台，通过数据录入的方式完善平台信息，产品实现"一物一码"，追溯码实施现场激活，消费者可以通过扫描方式了解产品加工流程及产品基本信息。

此项目以獐子岛海参产品追溯体系为依托，通过海参产品追溯体系建设，完成了獐子岛集团"全链条、全品类"产品的追溯体系建设，打造了水产行业高效的产品质量管理和品控机制，树立了行业标杆。现阶段，该项目已经完成了獐子岛产地海参产品追溯体系的建立，追溯云平台数据端与公司内部 ERP 系统相关联。整个海参产品追溯流程清晰、数据清楚，对整个产品生产链的管控更加严格，保证了产品的质量，提高了解决产品客诉事件的效率，能够及时找到问题环节，同时也提高了产品召回工作的效率。

11.4.2　后期展望

除獐子岛海参产品外，公司现阶段加工品实现追溯的数据主要来源于 NC 系统（一个全面的预算管理平台），可以快速召回，但是在召回后分析原因时，部分过程的数据依然依靠人工进行操作，在一定程度上减慢了对原因的分析速度。为完成集团运营数字化战略目标，集团预期在 1 年内完成 NC 系统向 ERP 系统的战略升级，实现 ERP 系统对战略、业务、过程的支撑，为夯实管理提供有效的方法和手段。这一系统的战略升级不仅要能满足现有业务需求，还要满足獐子岛集团对海产品育苗、养殖、加工、采购、物流、仓储、零售等产销链的支持和发展；ERP 系统的升级，不仅要满足现在业务模式，还要具备对集团管理升级、组织变革、业务调整的弹性和柔性的积极作用。关联中检追溯系统后，可以做到全集团、全产业链的信息管理透明化，追溯数据可视化，从而实现全产业链、全品系的追溯。

食品安全追溯体系的建立，立足于让消费者在购买商品时实现从源头到餐桌全链条下的透明化、可视化，提升了消费者的购买信心和购买力，对规范行业的健康发展、提升加工企业的诚信度，起到举足轻重的作用。作为水产龙头企业，獐子岛集团始终以"打造受人尊敬的、卓越的世界海洋食品企业"为愿景，在集团食品安全追溯体系做实、做精的同时，推动行业食品安全追溯体系的逐步完善。

12 光明乳业全产业链追溯项目（一期）——流通分项项目

12.1 公司简介

上海领鲜物流有限公司成立于 2003 年，是光明乳业股份有限公司的全资子公司，是一家具有雄厚实力和丰富物流管理经验的以冷链为主的多温度带综合性物流企业。其不仅为光明乳业提供仓储配送服务，也面向社会为第三方客户提供专业的物流服务。公司物流营运团队深谙冷链体系及各温域物流服务体系建设，具有极为丰富的冷冻、冷藏、常温物流运作及实战经验，是专业供应链解决方案提供商。

上海领鲜物流有限公司，在以上海为中心的华东地区拥有强大的现代冷链物流网络，建立了仓配一体化配套服务体系，在江、浙、沪、皖设立了 25 座综合配送中心（上海 5 座、江苏 10 座、浙江 7 座、安徽 3 座），常温、冷藏和冷冻库面积5.3 万平方米，拥有自有冷藏车辆 273 辆，合作承运商冷藏车辆 350 余辆，日配送终端网点 16000 家，由上海始发华东各配送中心的线路 20 条，形成了 24 小时内送达的高效物流网络，并在上海、北京、广州等地设置 19 座常温配送中心，常温库面积 4.9 万平方米，合作承运商车辆近 1000 辆，年配送常温产品逾 80 万吨。

2017 年，随着光明"1 + 2"全产业链的发展，领鲜物流还在华东以外各销售中心、全国区域生产工厂导入常温库、冷藏库面积近 22 万平方米，总面积达到 30万平方米以上，以规划、完善全国物流网络布局。上海领鲜物流有限公司，引入WMS（Warehouse Management System）仓库管理系统、TMS（Transportation Management System）运输管理系统、DPS（Digital Picking System）电子标签拣货系统、GPS（Global Positioning System）线路跟踪系统以及现场可视化监控系统等，通过信息化手段，大幅提升物流现代化管理水平，为各企业用户制订冷链运作方案。

上海领鲜物流有限公司作为中国物流与采购联合会冷链委常务副理事长单位、上海物流协会冷链分会副会长单位、上海冷藏库协会副理事长单位，2015 年荣膺中物联冷链委认证的"AAAA 级物流企业"和"五星级冷链物流企业"。同时，连续

3 年荣获中物联冷链委"冷链物流百强企业"称号、中国冷链物流联盟"中国冷链物流 50 强企业"称号，连续 4 年荣获中国食品工业协会"中国食品物流 50 强企业"称号，是全国《食品冷链物流追溯管理要求》国标试点企业和《餐饮冷链物流服务规范》行业标准试点企业，通过了 ISO 9001 国际质量管理体系的认证。

上海领鲜物流有限公司，依托良好的物流基础设施、优秀的运营管理团队、高效的运作效率和丰富的食品物流经验，以"全国食品物流领袖、食品物流专家"为经营目标，秉承"新鲜、迅捷、准确、亲切"的服务理念，携手上下游合作伙伴，致力于为社会和广大客户提供多温度带的现代食品物流服务。

12.2　项目概述

光明乳业全产业链可追溯体系，立足于光明乳业的牧场管理、乳品生产、仓储物流及销售网络，积极推进乳制品从奶牛养殖、生鲜乳收购、乳品生产、仓储物流到销售配送等全产业链的食品安全信息追溯。本项目以上海地区 4 个低温产品物流仓库（马桥、嘉定、奉贤、康桥）和 1 个常温（桃浦）物流仓库为试点，建立流通追溯系统，作为光明乳业全产业链可追溯体系组成部分，应用信息化、自动化、智能化技术等手段，通过梳理仓库管理和物流配送的业务流程，将产品追溯和仓库物流作业相结合，实现工作效率的提升和运行管理水平的提高，实现乳品在流通环节的可追溯。此次以莫斯利安酸奶、致优两款典型产品为试点，本项目充分应用二维码、RFID、自动化、大数据等技术手段，建立上海地区商超、宅配、经销商等销售渠道的全产业链信息追溯体系，将乳品安全信息追溯服务融入企业营销活动，主动承担企业社会责任，充分落实食品安全的企业主体责任，实现企业经营和惠民的双丰收。

12.3　技术方案

上海领鲜物流有限公司流通追溯管理系统自 2017 年 9 月启动，于 2018 年 5 月正式投入使用。

项目建设初期，公司将信息系统分成了 4 个层级进行需求区分，配合硬件包括 Wi-Fi 的布点、智能分拣线的建设、RFID 技术的使用，从而实现了整合订单协同系统、仓储管理系统、运输管理系统、物流跟踪系统，为光明乳业流通追溯运作与管理提供高效的信息系统支持，树立了行业内的标杆。

1. RFID 设备（包括标签及贴标）

图 12 - 1 为 RFID 设备（包含标签及贴标）。RFID 周转箱/托盘材质为塑料，有专用的插槽供插入安装标签，所使用的标签为 PVC 标准卡式 RFID 标签，可循环使用，标签表面粘贴或印刷条码用于明码标识。标签符合 EPC C1G2（ISO 18000 - 6C）标准，工作频率为 860MHz ~ 960MHz，在全球范围内通用。

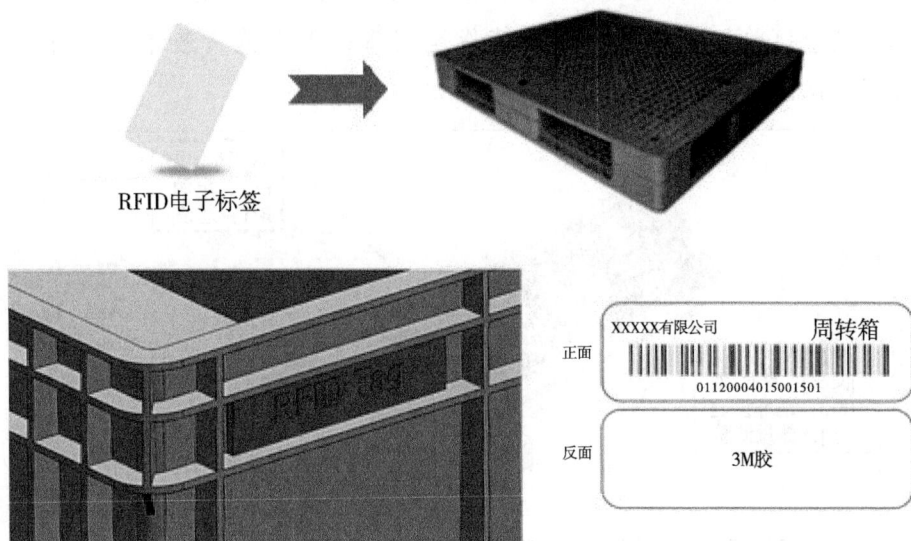

RFID电子标签

正面 XXXXX有限公司 周转箱
01120004015001501

反面 3M胶

图 12 - 1 RFID 设备（包含标签及贴标）

2. RFID 识别门

如图 12 - 2 所示，货物出入库时，RFID 识别通道可自动读取周转箱/托盘 RFID 标签，用于出入库统计和数据校验，发生差错时及时发出警报。

图 12 - 2 RFID 识别门

3. 电子标签拣货系统

图 12 - 3 所示为电子标签拣货系统（Pick to Light）。该系统承担生产指挥和调度的工作，依靠信息自动化和作业自动化设备，提升了拣货系统工作效率。信息自动化设备主要负责作业过程中信息流的产生、传递、分析和反馈工作。企业计算机中心接收处理的客户订单通过以太网络到达现场的 PC（个人计算机）上，提醒拣货作业人员进行拣货；能实现弹性控制拣货流程、即时现场控制、紧急订单处理，并降低其拣货错误率，提高拣货效率，节省人力资源，降低配送成本。

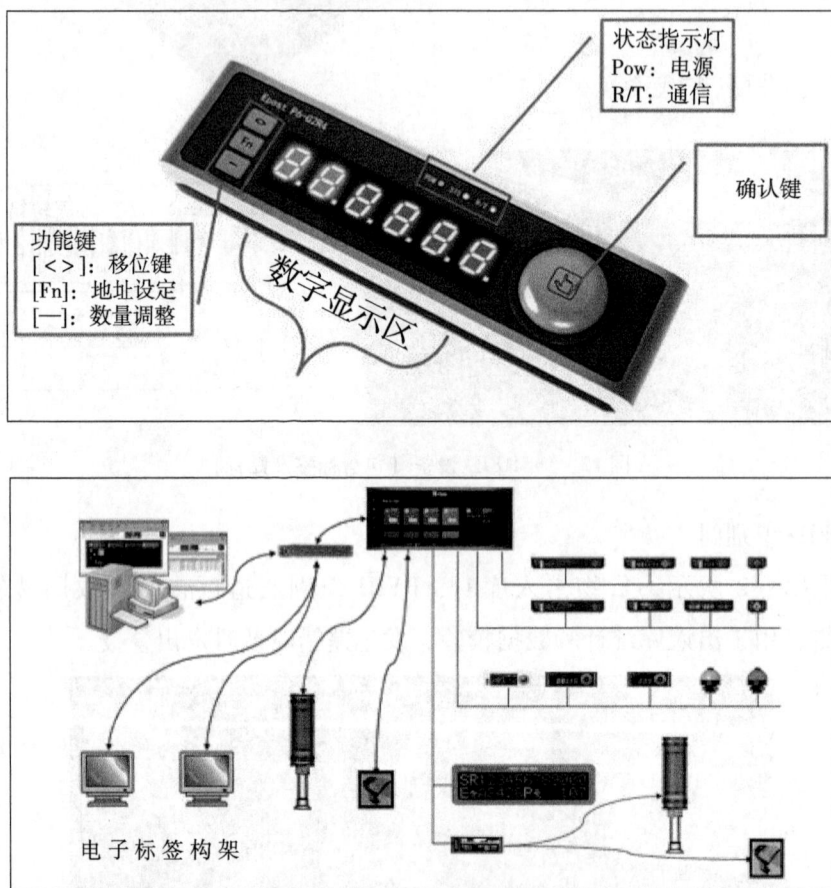

图 12 - 3　电子标签拣货系统

4. 智能输送分拣系统

智能输送分拣系统分为更智能、更省电、更方便、更快速的输送系统和高效能、高精度的分拣系统。其中分拣系统采用模块化设计、组装，能够长时间、大批量地持续分拣，运行故障率低，从而有效节约场地面积及设备配置成本，提升分拣效率。如图 12 - 4 所示。

图 12 - 4　智能输送分拣系统

5. 项目按不同层级展开

项目层级分别为战略层、管理层、作业层和 IT 支撑层。处于不同层级的项目，其目标不同，面对的使用者也不同；其管理的业务不同，对系统的要求也有所不同。

6. 上下游业务部门操作变革

就像信息系统需要上下衔接一样，业务操作同样需要上下游各个部门通力配合，才能使业务正常运作。

全产业链追溯系统，特别是流通环节的物流管理系统对领鲜物流的改变是巨大的，业务操作完全由原来的人工纸质操作、人工报表记录跨越式地升级为信息自动化系统管理、系统自动化统计分析的业务操作模式，对员工和集团内的上下游部门都是极大的挑战。执行了多年的业务操作模式和作业习惯需要更改，对于人员数量众多的各营销部门而言，这次改变同样艰巨，原有的邮件、电话、消息、报表式的作业模式变为系统信息单据自动流转，缺少了人工的自由与随意，增加了许多条条框框，有太多的规则和约定，例如发货的批次要求、特殊批次必须在系统单据中填写、固定的截单时间、单据填写必须规范……在事业部门与营运部门的大力支持下，大部分问题都得到了解决。

流通追溯管理系统中工作人员操作流程，如图 12 - 5 所示。

追溯流程全景如图 12 - 6 所示。

7. 仓储物流追溯信息系统功能

(1) 工厂入库收货信息

工厂入库收货信息如图 12 - 7 所示。

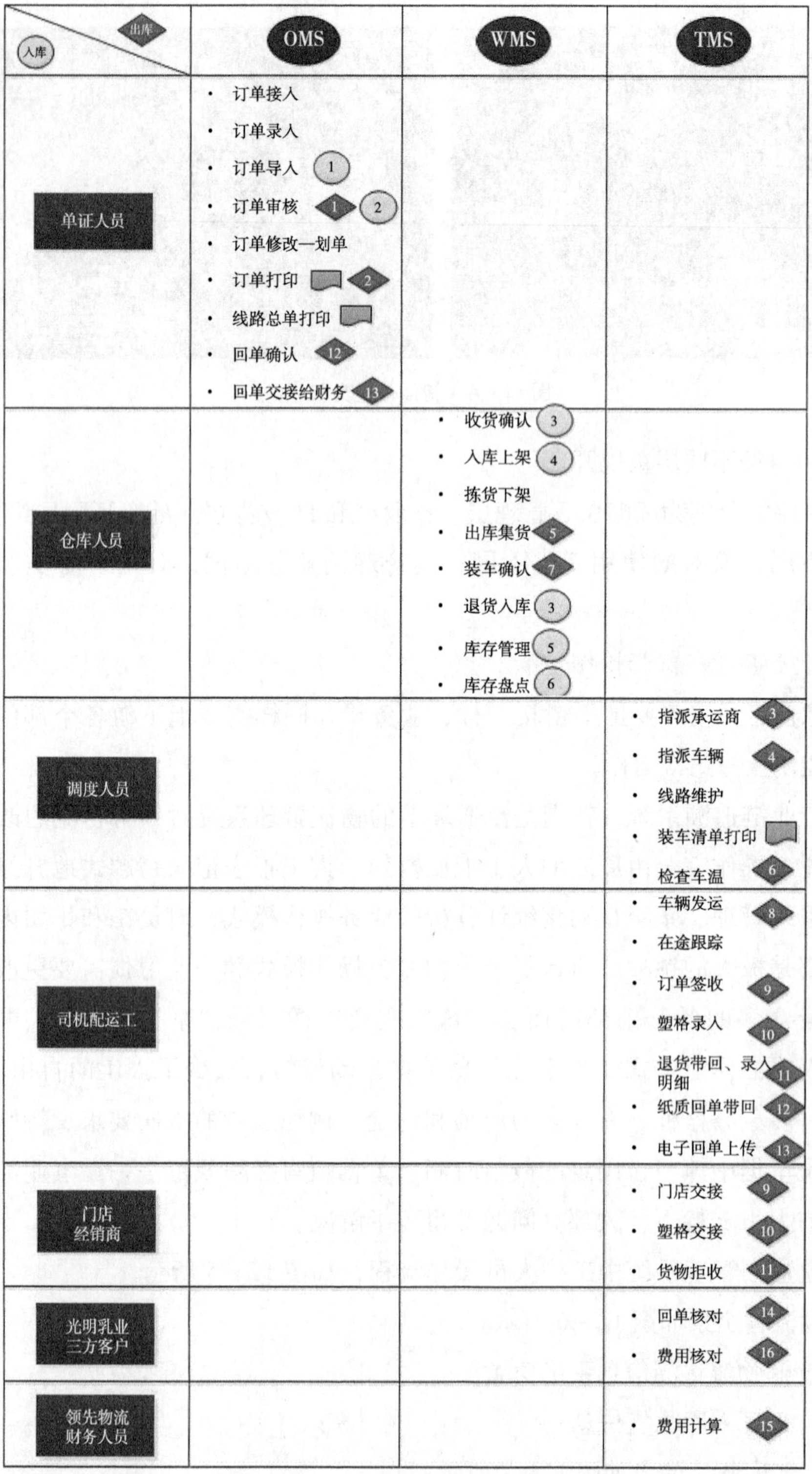

入库 ＼ 出库	OMS	WMS	TMS
单证人员	· 订单接入 · 订单录入 · 订单导入 ① · 订单审核 ① ② · 订单修改—划单 · 订单打印 ▢ ② · 线路总单打印 ▢ · 回单确认 ⑫ · 回单交接给财务 ⑬		
仓库人员		· 收货确认 ③ · 入库上架 ④ · 拣货下架 · 出库集货 ⑤ · 装车确认 ⑦ · 退货入库 ③ · 库存管理 ⑤ · 库存盘点 ⑥	
调度人员			· 指派承运商 ③ · 指派车辆 ④ · 线路维护 · 装车清单打印 ▢ · 检查车温 ⑥
司机配运工			· 车辆发运 ⑧ · 在途跟踪 · 订单签收 ⑨ · 塑格录入 ⑩ · 退货带回、录入明细 ⑪ · 纸质回单带回 ⑫ · 电子回单上传 ⑬
门店经销商			· 门店交接 ⑨ · 塑格交接 ⑩ · 货物拒收 ⑪
光明乳业三方客户			· 回单核对 ⑭ · 费用核对 ⑯
领先物流财务人员			· 费用计算 ⑮

图 12－5　工作人员操作流程

190

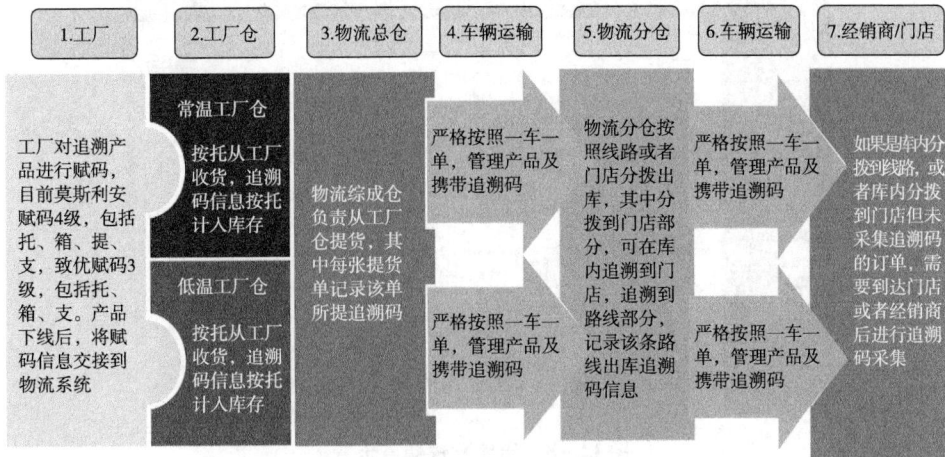

图 12 - 6　追溯流程全景

图 12 - 7　工厂入库收货信息示意

（2）出库配送信息

出库配送信息如图 12 - 8 所示。

（3）仓库分拣发运信息

仓库分拣发运信息如图 12 - 9 所示。

（4）运输调度及派车信息

运输调度及派车信息如图 12 - 10 所示。

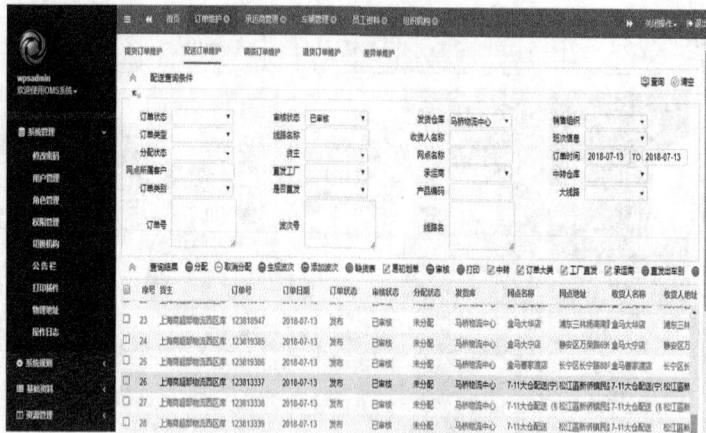

图 12 - 8 出库配送信息示意

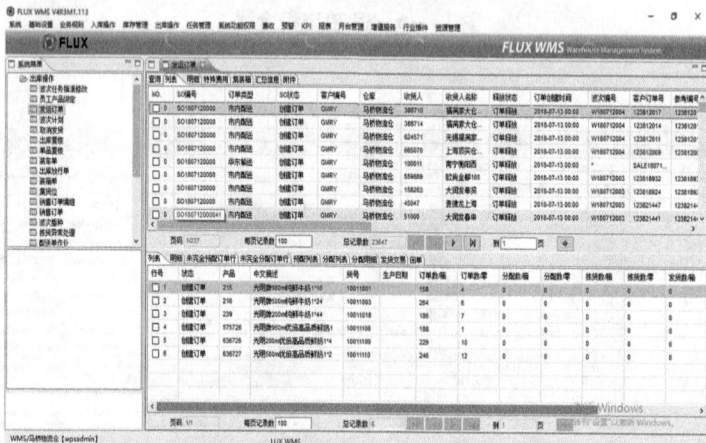

图 12 - 9 仓库分拣发运信息示意

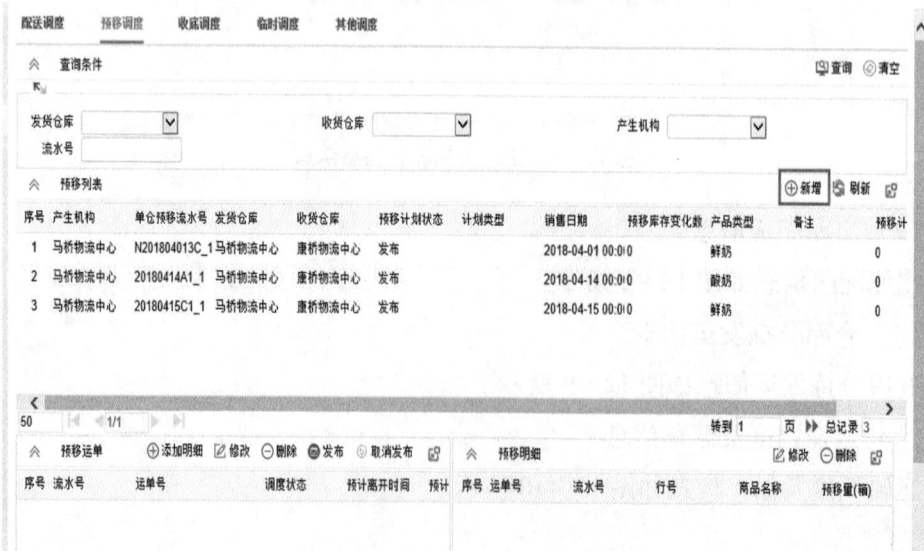

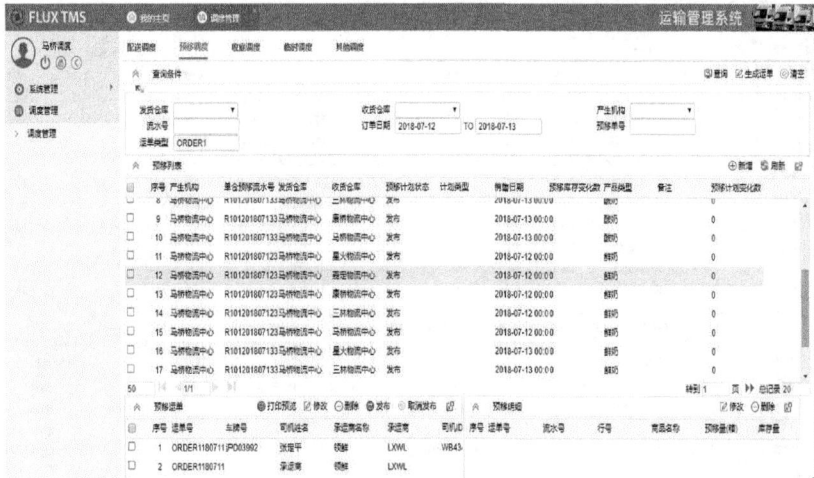

图 12 – 10　运输调度及派车信息

（5）司机签收、扫码和回单管理信息

图 12 – 11 至图 12 – 15 分别为司机签收、扫码和回单管理信息。

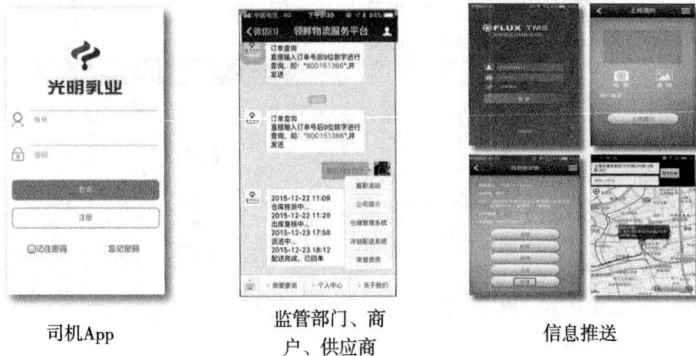

司机App　　　　　监管部门、商　　　　信息推送
　　　　　　　　　户、供应商

图 12 – 11　司机签收、扫码和回单管理信息（1）

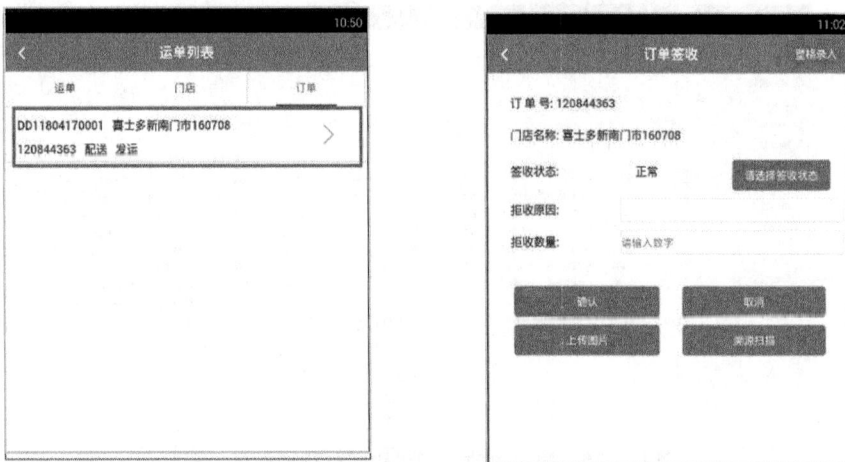

图 12 – 12　司机签收、扫码和回单管理信息（2）

图 12 – 13　司机签收、扫码和回单管理信息（3）

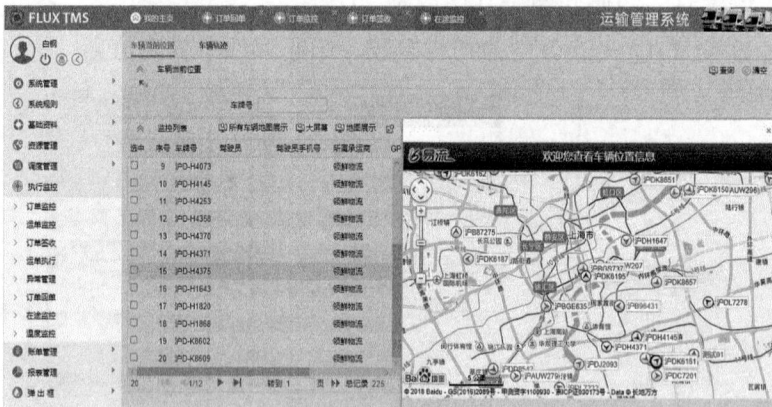

图 12 – 14　司机签收、扫码和回单管理信息（4）

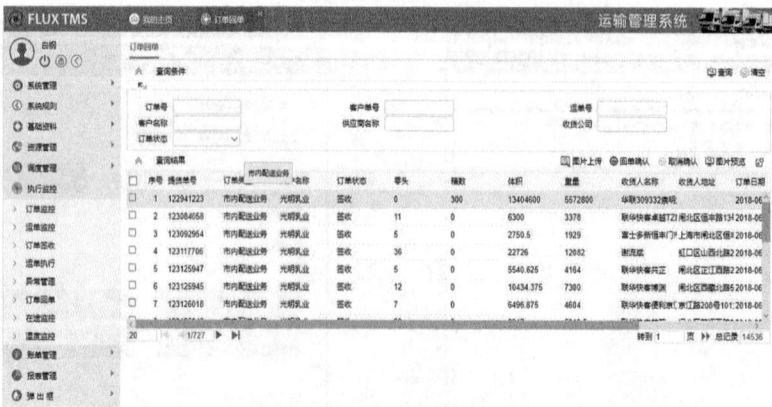

图 12 – 15　司机签收、扫码和回单管理信息（5）

（6）产品追溯二维码及追溯信息展示

产品追溯二维码及追溯信息展示，如图 12 – 16 至图 12 – 18 所示。

图 12 –16　产品追溯二维码及追溯信息展示（1）

经销商网点	航运新城块
物流仓出库时间 2018/7/9 21:27:50	领鲜物流北区物流中心 上海市嘉定区昌翔路505号3号库
物流仓入库时间 2018/7/9 14:55:15	领鲜物流北区物流中心 上海市嘉定区昌翔路505号3号库
物流仓出库时间 2018/7/9 12:21:16	领鲜物流马桥物流中心 上海市闵行区紫东路489号
物流仓入库时间 2018/7/9 12:18:51	领鲜物流马桥物流中心 上海市闵行区紫东路489号
工厂仓出库时间 2018/7/9 12:16:26	华东中心工厂低温仓 上海市闵行区紫东路489号
工厂仓入库时间 2018/7/9 1:31:30	华东中心工厂低温仓 上海市闵行区紫东路489号
生产包装时间 2018-07-09 01:14:16	华东中心工厂 上海市闵行区紫东路489号
收奶时间 2018-07-08 11:10:05	华东中心工厂 上海市闵行区紫东路489号
供奶时间 2018-07-08 07:05:03	金山种奶牛场 上海市金山区廊下镇永光路1588号
生奶来源	金山种奶牛场 上海市金山区廊下镇永光路1588号

产品详情

产　品　名　称：光明致优全鲜乳260ml
产品追溯码：1199002680175795
产　　　　　地：上海市

追溯档案

经销商网点	航运新城块
物流仓出库时间 2018/7/9 21:27:50	领鲜物流北区物流中心 上海市嘉定区昌翔路505号3号库
物流仓入库时间 2018/7/9 14:55:15	领鲜物流北区物流中心 上海市嘉定区昌翔路505号3号库
物流仓出库时间 2018/7/9 12:21:16	领鲜物流马桥物流中心 上海市闵行区紫东路489号

图 12-17　产品追溯二维码及追溯信息展示（2）

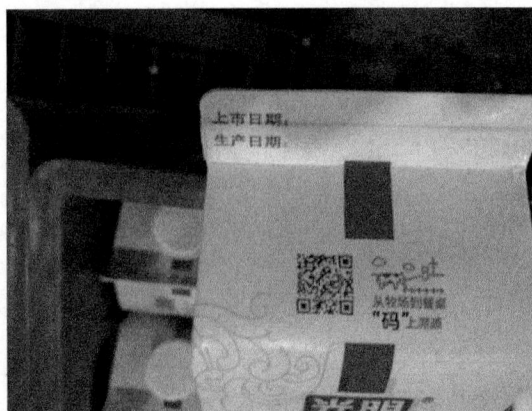

图12-18 产品追溯二维码及追溯信息展示（3）

从图12-16至图12-18可以看出，光明乳业产品追溯可以实现正向追踪、反向追溯，源头可追到供应商（牧场），流通渠道可追到一级经销商及终端。其中，方框中的信息由流通追溯管理系统采集。

12.4　项目实施效益

12.4.1　技术效果评价

流通追溯管理系统作为光明乳业全产业链可追溯体系的重要组成部分，承接从工厂生产入库到销售配送至终端整个过程信息链的采集与反馈，采用 RFID、二维码及智能分拣设备等智能化手段，提升现有物流信息化水平、物流作业效率的同时，实现莫斯利安产品及以首创致优为代表的低温产品的全产业链可追溯。

将传统的纸质单据流转、人工记录、人工报表统计变更为信息系统自动单据流转、系统信息记录、智能数据处理系统自动统计报表，实现了更为迅速的信息流转确认；将传统的人工经验式拣货变更为系统指令、人工执行式拣货、系统复核的方式，提升了拣货效率，降低了人工拣货的错误率。

流通追溯管理系统的上线，使领鲜物流的信息化实现了跨越式的发展，将原有的零散的小型系统整合变更为一套完整的大型现代化物流系统，将运输、仓储、指挥等各个独立作业的形式，整合成一套完整的相互协同运作的完整物流产业链，为后续的企业发展提供技术上的完整支持。

12.4.2　经济效益评价

以马桥仓库作为低温产品智能追溯分拣的试点，代替现有在车内分拣的模式，在提高作业效率、提升准确率的同时，降低了配送员工原本配送分拣的工作强度。该模式可以在其他仓库包括康桥、奉贤和嘉定进行推广。根据现有的场地条件，采用的方式可以是摘果式电子标签，或是播种式电子标签。

原有的纸质单据流转、人工统计分析的方式占用了人员的大量工作时间，效率低、时间长、易出错等问题一直制约着企业的发展，流通追溯管理系统的上线，大大减少了人员的重复机械性劳动，有效地提高了人员的工作效率，使工作人员可以将更多的精力放在有创造性的工作上，企业整体运作更加有效率，岗位配置更加合理。

12.4.3　社会效益评价

光明乳业全产业链追溯系统的上线，实现了行业内的零突破，将整个乳品行业的用户服务及用户体验提升到了一个新的高度，用户可以更加方便直观地了解手中的光明产品的整个生产加工过程，能够更加清晰地了解产品的点滴细节。光明做到了让每一位用户放心安心，将光明的食品安全及对用户负责的理念及态度植入每一位用户的心中。

领鲜物流作为整个追溯系统的重要一环，通过本次系统的实施，将完整的产品物流信息传递给用户，让用户清楚地看到手中的产品的实际物流过程、流转时间、过程中的产品温度状态等信息，特别是在新鲜产品领域，这是一次突破，同时也是对领鲜物流的一次考验，让用户随时都能监督物流的工作，是压力也是动力。领鲜物流作为现代化物流企业，理应承担起这份社会责任，成为冷链、常温物流行业的领跑者。领鲜物流将为社会提供更加出色的、细致的、清晰的物流服务。

本篇撰稿人： 蒋　涛　深圳前海量子云码科技有限公司总经理

张　军　深圳市道嘉鲜科技有限公司 CTO

蒋心武　上海中商网络股份有限公司副总经理兼技术总监

汪琼莹　上海中商网络股份有限公司品牌主管

郭艳来　北京太一云科技有限公司解决方案中心经理

杨云勇　贵州茅台酒股份有限公司信息中心处长

黄建科　贵州茅台酒股份有限公司信息中心副处长

于怀智　国家农产品现代物流工程技术研究中心综合部副部长

张长峰　国家农产品现代物流工程技术研究中心品控部部长

黄　婧　獐子岛集团股份有限公司品控中心品控部质量管理主管

李　娜　獐子岛集团股份有限公司品控中心品控部经理助理

黎　明　上海领鲜物流有限公司运营总监

李善刚　上海领鲜物流有限公司质量经理

刘　谊　华北电力大学经济与管理学院副教授，企业管理与信息化研究所副所长

资料汇编篇

13 相关法规和政策

13.1 概述

2017 年，国家及相关部门相继发布了一系列涉及食品行业追溯体系的规定和政策，主要内容如表 13 - 1 所示。

表 13 - 1 相关规定和政策

部门	文件名	发布部门
国务院办公厅	关于印发 2017 年食品安全重点工作安排的通知	国办发〔2017〕28 号
质检总局等 10 部门	关于印发《关于开展重要产品追溯标准化工作的指导意见》的通知	国质检标联〔2017〕419 号
国务院办公厅	关于加快发展冷链物流保障食品安全促进消费升级的意见	国办发〔2017〕29 号
国务院食品安全办等 14 部门	关于提升餐饮业质量安全水平的意见	食安办〔2017〕31 号
国家发展改革委办公厅工业和信息化部办公厅	关于进一步落实盐业体制改革有关工作的通知	发改办经体〔2017〕604 号
国家发展改革委工业和信息化部	关于促进食品工业健康发展的指导意见	发改产业〔2017〕19 号
国家食品药品监督管理总局	《网络餐饮服务食品安全监督管理办法》	国家食品药品监督管理总局令第 36 号
国务院食品安全办、农业部、食品药品监管总局	关于进一步加强"双安双创"工作的意见	食安办〔2018〕3 号
国务院办公厅	关于推进奶业振兴保障乳品质量安全的意见	国办发〔2018〕43 号

13.2 《国务院办公厅关于印发 2017 年食品安全重点工作安排的通知》全文

各省、自治区、直辖市人民政府，国务院各部委、各直属机构：

食品安全关系广大人民群众身体健康和生命安全，加强食品安全工作是各级党委政府的重大政治任务。2016 年，全国食品安全形势总体稳定向好，但问题依然复杂严峻。为贯彻党中央、国务院关于食品安全工作的决策部署，落实"四个最严"要求，强化源头严防、过程严管、风险严控监管措施，加快解决人民群众普遍关心的突出问题，提高食品安全治理能力和保障水平，推进供给侧结构性改革和全面小康社会建设，现就 2017 年食品安全重点工作作出如下安排：

一、加强食品安全法治建设

完善办理危害食品安全刑事案件的司法解释，推动掺假造假行为直接入刑。（中央政法委牵头，高法院、高检院、公安部、农业部、国家卫生计生委、海关总署、质检总局、食品药品监管总局配合）加快完善食品安全相关法律制度，抓紧修订食品安全法实施条例，基本完成食品安全法配套规章制修订，落实处罚到人。推动地方食品生产经营小作坊、小摊贩、小餐饮管理办法在年内全部出台。启动农产品质量安全法修订，贯彻落实新修订的农药管理条例。研究制定餐厨垃圾回收和资源化处理相关法规。（食品药品监管总局、农业部、国家发展改革委、国务院法制办按职责分工负责）修订出台学校食堂与外购学生集中用餐食品安全管理规定。（教育部牵头，国家卫生计生委、食品药品监管总局配合）制定食品相关产品监管办法，抓紧修订进出口食品安全管理办法。（质检总局牵头，国家卫生计生委、食品药品监管总局配合）加强食品安全法治教育，各级食品安全监管人员、各类食品生产经营单位负责人、主要从业人员全年接受不少于 40 小时的食品安全集中培训。完善食品安全行政执法程序，加强行政处罚法律适用的指导。规范执法行为，强化执法监督，开展执法检查，做好行政复议和应诉工作。（国务院有关部门、各省级人民政府负责）

二、完善食品安全标准

推动食品安全标准与国际标准对接。继续完善食品安全标准体系，制修订一批重点急需的重金属污染、有机污染物、婴幼儿配方食品、特殊医学用途配方食品、保健食品等食品安全国家标准及其检测方法。加强标准的宣传、培训与跟踪评价，强化标准制定、执行和监管的衔接。加强地方食品安全标准制修订与管理，指导地方清理标准，建立地方标准目录。（国家卫生计生委牵头，农业部、质检总局、食品药品监管总局、国家粮食局配合）加强食品中非法添加物质的检验方法研究。（科技部、国家卫生计生委、食品药品监管总局按职责分工负责）加快制定蔬菜及特色农产品的农药残留和小品种畜禽水产品的兽药残留限量标准，新制定农药残留标准 1000 项、兽药残留标准 100 项，全面清理整合和修订农药兽药残留检测方法。颁布进口农产品的农药兽药残留限量标准制定规范，启动分类制定"一律"限量标准。（农业部牵头，质检总局配合）完善粮食质量安全标准体系。（国家粮食局牵头，质检总局配合）

三、净化农业生产环境

启动土壤污染状况详查，推动土壤污染防治立法和土壤环境质量标准修订，落实大气、水、土壤污染防治行动计划，开展土壤污染综合防治先行区建设和土壤污染治理与修复技术应用试点。年底前出台农用地土壤环境管理办法，发布农用地土壤环境质量标准。（环境保护部负责）严格控制在优先保护类耕地集中区域新建有色金属冶炼、石油加工、化工、焦化、电镀、制革等行业企业，现有相关行业企业要采用新技术、新工艺，加快提标升级改造步伐。（环境保护部、国家发展改革委牵头，工业和信息化部配合）深入开展耕地质量保护与提升行动，推进农业面源污染防治攻坚行动。总结长株潭试点经验，加快重金属污染耕地修复和种植结构调整，指导中轻度污染耕地安全利用以及重度污染耕地食用农产品禁止生产区划定。（农业部负责）落实国务院关于加强粮食重金属污染治理的各项措施，处理好调整种植结构和保护农民利益的关系。（国家发展改革委、财政部、农业部、国家粮食局等部门会同相关省级人民政府负责）

四、加强种养环节源头治理

推行良好农业规范，在规模化生产经营主体落实生产记录台账制度。加强农药兽药安全间隔期、休药期管理。实施高毒农药定点经营、实名购买制度，禁止高毒农药用于蔬菜、瓜果、茶叶、中草药等农作物的生产，分期分批对高毒农药采取禁限用措施。实施兽用处方药管理和兽药二维码追溯制度。加大科学种养技术培训力度，指导农户依法科学合理使用农药、兽药、化肥、饲料和饲料添加剂，严禁使用"瘦肉精"、孔雀石绿、硝基呋喃等禁用物质。（农业部牵头，质检总局配合）推行病虫害、动物疫病统防统治专业化服务，扶持培育经营性服务组织。（农业部牵头，质检总局、财政部配合）推进食用农产品合格证管理试点。深入推进畜禽、水产品

质量安全专项整治，集中治理农药兽药残留超标突出问题。（农业部牵头，食品药品监管总局配合）

五、严格生产经营过程监管

推进风险分级制度落地，在风险分级基础上加强日常监督检查，贯彻"双随机、一公开"原则，通过彻查隐患、抽检"亮项"、处罚到人、公开信息，曝光所有违法违规企业，倒逼生产经营者落实主体责任。坚持问题导向，加大专项检查和飞行检查力度，推行检查表格化、抽检制度化、责任网格化，落实日常检查和监督抽检两个责任。对婴幼儿配方乳粉生产企业进行食品安全生产规范体系检查。在大型食品和食品相关产品生产企业全面推行危害分析和关键控制点（HACCP）体系，鼓励获得认证。推动企业建立食品安全追溯体系。开展放心菜、放心肉超市创建活动，督促食用农产品批发市场、网络第三方平台开办者落实食品安全管理责任。鼓励有条件的地方对小摊贩、小餐饮实行集中规范管理。加强食品相关产品生产企业监管，规范标识标注。严格实施进口食品境外生产企业注册，加强对已注册企业事中事后监管。（质检总局、食品药品监管总局按职责分工负责）加强"放心粮油"供应网络质量安全监管。（国家粮食局负责）深入开展农村食品安全治理，重点排查治理农村及城乡结合部地区突出食品安全风险隐患，有针对性地强化长效机制建设。（农业部、工商总局、食品药品监管总局按职责分工负责）加大对校园及周边地区食品安全监管力度，落实学校食堂食品安全管理责任，严防发生群体性食物中毒事件。（教育部、食品药品监管总局按职责分工负责）贯彻实施铁路运营食品安全管理办法，推进列车快餐供应商资质管理，做好春暑运铁路食品安全工作。（中国铁路总公司负责）实施餐饮业食品安全提升工程，大力倡导餐饮服务单位"明厨亮灶"，落实进货查验、原料控制、环境卫生等制度，落实餐饮单位质量安全管理主体责任。加强对网络订餐的监管，及时查处网络订餐违法经营行为。（食品药品监管总局负责）

六、严密防控食品安全风险

组织实施国家食品安全风险监测计划，加大风险监测评估力度。推进部门间、地区间风险监测、评估和监督抽检信息共享，用好互联网、大数据，加强风险监测结果通报与会商研判，为风险防控提供技术支持。（国家卫生计生委牵头，农业部、质检总局、食品药品监管总局、国家粮食局配合）开展农产品质量安全风险隐患摸底排查，加强风险监测、评估和监督抽检，依法公布抽检信息。（农业部负责）对重点产品、重点问题加强监督抽检和风险监测。（食品药品监管总局、国家卫生计生委按职责分工负责）按照下管一级的原则，统筹国家、省、市、县四级抽检计划，扩大抽检覆盖面，提高问题发现率和不合格产品核查处置率。规范食品快速检测方法评价工作。建立风险预警交流工作体系，及时发布食品安全抽检信息、风险警示或消费提示。探索开展大型食品企业风险交流，完善重要信息直报制度和直报网络，加强食品安全舆情监测预警，制订国家食品安全突发事件应急预案。（食品药品监管总局负责）实施进口食品安全放心工程，加强对高风险、高关注度进口食品监管。落实进口食品进出口商备案管理制度。进一步强化国境口岸食品安全监管，加强进出口食用农产品和饲料安全监管，开展风险监控。（质检总局负责）推广食品安全责任保险，鼓励食品生产经营企业投保食品安全责任保险。（国务院食品安全办牵头，保监会配合）

七、促进食品产业转型升级

深入实施农业标准化战略，突出优质、安全和绿色导向，严格无公害农产品、绿色食品、有机农产品和农产品地理标志（简称"三品一标"）认证，以及良好农业规范认证，围绕市场需求调整农产品种养结构。（农业部、质检总局按职责分工负责）出台促进食品工业健康发展的指导意见，推进食品工业结构调整和转型升级。打造食品加工产业集群，引导食品加工企业向主产区、优势产区、产业园区集中，加大技术改造支持力度，促进食品工业增品种、提品质、创品牌。（国家发展改革委、工业和信息化部按职责分工负责）加快修订乳制品工业产业政策，进一步严格行业准入，推动婴幼儿配方乳粉企业兼并重组，发布实施婴幼儿配方乳粉追溯体系行业标准。（工业和信息化部牵头，国家发展改革委、农业部、食品药品监管总局配合）推广"生产基地＋中央厨房＋餐饮门店""生产基地＋加工企业＋商超销售"等产销模式。（农业部、食品药品监管总局、各省级人民政府按职责分工负责）加强餐厨废弃物、肉类加工废弃物和不合格畜禽产品的资源化利用和无害化处理，严防"地沟油"流向餐桌。（国家发展改革委、住房城乡建设部、农业部、工业和信息化部按职责分工负责）研究制定加快发展冷链物流保障食品安全促进消费升级的意见，完善食品冷链物流标准体系，鼓励社会力量和市场主体加强食品冷链物流基础设施建设。（国家发展改革委牵头，农业部、商务部、国家卫生计生委、质检总局、食品药品监管总局等部门配合）推进出口食品企业内外销"同线同标同质"工程。（质检总局牵头）

八、严厉打击食品安全违法犯罪

保持高压震慑态势，加大监督检查频次，严惩食品安全违法犯罪行为。重拳整治非法添加、超范围超限量使用添加剂、滥用农药兽药等农业投入品、制假售假、私屠滥宰等违法行为。所有食品安全违法行为均应追究到人，并向社会公开被处罚人的信息。建立健全重大违法犯罪案件信息发布制度，控制产品风险和社会风险，保障公众知情权。（食品药品监管总局、农业部、公安部、国务院食品安全办按职责分工负责）加强行政执法与刑事司法的衔接。完善涉嫌犯罪案件移送、信息通报机制，解决食品安全违法犯罪案件取证难、移送难、入罪难以及检验认定经费、检验结论出具、涉案产品处置等问题。（中央政法委、食品药品监管总局牵头，农业部、质检总局、公安部、高检院配合）加大对虚假违法食品广告的查处力度。（工商总局负责）进一步加大对食品相关产品的执法打假力度。（质检总局负责）加大对重点敏感食品走私的打击力度。（海关总署负责）

九、建立统一权威的食品安全监管体制

完善食品药品安全监管体制，加强统一性、专业性和权威性，充实基层监管力量。实行综合执法的地方，要把食品药品安全监管作为首要职责。（国务院食品安全办、食品药品监管总局牵头，中央编办配合）依托现有资源，加快建设职业化食品药品检查员队伍，设置相应的专业技术岗位、技术职务，开展专业技能培训，合理确定薪酬待遇，用专业性保证权威性。（食品药品监管总局牵头，中央编办、人力资源和社会保障部、财政部配合）

十、加强食品安全基础和能力建设

增强食品安全监管统一性和专业性，切实提高食品安全监管水平和能力。落实"十三五"国家食品安全规划，将规划实施情况纳入对省级人民政府的考评内容。建立规划实施情况年度监测评估机制，各相关部门要制订具体实施方案。加强基层食品安全和农产品质量安全的监管机构与技术机构能力建设，推动实现业务用房、执法车辆、执法装备配备标准化。强化各级公安机关食品药品犯罪专业侦查力量。加强食品安全和农产品质量安全检验机构管理。加强食品相关产品检验检测能力建设。（食品药品监管总局、公安部、农业部、国家卫生计生委、质检总局、国家发展改革委、财政部等部门，各省级人民政府按职责分工负责）制定鼓励政策，发挥大专院校、科研院所等社会检验检测资源作用。加强食品和农产品检验机构资质认定工作，公布食品检验复检机构名录，引入第三方检验服务。（农业部、国家卫生计生委、质检总局、食品药品监管总局按职责分工负责）继续推动食品检验检测认证机构整合。（质检总局、中央编办牵头，食品药品监管总局配合）加强粮食质量安全检验监测体系建设，强化基层粮食质量安全检验监测能力。（国家粮食局牵头，质检总局配合）应用"互联网＋"检验检测技术，推动食品安全检验检测新业态发展。通过国家科技计划（专项、基金等），开展食品安全关键技术研发和科技创新示范。（科技部负责）加快食品安全监管信息化工程项目建设，建立全国统一的食品安全信息平台。（食品药品监管总局牵头，工业和信息化部、商务部、国家卫生计生委、质检总局、国家粮食局配合）完善农产品质量安全追溯体系，试运行国家农产品质量安全追溯管理信息平台。（农业部负责）加强肉类、婴幼儿配方乳粉、蔬菜等重要产品追溯体系建设，加快推进省级重要产品追溯管理平台建设。（工业和信息化部、商务部按职责分工负责）编制食品安全 2030 规划纲要。编写食品安全年度报告。（国务院食品安全办牵头，国务院食品安全委员会相关成员单位配合）

十一、推动食品安全社会共治

加强食品安全新闻宣传，做好舆论监督，营造良好舆论环境。（中央宣传部负责）举办"全国食品安全宣传周"活动，展示国家食品安全示范城市和农产品质量安全县创建（"双安双创"）行动成果。深入开展食品安全法普法宣传。（国务院食品安全办牵头，国务院食品安全委员会相关成员单位配合）强化食品安全科普网点建设，推进食品安全科普工作队伍建设和示范创建，提高公众食品安全科学素养。（中国科协负责）通过多种形式开展学生食品安全教育。（教育部负责）贯彻实施食品工业企业诚信管理体系国家标准，开展食品工业企业诚信管理体系评价。（工业和信息化部负责）加强投诉举报体系能力建设，畅通投诉举报渠道。建立健全食品安全信用档案并依法及时向社会公布，加强对食品生产经营严重失信者的联合惩戒。（国务院食品安全委员会相关成员单位按职责分工负责）

十二、落实食品安全责任制

各地要把加强食品安全工作作为重大政治任务来抓，作为公共安全问题来抓，主要负责同志亲自抓，保证监管工作有责任、有岗位、有人员、有手段，支持监管部门履行职责。发挥食品安全委员会统一领导、食品安全办综合协调作用，加强各级食品安全办力量，强化食品安全工作的统筹协调，健全沟通协调机制，完善风险交流和形势会商工作机制。（各省级人民政府负责）进一步加大食品安全投入力度，加强基层监管力量和基础设施建设，推动实现基层装备标准化，保障各级食品安全监管所需经费，特别是检验检测经费。（各省级人民政府，食品药品监管总局、财政部等部门按职责分工负责）深入开展"双安双创"行动，对首批食品安全示范城市命名授牌，打造农产品质量安全县示范样板，开展第二批农产品质量安全县创建，组织召开"双安双创"现场会。（国务院食品安全办牵头，农业部、食品药品监管总局配合）推进出口食品农产品质量安全示范区建设。（质检总局负责）组织对各省级人民政府食品安全工作督查和现场考核，强化督查考核结果运用。（国务院食品安全办牵头，国务院食品安全委员会相关成员单位配合）建立食品安全工作绩效与履职评定、奖励惩处挂钩制度。（各省级人民政府负责）建立健全食品安全责任制和责任追究制度，研究制定食品安全工作问责办法。（国务院食品安全办牵头，监察部配合）依法依纪严肃追究重大食品安全事件中失职渎职责任。（监察部负责）

13.3 《关于开展重要产品追溯标准化工作的指导意见》

标准化作为国家一项基础性制度，是国家治理体系和经济社会发展的重要技术基础。为深入贯彻落实国务院办公厅《关于加快推进重要产品追溯体系建设的意见》（国办发〔2015〕95号）工作部署，加强重要产品追溯标准化工作指导和统筹协调，有序推进重要产品追溯体系建设，针对重要产品追溯体系建设实施"标准化＋"行动，加快完善相关标准体系，通过标准制定和实施，统一建设规范和技术要求，有效支撑和服务重要产品追溯体系建设，现提出以下意见。

一、充分认识重要产品追溯标准化工作重要性

我国已经进入追溯产业快速发展期，在营造公平有序营商环境、推动监管模式创新、提升产品质量管理能力、促进消费升级等方面取得了积极成效。重要产品追溯体系建设涉及行业领域多、覆盖面广、产业链长、技术含量高，是一项复杂的系统性工作。

标准是人类文明进步的成果，标准化在便利经贸往来、支撑产业发展、促进科技进步、规范社会治理中的作用日益凸显，是产业核心竞争力的基本要素，是实施创新驱动发展战略的重要内容。及时总结提炼适用性强、适宜推广的技术要点，规范追溯相关准则和依据，制定标准并组织实施，有利于进一步统一追溯体系建设要求，对于实现追溯体系建设可持续发展具有重要意义，事关重要产品追溯产业有序健康发展的工作全局。

重要产品追溯标准化是一项战略性、基础性、全局性的工作，要切实提高对重要产品追溯标准化工作必要性和重要性的认识，明确目标，突出重点，采取有效措施，运用好标准化手段，推进重要产品追溯体系建设。围绕追溯信息链条和责任追究链条，完善相关标准体系，增进产品信息透明度，保障各方知情权，提高产品质量管理水平，提高消费信心，推动建立统一开放、竞争有序的市场体系。

二、指导思想、基本原则和主要目标

（一）指导思想

全面贯彻党的十八大和十八届三中、四中、五中、六中全会精神，深入贯彻习近平总书记系列重要讲话精神和治国理政新理念新思想新战略，落实国务院深化标准化工作改革方案措施要求，牢固树立新发展理念，以服务和支撑重要产品追溯体系建设为主线，积极实施标准化战略，发挥标准规制和引领作用，形成国家标准、行业标准为主体，地方标准、团体标准和企业标准为补充，强制性标准和推荐性标准协同配合的标准体系。围绕食用农产品、食品、药品、农业生产资料、特种设备、危险品、稀土产品等重要产品，抓紧制定和实施一批关键共性标准，逐步建立结构合理、相互配套、行之有效的重要产品追溯标准体系，支撑覆盖全国、统一开放、先进适用的追溯体系建设，实现产品来源可查、去向可追、责任可究，促进相关行业转型升级，助力供给侧结构性改革，服务国民经济和社会发展全局。

（二）基本原则

统筹规划，分类实施。围绕重要产品追溯体系建设现状和发展需要，加强标准化工作统筹和顶层设计，统一规划标准体系架构，明确各级标准定位和各类标准功能，结合行业需求有序组织制定与实施追溯标准，强化标准化支撑重要产品追溯体系建设的技术基础作用。

多方参与，协同推进。重要产品追溯体系建设涉及产品生产、流通、消费等各个环节，需要政府部门、行业协会和企业等共同参与，形成工作合力。完善统一管理、分工负责的标准化管理体制，营造共治格局。国家、行业、企业等不同层面，要协同推进重要产品追溯标准化工作，形成良性互动和相互促进的工作局面。

自主可控，急用先行。标准研制优先采用自主知识产权技术，建立自主可控可管的标准体系，服务国家经济产业发展需要，确保国家经济、产业、社会安全。以需求为导向，统一追溯信息，抓紧制定追溯术语、追溯编码、系统构建、评估评价等基础共性标准和数据互联、数据采集等关键技术标准。

统一要求，衔接互补。充分利用各行业各领域已建立的追溯体系相关标准规范，通盘考虑加以吸收借鉴，促进标准制定工作有效衔接，加强各级各类标准相互协调配合，促进各行业、各地区追溯系统互联互通和数据共享，实现各类产品追溯技术相互协同、有机衔接。

国际接轨，深化合作。借鉴国际上追溯体系建设标准化先进经验和成果，探索推进重要产品追溯标准与国际接轨，携手打造中国与"一带一路"沿线国家重要产品追溯通用规则，通过标准支撑跨国贸易产品信息融合互通，促进商品国际流通和贸易合作。加强关键技术指标适用性研究，与相关国际组织和先进国家开展技术合作，制定重要产品追溯国际标准。

（三）主要目标

到2020年，标准化支撑重要产品追溯体系建设的作用明显增强。基本建成国家、行业、地方、团体和企业标准相互协同、覆盖全面、重点突出、结构合理的重要产品追溯标准体系。一批关键共性标准得以制定实施，追溯体系建设基本要求得到规范统一，全社会追溯标准化意识显著提高。追溯标准实施效果评价和反馈机制初步建立，有效开展重要产品追溯标准化试点示范，发挥辐射、带动和引领作用，实现标准化的经济效益和社会效益。

三、主要任务

（一）开展重要产品追溯标准化基础研究

开展重要产品追溯体系建设和应用相关技术研究，加强重要产品追溯标准制修订工作技术储备，夯实重要产品追溯标准化工作基础。同步跟踪掌握国外追溯体系管理、实施和运用标准现状与业务模式发展状况。结合我国追溯体系建设内在规律、基本原理、技术参数及管理模式，分析研究追溯标准制定与实施情况，运用追溯标准化工作新理念、新思路、新动态，重点开展追溯信息、数据元规则、追溯编码、数据采集格式、数据接口协议及体系认证等追溯核心技术及推广应用模式研究，为重要产品追溯体系建设提供标准化支撑。

（二）统筹规划重要产品追溯标准体系

以重要产品追溯体系建设现状为出发点，将满足追溯体系建设科学可行、规范有序发展作为落脚点，全面梳理分析现行法律法规和标准情况，组织开展追溯标准体系架构研究，明确标准制修订工作重点任务，加强标准体系建设顶层设计以及与已有标准体系的协调统筹。标准体系重点围绕食用农产品、食品、药品、农业生产资料、特种设备、危险品、稀土产品七大类重要产品，涵盖基础、规范要求、规程指南、测试评价、认证评价等标准类型，规范信息编码、对象标识、信息识别、数据采集、信息传输、平台建设、数据管理、信息展示、监督管理、信息安全保障等追溯要素。建立级配合理、层级分明的重要产品追溯标准体系，国家标准聚焦基础性、通用性，行业标准满足专业性、专用性，地方标准体现地域性、特殊性，团体标准和企业标准突出市场化、灵活性。

（三）研制重要产品追溯基础共性标准

针对重要产品生产、流通、消费等各环节特性，注重追溯模式、技术创新和标准制定协同、平衡发展，支撑中央与地方、政府与市场开放联动需要，充分利用物联网、云计算等成熟可靠的现代信息技术，围绕追溯共性技术、追溯信息管理、追溯评估评价、追溯关键环节等方面，尽快制定发布一批技术含量高、适用性强的基础共性标准，统一和规范追溯信息、对象标识规则、数据采集格式、数据接口协议及体系认证等追溯基本要求，发挥标准对全国重要产品追溯体系建设制度基础保障和技术支撑作用。

（四）探索重要产品追溯标准化试点示范

综合考虑行业产业状况、产品代表性、经济规模、地域特色等因素，突出重点产品和关键环节，积极探索开展追溯标准化试点示范工作。试点示范核心内容是实施和验证追溯标准，通过总结提炼试点成功经验，培育一批具有引领示范效应的试点示范项目，推动标准规模化、产业化应用，发挥试点示范辐射带动作用。

（五）抓好重要产品追溯标准的推广应用

要大力进行追溯标准宣传和推广，增强在重要产品追溯工作中实施标准的主动性和自觉性。重视重要产品追溯标准的推广应用，在试点示范的基础上，制订切实可行的标准推广方案，配套标准发布实施。通过印制宣传手册、编写培训材料、召开宣贯会议等形式，有重点、分节点地推动标准推广实施。企业作为产品追溯的责任主体，要积极参与追溯标准推广实施，准确掌握标准内容、理解指标要求，主动运用好标准，保证标准实施效果。

（六）做好重要产品追溯标准实施信息反馈和评估

充分运用信息化手段，依托国家重要产品追溯体系公共信息服务平台，利用重要产品追溯标准化试点示范工作，推动建立重要产品追溯标准实施信息管理系统，打通标准实施信息反馈渠道，实时收集、整理和分析标准实施信息，开展标准实施后评估，集中查摆标准内容滞后老化、指标设置不科学、市场适用性不强等问题，同步开展标准复审和维护更新，确保标准规定切实可行、高效管用。

四、重要产品

重要产品追溯标准制定应遵循覆盖面广、实用性强的原则，选择风险性突出、借鉴性强、需求量大的产品开展标准编制和实施工作。

（一）食用农产品

食用农产品标准编制应涵盖食用农产品的种植养殖、运输贮存、销售、加工等环节，标准内容应包括农产品分类、编码标识、操作规范、数据格式、数据对接等关键内容，支撑实现全国农产品质量安全追溯管理"统一追溯模式、统一业务流程、统一编码规则、统一信息采集"，促进食用农产品全过程追溯管理。

（二）食品

食品追溯标准内容应覆盖食品原辅料购进、生产过程、产品检验、产品运输、储存和销售等环节的追溯要求，为推动食品生产经营企业落实主体责任，为建立和完善食品质量安全追溯体系提供技术依据。

五、强化保障措施

（一）加强组织领导

重要产品追溯标准化工作跨行业、跨领域，要加强标准体系建设总体设计和组织领导，多方参与协同推进标准制定和实施。质检总局、商务部会同有关部门，强化宏观指导，落实部门分工。各地应高度重视重要产品追溯标准化工作，根据追溯体系建设实际情况，同步部署体系建设和标准化工作，研究标准化工作需求，明确细化措施和工作方案，形成上下衔接、左右联动的标准化工作局面。

（二）完善工作机制

切实将标准化纳入重要产品追溯体系建设重要事项，加大标准化工作政策支持和经费保障力度。落实企业追溯体系建设主体责任，推动企业提升标准化意识，促进标准有效实施。要采取政府引导、市场化运作的做法，鼓励地方政府引导企业和社会资金投入，形成多元化投入保障机制，形成标准化工作共治格局。

（三）建设人才队伍

发挥专家的智慧和聪明才智，为重要产品追溯标准化工作提供咨询和技术指导。支持高校、科研院所、行业协会、企业联合建立追溯标准化人才培养孵化器，创新培养模式，培养一支追溯标准化复合型人才队伍。

（四）推动国际接轨

积极参与追溯国际标准化活动，结合"一带一路"建设愿景，借鉴国际组织和发达国家已有经验和做法，加强追溯技术国际交流，开展标准化国际合作，促进我国标准与国际标准接轨，全面提升重要产品跨境追溯能力建设，促进产品全球流通，实现共同发展、共同繁荣。

（五）加强宣传引导

加强追溯标准化工作宣传力度，充分发挥传统媒体和新媒体作用，通过新闻媒体和信息网络，广泛传播重要产品追溯标准化工作成果，提升标准意识。及时通报追溯标准化工作最新进展，宣传重要标准制定发布情况，开展标准重要指标解读，推动各行业营造追溯标准化意识，提高标准化在重要产品追溯体系建设中的认知度和普及率，切实发挥追溯体系建设中的标准规范引领作用。

13.4 《关于加快发展冷链物流保障食品安全促进消费升级的意见》相关条文

随着我国经济社会发展和人民群众生活水平不断提高，冷链物流需求日趋旺盛，市场规模不断扩大，冷链物流行业实现了较快发展。但由于起步较晚、基础薄弱，冷链物流行业还存在标准体系不完善、基础设施相对落后、专业化水平不高、有效监管不足等问题。为推动冷链物流行业健康规范发展，保障生鲜农产品和食品消费安全，根据食品安全法、农产品质量安全法和《物流业发展中长期规划（2014—2020年)》等，经国务院同意，提出以下意见。

一、总体要求

（一）指导思想。全面贯彻党的十八大和十八届三中、四中、五中、六中全会精神，深入贯彻习近平总书记系列重要讲话精神，认真落实党中央、国务院决策部署，紧紧围绕统筹推进"五位一体"总体布局和协调推进"四个全面"战略布局，牢固树立和贯彻落实创新、协调、绿色、开放、共享的发展理念，深入推进供给侧结构性改革，充分发挥市场在资源配置中的决定性作用，以体制机制创新为动力，以先进技术和管理手段应用为支撑，以规范有效监管为保障，着力构建符合我国国情的"全链条、网络化、严标准、可追溯、新模式、高效率"的现代化冷链物流体系，满足居民消费升级需要，促进农民增收，保障食品消费安全。

（三）发展目标。到2020年，初步形成布局合理、覆盖广泛、衔接顺畅的冷链基础设施网络，基本建立"全程温控、标准健全、绿色安全、应用广泛"的冷链物流服务体系，培育一批具有核心竞争力、综合服务能力强的冷链物流企业，冷链物流信息化、标准化水平大幅提升，普遍实现冷链服务全程可视、可追溯，生鲜农产品和易腐食品冷链流通率、冷藏运输率显著提高，腐损率明显降低，食品质量安全得到有效保障。

五、提升冷链物流信息化水平

鼓励企业加强卫星定位、物联网、移动互联等先进信息技术应用，按照规范化标准化要求配备车辆定位跟踪以及全程温度自动监测、记录和控制系统，积极使用仓储管理、运输管理、订单管理等信息化管理系统，按照冷链物流全程温控和高时效性要求，整合各作业环节。鼓励相关企业建立冷链物流数据信息收集、处理和发布系统，逐步实现冷链物流全过程的信息化、数据化、透明化、可视化，加强对冷链物流大数据的分析和利用。大力发展"互联网＋"冷链物流，整合产品、冷库、冷藏运输车辆等资源，构建"产品＋冷链设施＋服务"信息平台，实现市场需求和冷链资源之间的高效匹配对接，提高冷链资源综合利用率。推动构建全国性、区域性冷链物流公共信息服务和质量安全追溯平台，并逐步与国家交通运输物流公共信息平台对接，促进区域间、政企间、企业间的数据交换和信息共享。（国家发展改革委、交通运输部、商务部、农业部、工业和信息化部负责）

13.5　《关于提升餐饮业质量安全水平的意见》相关条文

（三）严把原辅料购进质量安全关。餐饮服务提供者应制定并实施原料控制要求，建立稳定的原料供应渠道或供应商，落实索证索票和进货查验制度，重点加强对米面油、肉类和水产品的采购管理，保证购进原辅料的质量符合国家食品安全标准。严禁采购和使用假冒伪劣的食品原料和酒水饮料。要定期检查库存食品及原料，及时处理超过保质期或者变质的食品及原料。（食品药品监管总局负责）

（七）完善监管制度标准体系。进一步健全餐饮服务食品经营许可、网络餐饮服务监管、餐饮服务量化分级管理、学校（含幼儿园）食堂食品安全监管、民航运营、铁路运营食品安全管理等规章制度。修订餐饮服务食品安全操作规范。完善餐饮食品安全标准体系，推进餐饮服务团体标准和特色餐饮地方标准建设。（食品药品监管总局、教育部、国家卫生计生委、质检总局、中国民用航空局、中国铁路总公司负责）

（十六）开展"明厨亮灶"质量提升行动。以繁华商业街区、A级旅游景区等为重点区域，以学校（含幼儿园）食堂、大型和连锁餐饮企业、中央厨房、集体用餐配送单位等为重点单位，提升"明厨亮灶"覆盖面。推进食品原辅料及其来源公示，公开加工制作过程，提升环境卫生质量，开展"明厨亮灶"示范建设，提高公众参与度和社会公信力。（食品药品监管总局、教育部、旅游局负责）

（二十二）促进餐饮集约化经营。加强规划引导，推动餐饮业向大众化、集约化、标准化转型升级。支持餐饮服务企业发展连锁经营，实现原料统一加工、集中配送。支持餐饮服务企业实施"农餐对接"，利用"农户＋基地＋餐饮单位""生产基地＋中央厨房＋餐饮门店"的经营模式，实现从"农田到餐桌"全过程可追溯。充分发挥"互联网＋餐饮"优势，促进餐饮服务线上线下融合创新发展。（商务部、食品药品监管总局负责）

13.6 《关于进一步落实盐业体制改革有关工作的通知》相关条文

（六）加快建设食盐电子追溯体系。各省级盐业主管机构、食盐定点生产企业和食盐批发企业应按照国家统一规定和标准建立食盐电子追溯系统。在国家统一规定和标准发布之前，各省级盐业主管机构或食盐质量安全管理与监督机构不得将加入本地食盐电子追溯体系作为允许食盐定点生产企业和食盐批发企业开展跨区经营的前置条件。

13.7 《关于促进食品工业健康发展的指导意见》相关条文

三、主要任务

（一）改善供给结构，提高供给质量

提升产品品质。进一步健全标准体系，加快推进食品安全国家标准的清理整合，开展重点品种和领域的标准制（修）订，推动食品添加剂等标准与国际标准接轨。鼓励地方根据实际需要完善地方特色食品标准，引导企业建立和完善标准自我声明制度。强化食品生产经营者主体责任，推动建立自身食品安全制度规范。引导企业建立食品安全可追溯制度，搭建基于标识解析等技术的质量追溯信息化平台，形成上下游产业食品质量安全可查询可控制可追究的追溯体系和责任机制。鼓励企业按照良好生产经营规范组织生产，实施危害分析与关键控制点等食品安全管理体系。建立健全食品安全诚信自律制度，探索建立食品工业企业诚信档案，引导食品工业企业依法诚信经营。

（三）强化创新驱动，加快"两化"融合

推进"两化"深度融合。加快工业云、大数据、物联网等新一代信息技术在食品工业研发设计、生产制造、流通消费等领域的应用。加快推进个性化定制和柔性化制造，鼓励重点行业企业建设数字化车间，开展食品制造智能工厂建设试点示范，提高智能化水平。支持骨干食品企业扩大追溯体系覆盖面，实现食品"从农田到餐桌"全过程可追溯。

（五）增强监管能力，提高安全水平

完善食品安全法规标准。加快修订出台《食品安全法实施条例》，制（修）订食品标识管理、食品安全事件调查处理、食品安全信息公布、食品安全全程追溯、诚信体系建设、进出口食品安全监督管理等方面的法规及规章制度。制（修）订食品安全国家标准、检验方法标准等，加快与国际标准对接。完善食品安全"黑名单""红名单"制度，对列入"黑名单"的企业给予严厉惩罚和重点监管，列入"红名单"的企业给予国家优惠政策的优先和重点支持，形成失信联合惩戒、守信联合激励机制。

（四）充分发挥行业组织的积极作用

支持行业组织承接政府转移职能，积极发挥其在政策研究、标准制（修）订、质量品牌建设、行业诚信自律和国际合作交流等方面的重要作用。支持行业组织协调企业、科研院所，组织开展科技联合攻关，推动食品工业技术进步。依托行业组织，建立食品行业公共信息发布平台。发挥行业组织在品牌建设中的组织协调作用，做好优秀品牌的宣传与产品推广工作。支持行业组织建立健全诚信自律制度，引导企业加强诚信体系建设，完善食品质量安全长效机制，保障食品质量安全。

13.8 《网络餐饮服务食品安全监督管理办法》相关条文

第十八条 入网餐饮服务提供者加工制作餐饮食品应当符合下列要求：

（一）制定并实施原料控制要求，选择资质合法、保证原料质量安全的供货商，或者从原料生产基地、超市采购原料，做好食品原料索证索票和进货查验记录，不得采购不符合食品安全标准的食品及原料。

第二十条 入网餐饮服务提供者配送有保鲜、保温、冷藏或者冷冻等特殊要求食品的，应当采取能保证食品安全的保存、配送措施。

第三十九条 违反本办法第十八条第（一）项规定，入网餐饮服务提供者未履行制定实施原料控制要求等义务的，由县级以上地方食品药品监督管理部门依照食品安全法第一百二十六条第一款的规定处罚。

第四十一条 违反本办法第二十条规定，入网餐饮服务提供者配送有保鲜、保温、冷藏或者冷冻等特殊要求食品，未采取能保证食品安全的保存、配送措施的，由县级以上地方食品药品监督管理部门依照食品安全法第一百三十二条的规定处罚。

13.9　《关于进一步加强"双安双创"工作的意见》相关条文

二、坚持问题导向，努力解决人民群众关心的食品安全问题

"双安双创"中重点推进：一是强化农产品质量安全管控，推进标准化生产，推行健康种养殖、绿色防控技术，控肥、控药、控添加剂，规范农兽药使用行为；强化生产经营主体责任，推行农产品追溯管理，建立准出准入衔接机制；加强农业投入品监管、质量监测，加大农产品质量安全执法力度；加强品牌建设，与粮食生产功能区、重要农产品生产保护区和特色农产品优势区建设相结合，树立特色优质安全农产品品牌。二是加快推进"放心肉菜示范超市"创建，通过"农超对接""厂超对接""订单农业""基地+加工企业+超市"等机制，在国家食品安全示范城市中打造一批"放心肉菜示范超市"，并在此基础上开展批发市场的规范治理和放心肉菜批发市场示范创建，让群众能够买到真正"放心肉菜"。三是鼓励参创城市在食品生产领域探索开展"食品安全示范行业示范企业"创建，推动重点食品行业和大型企业提高食品安全水平，提升行业企业国际竞争力，发挥示范引领作用。

三、坚持协同联动，扩大创建辐射面

开展"双安双创"的市、县，要主动划清食品和农产品监管职责；建立食用农产品产地准出和市场准入衔接机制；研究构建贯通食用农产品生产、流通、消费全过程的质量安全追溯体系；加强食品和农产品检验检测机构资质认定工作，建立检验检测资源共享机制；协调推进农产品质量安全监测计划、食品安全抽检计划和食品安全风险监测计划实施；建立健全农产品生产经营主体信用档案，建立食用农产品质量安全监管信息共享制度，加快形成监管执法合作机制；共同构建"从农田到餐桌"的全链条食品安全和农产品质量安全治理体系。落实《国家食品安全"十三五"规划》《全国农产品质量安全提升规划（2016—2020年)》要求，实施食品安全和农产品质量安全示范引领工程，鼓励各地分层次、分步骤开展本区域食品安全和农产品质量安全示范创建行动，逐步扩大"双安双创"覆盖范围。

五．坚持创新引领，发挥示范带头作用

要大力推广应用物联网、大数据等新技术，创新监管手段，提高监管效能。各创建市、县争取通过创建建成高效完备的食品安全和农产品质量安全监管信息化监管系统，形成"智慧监管"能力，实现"机器换人"目标。

13.10 《关于推进奶业振兴保障乳品质量安全的意见》相关条文

（十）建立现代乳制品流通体系

发展智慧物流配送，鼓励建设乳制品配送信息化平台，支持整合末端配送网点，降低配送成本。促进乳品企业、流通企业和电商企业对接融合，推动线上线下互动发展，促进乳制品流通便捷化。鼓励开拓"互联网＋"、体验消费等新型乳制品营销模式，减少流通成本，提高企业效益。支持低温乳制品冷链储运设施建设，制定和实施低温乳制品储运规范，确保产品安全与品质。

（十三）加强乳品生产全程管控

落实乳品企业质量安全第一责任，建立健全养殖、加工、流通等全过程乳品质量安全追溯体系。加强源头管理，严格奶牛养殖环节饲料、兽药等投入品使用和监管。引导奶牛养殖散户将生鲜乳交售到合法的生鲜乳收购站。任何单位和个人不得擅自加工生鲜乳对外销售。实施乳品质量安全监测计划，严厉打击非法收购生鲜乳行为以及各类违法添加行为。对生鲜乳收购站、运输车、乳品企业实行精准化、全时段管理，依法取缔不合格生产经营主体。健全乳品质量安全风险评估制度，及时发现并消除风险隐患。

（十九）加大政策扶持力度

在养殖环节，重点支持良种繁育体系建设、标准化规模养殖、振兴奶业苜蓿发展行动、种养结合、奶牛场疫病净化、养殖废弃物资源化利用和生鲜乳收购运输监管体系建设；在加工环节，重点支持婴幼儿配方乳粉企业兼并重组、乳品质量安全追溯体系建设。地方人民政府要统筹规划，合理安排奶畜养殖用地。鼓励社会资本按照市场化原则设立奶业产业基金，放大资金支持效应。强化金融保险支持，鼓励金融机构开展奶畜活体抵押贷款和养殖场抵押贷款等信贷产品创新，推进奶业保险扩面、提标，合理厘定保险费率，探索开展生鲜乳目标价格保险试点。

ICS 35.040

L 71

T/CFCA

中 国 副 食 流 通 协 会 团 体 标 准

T/CFCA 0001—2018

追溯对象编码规范

Identity format and coding rule for products traceability

2018 –05 –15 发布   2018 –06 –15 实施

中 国 副 食 流 通 协 会 发布

目　　录

前　言

本标准按照 GB/T 1.1—2009 给出的规则起草。

本标准由中国副食流通协会标准化技术委员会提出并归口。

本标准起草单位：泸州老窖集团有限责任公司、厦门掌动网络科技有限公司、深圳市凯东源现代物流股份有限公司、东莞市清大曜嘉信息技术有限公司、温州钞发纸业有限公司、中国国际电子商务中心、古贝春集团有限公司、江苏智信追溯信息科技研究院有限公司、海普智联科技股份有限公司、南京万信方达信息科技有限公司、睿芯（大连）股份有限公司、中国标准化研究院、山东省标准化研究院、江苏省质量和标准化研究院、派腾奥普科技服务（北京）有限公司、江苏稻源微电子有限公司、烤羊羊（北京）餐饮管理有限公司、深圳前海量子云码科技有限公司、深圳市法兰智联股份有限公司、四川海普弥特智能科技有限公司、上海中商网络股份有限公司。

本标准主要起草人：李锦松、林强、徐开兵、王辉、张建军、朱蕾、王树文、高海伟、郭炳晖、曹俊峰、张辉、陈韦宁、陈修管、高昂、王玎、胡冶、陆会会、张岗、曹连营、程烨、唐永清、梁佳庆、沈硕果、吴萌、蒋心武、刘敏。

声明：本标准的知识产权归属于中国副食流通协会，未经中国副食流通协会同意，不得印刷、销售。任何组织、个人使用本标准开展认证、检测等活动，均应经中国副食流通协会批准授权。

追溯对象编码规范

1 范围

本标准规定了追溯对象编码中厂商识别码和对象标识码的编码规则，以及追溯对象编码管理的相关要求。

本标准适用于追溯对象代码的登记、应用以及跨平台跨系统的对接和数据共享。

2 规范性引用文件

下列文件对于本文件的应用是必不可少的。凡是注日期的引用文件，仅注日期的版本适用于本文件。凡是不注日期的引用文件，其最新版本（包括所有的修改单）适用于本文件。

GB/T 16262.1　信息技术 抽象语法记法一（ASN.1）：基本记法规范

WB/T 1053 酒类商品物流信息追溯管理要求

3 术语和定义

下列术语和定义适用于本文件。

3.1　追溯 traceability

通过记录标识等方法追本或溯源某个实体的来源、用途、位置、责任主体和流通节点的动态实施过程。

3.2　追溯对象 traced object

纳入全生命周期追溯管理过程中的各类产品、节点和相关责任主体。

3.3　标识符 object identifier

用于无歧义地标识对象的全局唯一值。

3.4　对象标识码 identification code

采用一定的编码规则，表示用于追溯业务的产品代码。

3.5　TID traceabililty identifier

追溯对象代码的符号表示。

3.6　追溯标识 traceability identification

对象标识符的载体。

4 编码原则

4.1　唯一性

追溯对象代码在追溯体系内是唯一的。一个纳入追溯过程的产品只能拥有一个追溯对象代码，一个追溯对象代码只能赋予一个追溯产品。主体注销后，该代码将被留存，保留追溯查询功能。

4.2 易识别

追溯对象代码的编制遵循统一代码编制规范，易于人工或设备识别。

4.3 通用性

追溯对象代码一经赋予，在其主体存续期间，主体信息即使发生变化，追溯对象代码均保持不变。

4.4 可解析

各级追溯主体登记机构赋码后，追溯对象标识码应被各追溯流程中各环节的设备解析并分发至对应的解析平台或服务器。

5 追溯对象编码规则

5.1 追溯对象代码由厂商识别码和对象标识码两部分按一定规律排列组成，不同层次码之间用"."间隔，追溯对象的编码规则如图1所示。

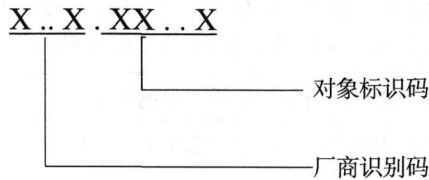

图1 追溯对象编码规则

5.2 追溯对象代码各层次码段的含义见表1。

表1 追溯对象代码层次码段含义

层次	层次名称	位数	构成及含义
1)	厂商识别码	变长	由字母、数字组成的缩写代表厂商
2)	对象标识码	变长	能够唯一确定追溯对象的识别码由企业自主管理，企业可根据需求继续分层应用，可包含委托生产厂商代码、生产时间、生产批次、流水码等追溯信息，不同层次码之间用"."间隔

根据表1中的追溯对象代码规则，给出如下的追溯对象代码（TID）设计示例，企业在实际使用追溯标识码时可以参考示例设计。

5.2.1 示例1：追溯对象代码（TID）设计示例的结构如图2所示。

追溯对象代码（TID）设计示例的各层次码段的含义如表2所示。

XXX. XX . XX .XX.XXX... X . XXX

```
无含义码
时间戳
产品分类码
生产线代码
工厂代码
厂商识别码
```

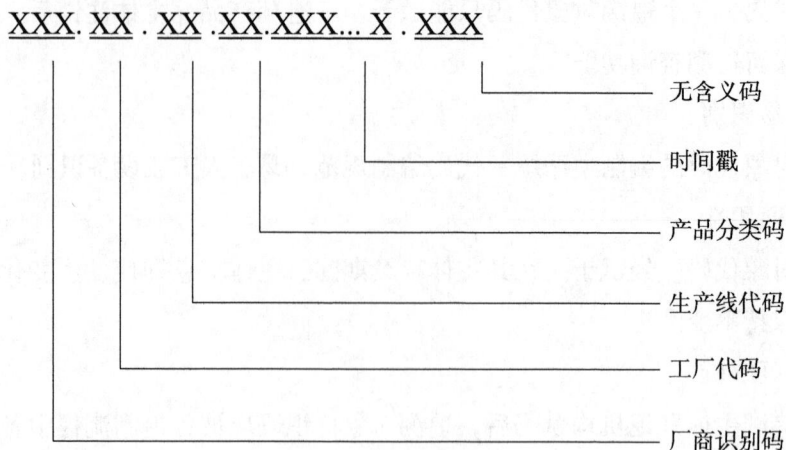

图 2 对象标识码结构

表 2   对象标识码层次码段含义

层次	层次名称	构成及含义
1)	厂商识别码	由中国副食流通协会分配
2)	工厂代码	标识厂商下设的生产工厂。如：1 表示北京、2 表示上海或 BJ 表示北京、TJ 表示天津等，由厂商自主定义
3)	生产线代码	标识工厂内的生产线。举例同上
4)	产品分类码	标识生产线生产的产品类型。举例同上
5)	时间戳	时间标识方法为 YYYYMMDDhhmmss
6)	无含义码	无含义码可以为顺序码或随机码

5.2.2 示例2：追溯对象代码（TID）设计示例的结构如图3所示。

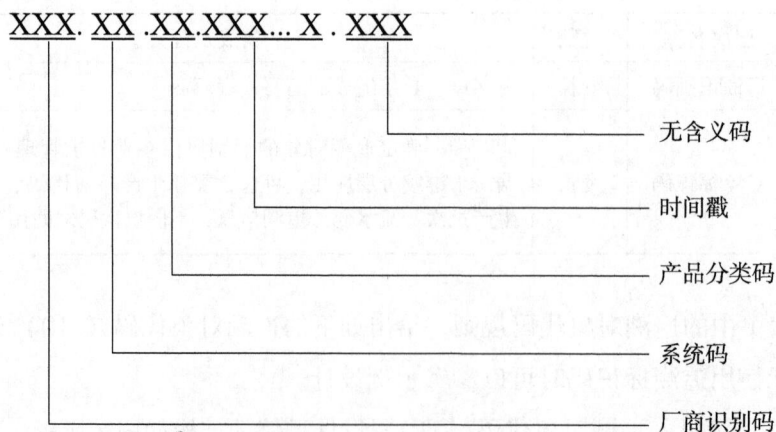

XXX. XX .XX.XXX... X . XXX

```
无含义码
时间戳
产品分类码
系统码
厂商识别码
```

图 3 追溯对象代码（TID）设计示例结构

追溯对象代码（TID）设计示例的各层次码段的含义如表3所示。

表3　对象标识码层次码段含义

层次	层次名称	构成及含义
1）	厂商识别码	由中国副食流通协会分配
2）	系统代码	标识厂商下系统代码。如：1 表示生产系统；2 表示固定资产系统；3 表示物流系统；4 表示财务系统等
3）	产品分类码	标识生产线生产的产品类型。举例同上
4）	时间戳	时间标识方法为 YYYYMMDDhhmmss
5）	无含义码	无含义码可以为顺序码或随机码

5.2.3　示例3：追溯对象代码（TID）设计示例的结构如图4所示。

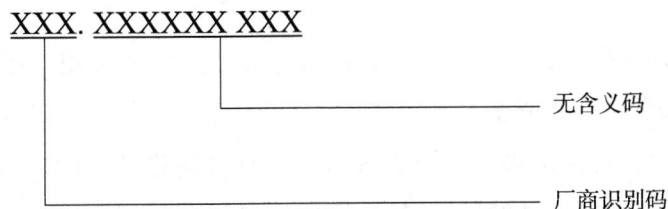

图4　产品追溯码结构

追溯对象代码（TID）设计示例的各层次码段的含义如表4所示。

表4　产品追溯码层次码段含义

层次	层次名称	构成及含义
1）	厂商识别码	由中国副食流通协会分配
2）	无含义码	无含义码可以为顺序码、随机码或密码

6　编码管理

6.1　厂商识别码管理

6.1.1　中国副食流通协会负责有关追溯对象代码中厂商识别码的管理和分配。

6.1.2　厂商应自主提出厂商识别码的申请建议，使用大写英文字母及数字的组合作为标识厂商主体的缩写，并向中国副食流通协会提出申请。

6.1.3　中国副食流通协会可授权地方相关协会为其服务区域内厂商分配厂商识别码，其所分配厂商识别码应及时向中国副食流通协会备案，并由中国副食流通协会统一管理。

6.1.4　厂商识别码应合法，且不应与现有的已分配的厂商识别码重复。

6.1.5　厂商识别码一经发放，应在本厂商的产品范围内合法使用，不应外借其他厂商。

6.2　对象标识码管理

6.2.1　厂商向追溯登记机构提出对象标识码使用申请，经登记机构审核批准后，赋予厂商发放对象标识码的权限。

6.2.2　厂商应确保对象标识码的唯一性，应利用信息化手段建立查重、防止重错码的工作机制。一个编码对象仅应有一个代码，一个代码只表示一个编码对象。追溯主体注销后，该追溯对象代码应被保留，用于追溯查询。

6.2.3　对象标识码应按照确定的规则或逻辑，实时、流水、自动生成，且符合规范的追溯对象代码。

6.3　信息回传

6.3.1　厂商赋码后，应将对象标识码及相关信息按规定期限回传至本厂商数据解析平台或服务器，并依据相关标准及时向社会公开、与其他部门共享。

6.3.2　信息回传周期采取分类管理方式，具备网络条件的厂商回传周期为1个工作日，不具备网络条件的厂商回传周期为7个工作日。

6.4　数据校核

6.4.1　中国副食流通协会会同地方相关协会、厂商建立追溯对象代码管理和信息共享的制度机制。

6.4.2　中国副食流通协会对各级追溯主体登记机构信息回传的数据进行数据校核，审核赋码是否存在重错码、数据项是否完整准确。数据质量达到要求的，进入追溯对象代码数据库。数据质量达不到要求的，予以退回，由相关追溯主体登记机构进行补充更新并再次信息回传。

6.4.3　中国副食流通协会与各厂商追溯数据解析平台或服务器建立信息互通渠道，中国副食流通协会负责厂商码解析，并根据厂商码信息将数据发送至厂商追溯数据解析平台或服务器由厂商负责解析对象标识码及相关追溯信息。

6.4.4　在产品追溯码的信息应用中，发现数据错误的，中国副食流通协会应及时将错误信息反馈至厂商，由厂商予以更正并再次信息回传。

6.4.5　中国副食流通协会将产品追溯码查询解析的请求、反馈情况与厂商进行定期信息交换与共享，并将交换日志在系统中进行记录。

7 追溯对象代码的展现方式

7.1 对象代码信息载体

追溯对象代码信息应承载于相关物理介质或电子介质中,介质中存储的信息应具备可识别、易识别等基本属性,信息载体包括但不限于条码、RFID 电子标签、CA、数据库等承载方式。

7.2 信息载体要求

每个追溯对象至少要具有一个承载追溯身份码的载体。相关用户应确保在商品流通环节中的每个追溯标识明确可识别,如对象编码信息载体被破坏应及时更新追溯标识。

8 追溯对象代码解析

8.1 公共追溯信息平台代码

中国副食流通协会负责 TID 中公共识别追溯主体部分解析,追溯主体企业负责具体对象的识别解析与追溯信息匹配。

如 TID 追溯对象码为:A.2.390123s9hn002,中国副食流通协会追溯平台通过公共识别功能确定为 A 企业追溯代码,并负责解析到 A 企业追溯平台;A 企业负责收到解析指令后通过解析校验 2.390123s9hn002 为追溯对象标识码,其中 2 为厂商自定义的仓库分类代码、390123s9hn002 为厂区 2 号低温库。

8.2 企业追溯信息平台代码解析

追溯主体企业可在追溯标识中加入主体企业追溯平台解析平台或服务器地址,由主体企业直接进行对象标识解析,追溯对象码用 tid 表示。如追溯标识内包含信息为 http://a.cc/tid = A.2.390123s9hn002,其中,http://a.cc/ 为解析平台或服务器地址、tid 为追溯对象编码变量表示符号、A.2.390123s9hn002 为追溯对象码。

8.3 解析平台或服务器管理

企业追溯平台或服务器解析负责内容解析,追溯平台或服务器由中国副食流通协会负责管理维护。中国副食流通协会负责保障所有追溯信息的存储和备份应不小于 3 年。

附录2

ICS 01.20
A 00

T/CFCA

中国副食流通协会团体标准

T/CFCA 0002—2018

企业产品追溯体系评价方法

Evaluation methodology of enterprise product traceability system

2018－05－15 发布

2018－06－15 实施

中国副食流通协会发布

目　　录

前　　言

本标准按照 GB/T 1.1—2009 给出的规则起草。

本标准由中国副食流通协会标准化技术委员会提出并归口。

本标准起草单位：北京华信瑞德信息技术有限公司、厦门掌动网络科技有限公司、深圳市凯东源现代物流股份有限公司、东莞市清大曜嘉信息技术有限公司、中国国际电子商务中心、奥瑞金包装股份有限公司、派腾奥普科技服务（北京）有限公司、中国标准化研究院、山东省标准化研究院、江苏省质量和标准化研究院、古贝春集团有限公司、泸州老窖集团有限责任公司、烟台海普制盖有限公司、江苏智信追溯信息科技研究院有限公司、南京万信方达信息科技有限公司、烤羊羊（北京）餐饮管理有限公司、四川海普弥特智能科技有限公司、优豚信息科技（上海）有限公司。

本标准主要起草人：刘文战、林强、徐开兵、王辉、张建军、朱蘅、张辉、宋莉华、李锦松、曹连营、高昂、王玎、胡冶、王树文、高海伟、唐永清、郭炳晖、徐聚元、张岗、吴萌、俞琪、刘敏。

声明：本标准的知识产权归属于中国副食流通协会，未经中国副食流通协会同意，不得印刷、销售。任何组织、个人使用本标准开展认证、检测等活动，均应经中国副食流通协会批准授权。

企业产品追溯体系评价方法

1　范围

本标准规定了企业产品追溯体系的建立与评价原则、方法，明确了企业产品追溯体系的评价指标。

本标准适用于生产企业、物流企业、商贸企业产品信息追溯体系建设和评价依据，也可作为对企业产品追溯体系进行规范与管理的依据。

2　规范性引用文件

下列文件对于本文件的应用是必不可少的。凡是注日期的引用文件，仅所注日期的版本适用于本文件。凡是不注日期的引用文件，其最新版本（包括所有的修改单）适用于本文件。

T/CFCA 0001 追溯对象编码规范

3　术语和定义

T/CFCA 0001 中规定的术语及下列术语和定义适用于本文件。

3.1　追溯 traceabililty

通过记录标识的方法追踪或回溯某个实体的来源、用途、位置、责任主体和流通节点的能力。

3.2　产品追溯体系 Product traceability system

企业产品信息追溯中的方案规划、系统建设、实施运营、管理制度、人员组织、实施追踪、信息存储、考核管理等按层次和结构组成的规范化指标的有机整体。

3.3　评价指标 evaluation index

评价企业产品追溯体系中规划、建设、运营、管理、服务等方面的各级指标集合。

3.4　权重值 weight of evaluation index

衡量评价指标在追溯评价指标层次中重要程度的数值。

4　评价指标体系建立的原则

4.1　科学性

应符合客观实际，能够准确反映企业产品追溯体系基本状况和整体水平。

4.2　客观性

以企业实际的追溯体系为依据，如实反映企业的追溯体系建设。

4.3 可操作性

体系结构简洁、计算方法易行、指标信息易得、评价应用方便。

4.4 整体性

追溯系统之间密切配合，相互依存，成为一个完整的追溯体系。

5 追溯体系评价指标类型

5.1 定量评价指标（a）

定量评价指标可根据有关参数通过计算获得。

5.2 定性评价指标（b）

定性评价指标可用特征值或程度表示。

6 指标评分标准及权重值

企业产品追溯体系各指标评分标准及权重值见表1。

表1 企业产品追溯体系各指标评分标准及权重值

指标代码	指标名称	类型	权重	评分标准
01	体系规划		13	
0101	战略规划	b	1	A. 制订了未来3~5年的企业产品追溯体系战略规划（100分） B. 未制订未来3~5年的企业产品追溯体系战略规划（0分）
0102	年度计划	b	1	A. 根据战略规划制订了年度计划，有明确的实施措施（100分） B. 根据战略规划制订了年度计划，无明确的实施措施（60分） C. 未制订年度计划（0分）
0103	部门（区域）计划	b	1	A. 根据年度计划制订了部门（区域）计划，有明确的实施措施（100分） B. 根据年度计划制订了部门（区域）计划，无明确的实施方案（60分） C. 未制订部门（区域）计划（0分）
0104	指标完成率		10	
010401	产品应用率	a	2	产品应用率＝应用产品数量/产品总产量×100% A. 80%~100%（≤100分） B. 50%~80%（≤80分） C. 50%以下（≤60分）

指标代码	指标名称	类型	权重	评分标准
010402	采集内容完整性	a	2	追溯信息采集内容完整性：基本信息、生产信息、物流信息、销售信息。 A. 四项（≤100分） B. 三项（≤60分） C. 二项（≤30分） D. 一项（≤10分）
010403	记录完整性	a	2	追溯信息采集内容完整性：基本信息、生产信息、物流信息、销售信息。 A. 四项（≤100分） B. 三项（≤60分） C. 二项（≤30分） D. 一项（≤10分）
010404	信息共享完成率	a	2	信息共享完成率：企业内部2个或以上系统实现追溯信息共享、生产企业与物流企业追溯信息已实现共享、生产企业与商贸企业追溯信息实现共享。 A. 三项及以上（≤100分） B. 二项（≤60分） C. 一项（≤30分） D. 无（0分）
010405	成本降低率	a	2	成本降低完成率＝［(1－现成本)/应用前成本］×100% A.20%以上（≤100分） B.10%以上（≤60分） C.5%以下（≤10分）
02	体系建设及管理		42	
0201	人员管理	b	10	
020101	技术力量	b	3	A. 自有技术人员10人及以上或与全国性专业第三方机构有合作协议（≤100分） B. 自有技术人员5人及以上（≤80分） C. 自有技术人员5人以下（≤60分）
020102	岗位设置	b	2	A. 岗位设置科学合理，制订明确的岗位说明书（≤100分） B. 部分岗位设置不合理，制订明确的岗位说明书（≤60分） C. 岗位设置不合理，无明确的岗位说明书（0分）
020103	资格与能力	b	2	A. 符合岗位要求（≤100分） B. 基本符合岗位要求（≤60分） C. 不符合岗位要求（0分）

指标代码	指标名称	类型	权重	评分标准
020104	培训	b	3	A. 有培训大纲、培训计划，并实施有效的培训（≤100 分） B. 培训不系统（≤60 分） C. 无培训（0 分）
0202	追溯体系组织管理		31	
020201	追溯体系质量管理		6	
02020101	机构及管理人员	b	2	A. 设立信息化管理部门并配备信息化管理人员，人员具备信息化管理的资质及能力（≤100 分） B. 配备信息化管理人员，人员具备信息化管理的资质及能力（≤60 分） C. 配备信息化管理人员，但不具备信息化管理的资质及能力或没有配备信息化管理人员（0 分）
02020102	信息采集质量	b	2	A. 各节点信息采集准确，无漏采集产品追溯信息（≤100 分） B. 各节点信息采集基本准确，有较少漏采集产品追溯信息（≤80 分） C. 各节点信息采集不准确，有较多漏采集产品追溯信息（≤60 分）
02020103	系统运行质量	b	2	A. 过去一年内系统运行稳定，无运行质量问题（≤100 分） B. 过去一年内系统运行基本稳定，出现运行质量问题，能及时、有效处理（≤80 分） C. 过去一年内系统运行不稳定，出现运行质量问题，未能及时、有效处理（≤60 分）
020202	资源配备	b	4	A. 人员、资金、设施设备、技术、管理模式等资源配备适宜，能满足体系运营的需要（≤100 分） B. 人员、资金、设施设备、技术、管理模式等资源配备基本能满足体系运营需要，但还需要完善（≤80 分） C. 人员、资金、设施设备、技术、管理模式等资源配备有很大差距，不能满足体系运营的需要（≤60 分）
020203	制度管理		4	
02020301	制度完整性	b	2	A. 制订完备的产品追溯运营管理的相关制度文件（≤100 分） B. 制订了相关的产品追溯运营管理制度文件，但不完善（≤80 分） C. 缺乏产品追溯运营管理的相关制度文件（≤60 分）
02020302	制度执行力	b	2	A. 各项制度实施规范，能够有效执行（≤100 分） B. 各项制度实施基本规范，基本能够执行（≤80 分） C. 多项制度实施不规范，执行力度差（≤60 分）

指标代码	指标名称	类型	权重	评分标准
020204	信息化管理		7	
02020401	信息化设备	b	2	A. 设备齐全、适宜且符合系统运营要求，并有维护保养措施（≤100分） B. 设备较为齐全、适宜，基本符合系统运营要求（≤80分） C. 设备不齐全，不能符合系统运营要求（≤60分）
02020402	管理信息系统	b	2	A. 有完善的管理信息系统，信息的采集、加工、存储和传递及时、有效（≤100分） B. 有相应的管理信息系统，可以进行信息的采集、加工、存储和传递（≤80分） C. 管理信息系统较落后，有待提升（≤60分）
02020403	监督检查	b	3	A. 对产品追溯节点和环节实施有效的监督和检查，对发现的问题及时整改（≤100分） B. 对产品追溯节点和环节实施监督检查，对发现的问题能够整改（≤80分） C. 缺乏实施监督检查（≤60分）
020205	追溯体系品牌管理		4	
02020501	社会声誉	b	2	A. 获得国家奖励或称号（≤100分） B. 获得省、部级奖励或称号（≤80分） C. 获得其他级别奖励或称号（≤60分） D. 没有获得奖励或称号（0分）
02020502	投诉	b	2	A. 没有投诉（≤100分） B. 投诉次数≤5且无重大投诉（≤60分） C. 投诉次数≤10且有一次重大投诉（10分）
0203	采集节点布局	b	4	A. 生产环节、仓储环节、运输环节、商贸环节，节点关系紧密，衔接科学合理，各部分能充分发挥在其体系中的作用（≤100分） B. 生产环节、仓储环节、运输环节、商贸环节，节点关系松散，布局较为合理（≤80分） C. 生产环节、仓储环节、运输环节、商贸环节等体系节点设置不全（≤60分）
0204	采集点增长率或覆盖率	a	2	采集点增长率＝采集点增长量/上年度采集点数量×100% A. 10%及以上或覆盖率≥90%（≤100分） B. 5%～10%或覆盖率≥60%（≤80分） C. 0～5%或覆盖率≥30%（≤60分）

续　表

指标代码	指标名称	类型	权重	评分标准
03	体系运营		32	
0301	赋码		13	
030101	赋码技术	b	2	A. 具有稳定的赋码能力，能满足运营的需求（≤100分） B. 具有稳定的赋码能力，基本能满足销售的需求，偶尔出现赋码出错、采集不准情况（≤80分） C. 赋码能力不稳定，多次出现赋码出错、采集不准情况（≤60分）
030102	赋码编码	b	6	A. 采用标准统一码，供应链可贯通使用（≤100分） B. 采用自编码，供应链在授权下可以使用（≤80分） C. 采用自编码，无法贯通使用（≤60分）
030103	消费者易识别程度	b	5	A. 消费者通用设备识别（≤100分） B. 消费者专用设备识别（≤60分） C. 消费者无法识别（0分）
0302	赋码应用		11	
030201	赋码方式	b	2	A. 采用设备自动赋码（≤100分） B. 部分设备自动赋码，部分人工赋码（≤80分） C. 全部人工赋码（≤60分）
030202	产品应用率	a	3	本企业生产产品应用信息追溯标签率=应用产品数量/产品总产量×100% A.80%~100%（≤100分） B.40%~80%（≤80分） C.40%以下（≤60分）
030203	追溯范围	b	3	A. 生产及流通环节（≤100分） B. 流通环节（≤60分） C. 仅厂商或产品信息（≤10分）
030204	信息共享范围	b	3	基础数据与供应链上下游物流商、经销商、政府、消费者等各方共享范围： A. ≥上述四方（100分） B. ≥上述三方（80分） C. ≥上述二方（60分） D. 一方或无（0分）
0303	物流		10	

238

续　表

指标代码	指标名称	类型	权重	评分标准
030301	设备	b	2	在物流过程中用于信息读取、操作、盘点等物流处理的设备： A. 齐全、适宜且符合要求（≤100分） B. 较齐全、适宜，基本符合要求，但有待完善（≤60分） C. 不齐全，部分设备不符合要求（≤0分）
030302	出入库管理	b	3	A. 可使用追溯体系进行商品出入库操作，出入库流程合理、操作规范、责任明晰（≤100分） B. 不可使用追溯体系进行商品出入库操作或出入库操作不规范、责任不明晰（0分）
030303	账货相符率	a	2	账货相符率 = 账货相符笔数/储存货物总笔数×100% A. 100%（100分） B. 低于100%（0分）
030304	标签附着	b	3	A. 标识齐全、附着规范、醒目、清晰（≤100分） B. 标识较齐全、附着较规范、清晰（≤60分） C. 没有标识（0分）
04	信息服务		13	
0401	共享服务		4	
040101	共享信息内容	b	4	A. 共享内容完整，可满足供应链用户需求（≤100分） B. 共享产品追溯信息部分内容，能满足供应链用户的一般需求（≤60分） C. 简单共享信息内容，不能满足供应链用户需求（0分）
0402	查询服务		9	
040201	行政查询	b	3	A. 能满足政府行政查询服务（100分） B. 基本满足政府行政查询服务（60分） C. 不能满足政府行政查询服务（0分）
040202	行业查询	b	3	A. 能满足行业组织查询服务（100分） B. 基本满足政府行政查询服务（60分） C. 不能满足行业组织查询服务（0分）
040203	消费者查询	b	3	A. 能满足消费者查询服务（100分） B. 基本满足政府行政查询服务（60分） C. 不能满足消费者查询服务（0分）
总评价分值				
评定等级				

7 考核评分计算方法

企业产品追溯体系评价采用综合评价指数判定。综合评价指数按下式计算：

$$P = \frac{\sum S_i K_i}{100}$$

其中，P——企业产品追溯体系的综合评价分值；

S_i——第 i 项评价指标的单项评价分值；

K_i——第 i 项评价指标的权重值。

8 企业产品追溯体系的评定

8.1 根据实际评价分值，将企业产品追溯体系分为 A（优质）、B（良好）、C（合格）、D（待改善）四级。不同等级的企业产品追溯体系的评定标准见表 2。

表 2   企业产品追溯体系等级评定标准

企业产品追溯体系等级	总评价分值
A（优质）	$90 \leqslant P < 100$
B（良好）	$75 \leqslant P < 90$
C（合格）	$60 \leqslant P < 75$
D（待改善）	$0 \leqslant P < 60$

8.2 企业自愿参与评价。

8.3 对不具备基本资质[①]或出现由相关部门认定的重大产品质量安全事故的企业产品追溯体系不能进入评价体系。

参考文献

[1] GB/T 22005—2009 饲料和食品链的可追溯性体系设计与实施的通用原则和基本要求（ISO22005：2007，IDT）

[2] GB/T 25008—2010 饲料和食品链的可追溯性体系设计与实施指南

[3] GB/T 28843—2012 食品冷链物流追溯管理要求

---

① 一般包括统一社会代码证、纳税人资格证明。

附录3

ICS 67.080.01
B 31

T/CFCA

中 国 副 食 流 通 协 会 团 体 标 准

T/CFCA 0003—2018

餐饮企业食品(食材)流通追溯管理规范

Food and material tracing management specication
for catering coperation

2018 -05 -15 发布　　　　　　　　2018 -06 -15 实施

中 国 副 食 流 通 协 会 发布

目　录

前　　言

本标准按照 GB/T 1.1—2009 给出的规则起草。

本标准由中国副食流通协会标准化技术委员会提出并归口。

本标准起草单位：苏州合运餐饮管理有限公司、厦门掌动网络科技有限公司、深圳市凯东源现代物流股份有限公司、东莞市清大曜嘉信息技术有限公司、中国国际电子商务中心、中国标准化研究院、山东省标准化研究院、泸州老窖集团有限责任公司、江苏省质量和标准化研究院、古贝春集团有限公司、江苏智信追溯信息科技研究院有限公司、派腾奥普科技服务（北京）有限公司、南京万信方达信息科技有限公司、烤羊羊（北京）餐饮管理有限公司、北京德禾轩餐饮管理公司、杭州筑美信息科技有限公司。

本标准主要起草人：孙志刚、林强、刘远、张建军、朱蘅、张辉、高昂、李锦松、曹连营、王玎、胡冶、王树文、高海伟、郭炳晖、张岗、王猛、黄建平、梁佳庆、刘敏。

声明：本标准的知识产权归属于中国副食流通协会，未经中国副食流通协会同意，不得印刷、销售。任何组织、个人使用本标准开展认证、检测等活动，均应经中国副食流通协会批准授权。

餐饮企业食品（食材）流通追溯管理规范

1 范围

本标准规定了对餐饮企业日常经营餐食业务所用的肉、面、米、酒、食用油、果蔬、奶品、调味品等食品（食材）及原料流通的来源、经手人、数量、凭证、时间等信息进行追溯管理的相关要求。

本标准适用于餐饮企业对于食品（食材）流通的过程管理和节点溯源。

2 规范性引用文件

下列文件对于本文件的应用是必不可少的。凡是注日期的引用文件，仅注日期的版本适用于本文件。凡是不注日期的引用文件，其最新版本（包括所有的修改单）适用于本文件。

GB/T 7635.1 全国主要产品分类与代码 第1部分：可运输产品

GB/T 15091 食品工业基本术语

GB/T 23346 食品良好流通规范

T/CFCA 0001 追溯对象编码规范

3 术语和定义

T/CFCA 0001 中规定的术语及下列术语和定义适用于本文件。

3.1 餐饮企业 catering cooperation

通过食材即时加工制作、食品销售和服务性劳动，向消费者提供各种酒水、食品，消费场所和设施的服务性企业。

3.2 食品 food

可供人类食用或饮用的物质，包括加工食品、半成品和未加工食品，不包括烟草或只作药品用的物质。

[见 GB/T 15091，定义2.1]

3.3 食材 food material

制作食品时所需要使用的原料。

3.4 流通 distribution

买卖行为以及相互联系、相互交错的各个商品形态变化所形成的循环的总过程。

注：改写 GB/T 23346，定义3.1

4 追溯系统建设要求

4.1 总体要求

信息追溯系统的设计和实施应符合：

——应将餐饮企业经营所用食品、食材类商品名称、品牌、数量、来源、经手人、供应方、入场时间等要素信息纳入主要追溯内容，确保进入餐饮企业的食品（食材）追溯信息记录完善、详细。

——设计应支持自动识别设备、相关手持式移动设备和人工输入设备，便于各类食品（食材）的信息采集。

——能采集追溯标识码、商品条码、手工录入字符码等方式，记录追溯对象的相关编码信息。

——应保证无通信网络环境的可操作性。

4.2 系统功能要求

信息追溯系统应具备以下功能：

——食品（食材）信息应按照 GB/T 7635.1 或相关标准进行追溯对象分类采集；

——能够按业务流程完成食品（食材）信息的逐项采集；

——食品（食材）信息可按类、时间、店、人汇总处理；

——具备信息存储功能；

——具备按条件组合信息查询功能。

4.3 标识使用要求

标识使用应符合以下要求：

——鼓励餐饮企业采用具有可识读追溯标识的食品（食材）；

——鼓励餐饮企业采用具有商品条码的食品（食材）；

——无包装或无可识读追溯标识的食品（食材）应由采购或入场负责人手工录入（记录）相关追溯信息。

5 追溯信息采集与管理

5.1 追溯信息采集要求

餐饮企业食品（食材）流通信息追溯采集的内容应包含名称、生产厂商、品牌、类型、规格、容量等信息，具体数据项如表1所示。

表1   追溯信息采集数据项

信息名称	表示符号	数据类型	内容
名称	wbmc	文本	如：wbmc = ××名称
生产厂商	wbcj	文本	如：wbcj = ×××公司
品牌	wbpp	文本	如：wbpp = ××品牌
类型	wblx	文本	如：wblx = ××型白酒
规格	wbds	数值	如：wbds = 52
容量	wbrl	数值	如：wbrl = 485
容量单位	wbrldw	文本	如：wbrldw = 毫升
生产日期	wbsc	日期	如：wbsc = yyyy/mm/dd（年/月/日）
产地	wbcd	文本	如：wbcd = ××产地
保质期	wbqx	日期	wbqx = yyyy/mm/dd 或 wbqx = 长期 如：wbqx = 长期
生产批号	wbph	文本	如：wbph ×××××××
供应商	wbgys	文本	如：wbgys = 张三
采购人	wbcgr	文本	如：wbcgr = 王宏伟
采购时间	wbcgsj	日期	如：wbcgsj = yyyy/mm/dd（年/月/日）

5.2　出入库信息采集要求

出入库信息采集应满足：

——食品（食材）入库（入场）时按照入库包装进行信息（扫码）登记；

——食品（食材）出库（出场）时按照最小使用单元进行信息（扫码）登记。

5.3　信息存储要求

餐饮企业食品（食材）流通信息追溯管理的信息存储应满足如下要求：

——纸质记录应及时通过拍照或扫描等方式进行电子化处理，电子记录应及时备份；

——信息存储工作应当制度化，且存储的信息应当便于查找和检索；

——信息追溯系统应具备防攻击、防病毒、防篡改以及访问权限控制等能力。

6　追溯信息采集评价方法

6.1　采集对象评分应当满足如下要求：

——单个采集对象评价应当依据表2给出的指标要求进行评分，对各项指标的评分信息录入系统后，系统自动完成定级；

——阶段性评价应以自然月为时间单位。

6.2　采集对象评价方法应当满足如下要求：

——确定时间范围内，单个采集对象的系统分总和取平均值，根据分值确定单位时间内的追溯评价级别。

追溯信息的采集评价结果应按照分数评价指标进行评价，采集对象评级标准见表2。

表 2　　　　　　　　　　　　　　　　采集对象评级标准

级别	评价指标
A 级	表 1 中的数据项采集 12（含）项以上且有效
B 级	表 1 中的数据项采集 9（含）项以上且有效
C 级	表 1 中的数据项采集 6（含）项以上且有效
D 级	表 1 中的数据项采集 3（含）项以上且有效

附录4

ICS 67.020

X 10

T/CFCA

中 国 副 食 流 通 协 会 团 体 标 准

T/CFCA 0004—2018

休闲食品流通追溯管理规范

Management regulation of leisure food circulation traceability

2018 –05 –15 发布   2018 –06 –15 实施

中 国 副 食 流 通 协 会 发布

目　　录

前　　言

本标准按照 GB/T 1.1—2009 给出的规则起草。

本标准由中国副食流通协会标准化技术委员会提出并归口。

本标准起草单位：福建盼盼食品有限公司、厦门掌动网络科技有限公司、深圳市凯东源现代物流股份有限公司、东莞市清大曜嘉信息技术有限公司、中国国际电子商务中心、烤羊羊（北京）餐饮管理有限公司、四川虹信软件股份有限公司、上海中商网络股份有限公司、温州钞发纸业有限公司、泸州老窖集团有限责任公司、江苏智信追溯信息科技研究院有限公司、南京万信方达信息科技有限公司、派腾奥普科技服务（北京）有限公司、中国标准化研究院、山东省标准化研究院、江苏省质量和标准化研究院。

本标准主要起草人：陈文华、林强、卢稳、张建军、朱蘅、张岗、张浩、李锦松、蒋心武、陈修管、张辉、高昂、曹连营、王玎、胡冶、高海伟、郭炳晖、梁佳庆、刘敏。

声明：本标准的知识产权归属于中国副食流通协会，未经中国副食流通协会同意，不得印刷、销售。任何组织、个人使用本标准开展认证、检测等活动，均应经中国副食流通协会批准授权。

休闲食品流通追溯管理规范

1　范围

本标准规定了休闲食品流通环节信息追溯体系、信息采集、信息管理的基本要求。

本标准适用于休闲食品流通过程中的信息追溯管理与信息共享，生产过程的信息追溯可参照使用。

2　规范性引用文件

下列文件对于本文件的应用是必不可少的。凡是注日期的引用文件，仅所注日期的版本适用于本文件。凡是不注日期的引用文件，其最新版本（包括所有的修改单）适用于本文件。

GB/T 12905　条码术语

3　术语和定义

GB/T 12905 界定的以及下列术语和定义适用于本文件。

3.1　休闲食品 snack food

以谷类、食糖类、果蔬类、坚果与籽类、薯类、水产类、肉类、豆类、食用菌类、乳类、蛋类等为主要原料，添加（或不添加）辅料或食品添加剂，采用相关工艺制成的，人们主要在闲暇或休息时食用的非主食类、非菜肴类即食食品。

3.2　流通　distribution

食品从生产领域向消费领域的运动过程。

3.3　追溯 traceabililty

通过记录标识的方法回溯某个实体的来源、用途、位置、责任主体和流通节点的过程。

3.4　追溯标识 traceability identification

对象标识符的载体。

4　信息追溯系统建设要求

4.1　通用要求

4.1.1　设计和实施应充分满足消费者需求。

4.1.2　设计应将休闲食品流通过程各追溯节点中本标准规定的编码和要素信息作为主要追溯内容，建立和完善全程信息追溯，实现休闲食品各追溯节点时间、地点、责任人、流通作业业态等流通全程信息追溯。

4.1.3　设计应配置自动识别设备、相关手持式移动设备，便于信息采集。

4.1.4　应保障在无通信网络环境的可操作性。

4.1.5　以单个最小销售单元包装为最小追溯对象。

4.2　系统功能

休闲食品流通信息追溯系统应具备以下功能：

——信息追溯；

——责任追溯；

——信息采集；

——信息存储；

——信息查询。

4.3　追溯标识

4.3.1　休闲食品在流通过程中应带有信息追溯标识，信息追溯标识应具有唯一识别身份码。

4.3.2　休闲食品流通全过程中应加强对追溯标识的保护，确保信息追溯标识清晰、完整、未经涂改；出现信息追溯标识损坏情况时在厂商的协助下第一时间更新信息追溯标识。

4.3.3　休闲食品流通过程中需对其更换标识或另行添加包装的，其新增信息追溯标识应与原标识保持关联。

4.4　追溯信息编码

休闲食品信息追溯标识编码分两级管理，第一级为标识码，第二级为识别码，唯一识别码应符合表1中各项要求。

表 1　　　　　　　　　　标识编码表示及要求

名称	要求
标识编码	1. 标识编码应采用国际或国家相关编码标准编码，并确保标识编码的全球唯一性。 2. 标识编码用 tid 表示。 3. 包含标识码和识别码两部分，其中标识码由厂商向编码主管机构申请，标识码由厂商自行编制
追溯标识	追溯标识中至少要包含服务器解析信息和标识编码信息

4.5　采集的基本信息内容和表示

休闲食品信息追溯采集的基本内容和表示见表2。

表2　　　　　　　　　　　　　　基本信息内容和表示

信息类型	数据项	表示符号	数据类型	内容
基本信息（生产环节）	食品名称	wbmc	文本	如：wbmc = ××名称
	生产厂商	wbcj	文本	如：wbcj = ×××公司
	商标	wbpp	文本	如：wbpp = ××品牌
	类型	wblx	文本	如：wblx = ××型白酒
	规格	wbds	数值	如：wbds = 52
	检验合格证号	wbjg	文本	如：wbjg = 合格
	数量	wbrl	数值	如：wbrl = 485
	数量单位	wbrldw	文本	如：wbrldw = 毫升
	生产日期	wbsc	日期	如：wbsc = yyyy/mm/dd（年/月/日）
	生产批号	wbph	文本	如：wbph = ×××××××
	生产地址	wbcd	文本	如：wbcd = ××产地
	保质期	wbqx	日期	wbqx = yyyy/mm/dd 或 wbqx = 长期 如：wbqx = 长期
对象信息（生产环节）	对象类型	wbdxlx	文本	分别为瓶（ping）、箱（xiang）、托盘（tuopan）、手提袋（shoutidai） 如：wbdxlx = xiang
	子对象数量	wbdxsl	数值	如：wbdxsl = 6
	电子照片数	wbdxzp	数值	0 表示无、2 表示有两张，当该值大于 0 时变量 wbdxzpurl（电子照片地址）生效 如：wbdxzp = 2
	电子照片地址	wbdxzpurl	文本	当 wbdxzp > 1 时，照片间地址用竖线"｜"分隔 如：wbdxzpur｜= 电子照片地址1｜电子照片地址2
流通信息	日期	wbltsj&n	日期	其中，n 为物流次序，如第三追溯节点物流时间为 2013/12/25 15：21：36 则为 wbtsj3 = 2013/12/25 15：21：36，下同
	流通坏节	wblthj&n	文本	如第四追溯节点入库，则表示为 wblthj4 = 入库
	追溯节点名称	wbltmc&n	文本	如 wbltmc2 = ××××仓库
	备注	wbltbz&n	文本	
警示信息（可选）	真伪	wbzw	布尔	0 表示假，1 表示真
	作废	wbzf	布尔	0 表示作废，1 表示有效
	提示	wbts	文本	如：wbts = 该码于 yyyy 年 mm 月 dd 日已被查询，谨防假冒
	其他	wbqt	文本	

5 信息追溯采集环节要求

5.1 生产环节

5.1.1 出厂时应保证休闲食品附着信息追溯标识。

5.1.2 出库时进行扫码登记。

5.2 流通环节

5.2.1 入库和（或）出库时进行扫码登记。

5.2.2 扫码设备应支持台式扫码设备和手持式扫码设备。

5.3 消费环节

满足消费者依据追溯标识可查询追溯信息。

6 信息追溯管理

6.1 信息存储

6.1.1 应建立信息追溯管理制度。

6.1.2 纸质记录应及时进行电子化处理，电子记录应及时备份。

6.2 信息传输

6.2.1 休闲食品生产信息追溯内容应与物流等流通信息追溯体系畅通对接。

6.2.2 休闲食品流通过程各追溯节点应做好信息采集、信息共享，及时上传至数据服务器。

6.2.3 追溯节点服务方应可查询上一节点的追溯信息。

6.3 信息安全

6.3.1 信息追溯系统数据库、数据传输过程应做加密处理。

6.3.2 信息追溯系统应具备防攻击、防病毒、防篡改、访问权限控制等能力。

6.3.3 信息追溯系统应有两份以上实时备份能力。

参考文献

[1] GB/T 15091 食品工业基本术语

[2] GB/T 18354 物流术语

[3] GB/T 22005—2009 饲料和食品链的可追溯性体系设计与实施的通用原则和基本要求

[4] GB/T 23346 食品良好流通规范

[5] GB/Z 25008—2010 饲料和食品链的可追溯性 体系设计与实施指南

[6] GB/T 28843—2012 食品冷链物流追溯管理要求

[7] WB/T 1053 酒类商品物流信息追溯管理要求

[8] T/CFCA 0001 追溯对象编码规范